# 和周老师一起做校本研修

周步新 / 著

图书在版编目（CIP）数据

和周老师一起做校本研修 / 周步新著 . — 宁波：
宁波出版社 , 2014.10
ISBN 978-7-5526-1831-0

Ⅰ . ①和… Ⅱ . ①周… Ⅲ . ①小学语文课—教学研究
Ⅳ . ① G623.202

中国版本图书馆 CIP 数据核字（2014）第 229251 号

## 和周老师一起做校本研修

| | |
|---|---|
| 作　　者 | 周步新 |
| 出版发行 | 宁波出版社 |
| 地　　址 | 宁波市甬江大道 1 号宁波书城 8 号楼 6 楼 |
| 邮　　编 | 315040 |
| 电　　话 | 0574-87259609 |
| 责任编辑 | 陈　静 |
| 装帧设计 | 金字斋 |
| 印　　刷 | 浙江开源印务有限公司 |
| 开　　本 | 787 毫米 × 1092 毫米　1 / 16 |
| 印　　张 | 24.25 |
| 字　　数 | 393 千 |
| 版　　次 | 2014 年 10 月第 1 版 |
| 印　　次 | 2014 年 11 月第 2 次印刷 |
| 标准书号 | ISBN 978-7-5526-1831-0 |
| 定　　价 | 39.00 元 |

# 让校本研修彰显活力

沈大安

从某种意义上说，教学是教师个人的创造性劳动。所以目前世界上多数国家和地区把教学看作是教师的一种个人行为，较少集体研究讨论。而在我国中小学，校本研修已成为一项基本制度，是我国教育的特色之一。日本教育学者、东京大学教授佐藤学认为："要改变一所学校，需要不断开展校内教研活动，让教师敞开教室的大门，进行相互评论，除此以外，别无他法。"(《静悄悄的革命：创造活动合作反思的综合学习课程》，佐藤学)校本研修具有对教师教学的支持作用、对教师专业的提升作用、对校园文化的建设作用，其影响是不能被低估的。

虽然校本研修在我国已有数十年的历史，很多学校也有时间和制度的保证，但校本研修的效果并不尽如人意。究其原因，主要是校本研修的目的不明、任务不清，容易流于空泛化；环节不落实、流程不完整，又使得校本教研零碎化，不能有效地解决教学中的实际问题。我国中小学的校本教研需要改善和提高。正是基于这种思考，在几年实践探索的基础上形成的一种新型校本研修模式。

这种模式集中表现为"1234"的创新架构，即：明确一个核心理念——教师是校本研修的主体，凸显校本研修促进学生素养提升、成就教师专业发展两个基本点，校本研修可以建立"自主学习实践反思，团队合作交流、专家专业引领"三条途径，采用"课例研究、专业阅读、教育写作和小专题科研"四种方式。这种模式立足于课堂教学、常态研修，通过专业阅读、课例研究、专家引领，努力使教师开拓视野、产生热情、焕发活力，真正成为学习者、实践者和研究者。

除了架构"1234"小学语文活力型校本研修创新模式，这项研究还有很多鲜明的特色：

第一，作者基于对多年教学实践的思考及文献资料的研究，提出了活力研修的创意。尊重教师作为生命个体的主动性和创造性，努力焕发教师自主发展的活力，拓宽视野，在可能发生或已经产生职业倦怠、遭遇专业发展瓶颈的时候，感受到教育教学研究的魅力，重新激起内驱力，使得老师们对教育生涯有了新的追求，从而促进自主学习、自主探究、自主反思，有利于教师的自我完善、自我发展。

第二，活力研修提出的话题、课题教师来自教学一线的实际。小学语文教师们不再是单纯的学习或教研任务的执行者，而成为主动的研究者，主动发现语文教学中的问题，并不断进行学习、研讨、实践，强化解决问题的意识和对自己教学行为的反思意识。这样的行动研究使小学语文课堂成为教师解决问题、合作研讨、促进成长的学习场所，也使他们对面临的实际困境和研修、改进后的问题解决有着最深切的感受。校本研修也因此而具有持久和旺盛的生命力。

第三，小学语文活力研修提出了切实可行的研究途径。小学教师的专业水平需要发展，但一线老师日常教学工作十分繁忙，如果频频外出学习进修，教学工作势必受到影响，所以需要妥善解决教师研修中的工学矛盾。另一方面，对不少普通学校，特别是农村学校来说，如果校本研修完全依靠自身力量，也有难以提升水平、难以持续发展的忧虑。本项研究既立足学校，以校为本，又采用专家引领、团队联盟等措施，使得校本研修的行动路径更加清晰,促进了校本研修的规范化、常态化和可持续发展。

本书作者周步新老师有着近三十年的一线语文教学经历,曾担任过学校校长、教研员、名师工作室导师等,有丰富的校本教研、校本培训经验,深谙一线教师的需求和困惑。她视野开阔、勇于开拓,同时脚踏实地、锲而不舍,深入教学一线,善于以自己的学习、研究和教学带动周围的教师。

2012年9月周老师调入宁波市江东区教研室,在逐渐熟悉区域教师培训工作的同时蹲点学校,开始了小学语文校本研修实践研究之旅。她与老师们一起从事活力校本研修的探究与实践,时时享受这种合作、研讨、实践、反思带来的快乐,深感教育人生的幸福。现在她引领活力研修团队的教师们把自己潜心研究的成果撰写成专著奉献给大家,让我们一起来分享校本研修的幸福。我衷心祝贺这本书的出版,愿宁波市江东区的小学语文校本研修经验能引起更多学校的关注,让校本研修实践成为更多老师专业成长的幸福经历。

(作者系全国著名特级教师、浙江省教育学会小学语文教学分会名誉理事长)

# 目录 CONTENT

让校本研修彰显活力 / 沈大安 …………………………………… 1

## 第一章 了解活力型校本研修的发展背景
第一节 校本研修的发展历史 …………………………………… 3
第二节 探索一种新的研修模式——活力型校本研修 ………… 11
第三节 对于基层教师来说活力型校本研修的意义 …………… 14
第四节 小学语文活力型校本研修的模式建构 ………………… 25

**校本研修典型案例**
· 活力研修　精彩纷呈——宁波市江东区第二实验小学语文活力研修专家蹲点引领案例 ……………………………………………… 34

## 第二章 小学语文活力型校本研修的组织规划
第一节 联盟发展：小学语文活力型校本研修的组织形成 …… 41
第二节 愿景共商：小学语文活力型校本研修的规划制订 …… 44
第三节 任务驱动：小学语文活力型校本研修的行动措施 …… 48

**专业发展规划样本**
· 浪漫之约　活力启航——一个新秀教师的专业发展规划 …… 51
· 全面分析　合理规划——一个新教师的专业发展五年规划 … 55

- 突破瓶颈　个性发展——成熟教师个人专业成长发展规划 …… 66
- 宁波市江东第二实验小学语文活力研修校本团队自主规划 …… 68
- 宁波市江东外国语实验小学活力团队专业发展规划 ………… 71

## 第三章　小学语文活力型校本研修的课例研究

第一节　小学语文活力研修的多种形式……………………… 77
第二节　小学语文课例研究的目标锁定……………………… 82
第三节　小学语文课例研究的内容选取……………………… 87
第四节　小学语文课例研究的落实途径……………………… 97
第五节　小学语文活力型研修课例研究的实施与策略……… 102
第六节　小学语文活力型研修课例研究的深化与延伸……… 111

**课例研究报告**

- 创设生活情境，在合作中快乐识字——一年级上册《自选商场》第一课时课例研究报告………………………………………… 118
- 第一学段寓言教学策略研究——二年级下册《寓言两则》之《守株待兔》课例研究报告………………………………………… 129
- 从关注内容转向凸显语用——三年级上册《一次成功的实验》课例研究报告……………………………………………………… 143
- 运用提问策略探寻阅读新高度——四年级上册《为中华之崛起而读书》课例研究报告…………………………………………… 154
- 非连续性文本在说明文中的有效运用——五年级上册《太空"清洁工"》课例研究报告…………………………………………… 172
- 实践阅读策略，提升阅读素养——五年级下册《桥》课例研究报告……………………………………………………………… 182

## 第四章　小学语文活力型校本研修的课堂观察

- 第一节　什么是课堂观察·················195
- 第二节　小学语文课堂观察点的确立·········200
- 第三节　小学语文课堂观察表的制订·········206
- 第四节　小学语文课堂观察分析·············223
- 第五节　小学语文课堂观察评价·············227

**课堂观察分析报告**

- 小班化识字教学观察分析——以二年级下册《识字五》为例······239
- 基于课堂观察的语文生本课堂调研——以二年级上册《枫树上的童话》为例······249
- 课堂练习有效性的观察与分析·············255
- 六年级上册《山中访友》教学目标达成观课报告······260
- 运用阅读策略，关注动笔练习——六年级上册《山中访友》课堂观察报告······263

## 第五章　小学语文活力型校本研修的专业阅读

- 第一节　什么是专业阅读·················273
- 第二节　为何要进行专业阅读·············275
- 第三节　如何从事专业阅读···············277
- 第四节　小学语文教师的专业阅读内容······283

**专业阅读叙事**

- 向青草更青处漫溯——记江东第二实验小学语文教师的读书生活······287
- 一个教师阅读成长的叙事·················291
- 《礼记·学记》专业阅读叙事研究···········296

- 每一片叶子都是美的 ——"差异学习"视野下的"特殊学生"转化教育 …… 300
- 专业阅读促成长 …… 306

## 第六章 小学语文活力型校本研修的专题研究
### 第一节 让教师成为研究者 …… 313
### 第二节 小学语文活力型校本研修研究专题的来源 …… 316
### 第三节 小学语文活力型校本研修专题研究的范式探索 …… 318

**专题研究经验分享**
- 在阅读与研究中收获幸福 …… 323
- 宁波市新城第一实验学校"读写融合"专题研修活动实录 …… 330
- 第二学段儿童文学阅读有效策略初探 …… 337
- 抓住文本训练点,提高课堂练习有效性的研究与实践 …… 345
- "活力教育"理念观照下的"活力语文"特色教学研究 …… 360
- 奉化市岳林中心小学语文校本研修实践分享 …… 367

**后记** …… 375

# 第一章 了解活力型校本研修的发展背景

## 第一节 校本研修的发展历史

我们知道,校本研修又名校本培训,是基于学校、为了学校、发展学校的研修。表面上看来,校本研修与校本培训相似,二者也确有相同之处:都是发生在学校,同是教师继续教育活动,但从本质内涵上看,它们存在着明显差别。研修与培训既非近义词,更非同义词,校本研修与校本培训显然是两个不同的概念。正如列奥·施皮泽所说:词的变化就是文化的变化和灵魂的变化。[1]从校本教研、校本培训发展到校本研修,有何区别,其间有着怎样的变化呢?

### 一、校本研修的历史进程

校本研修从校本教研、校本培训发展而来。20世纪初,欧美一些国家开始关注以校为本的教研改革,60年代首先在美、英等国产生这样的活动。80年代以后,美国的"重建学校运动"强调以校为本的观点,主张以学校为基地的培训模式,受到广泛关注;英国伯明翰中英格兰大学教育学院开设9门类似培训的课程,对中小学任课教师进行专业培训。80年代中后期,英、美等国都大规模开始实施教师的校本培训计划,很快推广到了东南亚以及非洲、拉丁美洲一些国家和地区。逐渐地,教师研修计划在国际教育会议上也得到认可和强调。日本教育法甚至对教师的研修做出明确规定(《教育公务员特例法》),同时还开设了专门的教师研训机

---

[1]列奥·施皮泽.语言与文学史[M].New York,1948

构。[1]

在国内,1999年,教育部发布《关于实施"中小学教师继续教育工程"的意见》,首次以官方文件的形式提出"校本培训"这一概念:"中小学是教师继续教育的重要基地……各中小学都要制定本校教师培训计划,建立教师培训档案,组织多种形式的校本培训。"教育专家顾泠沅《走向21世纪的教师教育》(1999)一文将校本研修作为一种未来教师继续教育的重要形式做了详细介绍,引发了我国中小学校本研修的高潮。2002年、2003年、2004年教育部均有相关政策出台,校本研修逐渐引起了广泛重视。

## 二、校本研修与校本培训、校本研究

查阅资料,我们了解到"校本研修"一词是由"校本培训"一词发展而来。"校本"(school—based 或 school—base)的思想源自国外,其本义是"以校为本",就是以学校为主体,包含三个方面的含义:一是为了学校,二是在学校中,三是基于学校。[2]

在《现代汉语词典》中,"培训"的意思是培养和训练,使体力和智力得到发展。按照欧洲教师教育协会1989年的有关界定,"校本培训"指的是源于学校发展的需要,由学校发起和规划的,旨在满足学校每个教师工作需要的校内培训活动。[3]

"校本研修"一词衍生于20世纪60年代诞生的校本培训及校本研究。[4]"校本研修"的"研"反映的是教师的活动方式与活动性质,"修"反

---

[1] 王芳,沈红梅.信息技术环境下校本研修的现状分析及建议[J].中国远程教育,2010(10):45
[2] 郑金洲.走向"校本"[J]教育理论与实践,2000(6)
[3] 郑金洲.校本研究指导[M].北京:教育科学出版社,2002
[4] 尹祥.中小学校本研修研究综述.天津师范大学学报[J]:基础教育版,2009(10):27

映了活动的长远目的与意义。在实践中,"校本研修"更多地被理解为学校层面的教师专业发展形式,[1]是以本校教师为主体、学校为主导、本校教育教学问题为对象、提升本校教育教学质量为根本目的的一套学校教师专业发展制度,其核心是通过教师的专业发展促进学生的发展和学校的发展。也有人把校本研修理解为教师的专业发展行为或教学研究行为,属于行动研究。[2]

"校本研修"既是教师教学方式、研究方式的深刻变革,同时也是教师学习方式、专业发展方式的与时俱进。[3]在多年教师教育实践中,大家也已意识到,培训不等于教师专业发展。"培训"与"发展"反映了思考问题的不同出发点。"教师研修"、"教师发展"站在教师主体的立场,主张通过循序渐进、持续不断的自觉的学习与研究,使教师掌握"学习的能力"和"改进实践的能力"。而"教师培训"则是站在培训者立场,对教师施教,它只是"发展"进程中的一种形式或手段。[4]

另外,根据校本发展的理念,校本研修包含校本培训和校本研究两方面含义,其中校本研究是校本培训的拓展。[5]

日本学者认为,校本研修的概念有广义和狭义之分。广义的校本研修指的是"在职教育的形态之一,是在工作时间内,全校教师参加的所有类型的研修活动"。它既包括由学校组织的研修活动,也包括教师在校内自发开展的研修活动。狭义的校本研修指的是"学校在现状调查的基础上为教师们设定一个共同的课题,为了解决这一问题,全体教师有计划、

---

[1] 王祖琴. 继承与超越:从"校本培训"到"校本研修"[J]. 现代中小学教育,2006(10):53
[2] 王洁,顾泠沅. 行动教育——教师在职学习的范式革新[M]. 上海:华东师范大学出版社,2007
[3] 陈晓. 再造教师的学习文化:再造教师的学习文化:访上海市教科院副院长顾泠沅. 现代教学,2005(zl)
[4] 张丰. 校本研修的活动策划与制度建设[M]. 华东师范大学出版社,2007:11
[5] 王陆. 大学支持下的校本研修教师专业发展模式[J]. 中国电化教育,2005(3):9.

有组织、持续展开的实践、研修（研究）过程"。在狭义的校本研修中，全体教师发挥集体智慧，共同探究某一研究主题。[1]

目前国内学者比较有代表性的观点认为，校本研修是以"以校为本、教师即研究者和促进教师专业发展"为核心理念的教师专业发展行动，[2]其本源就是要从根本上改变教师在"培训"中的被动地位，突出教师以校为本的自主学习和自主发展，是一种集学习、教学、科研于一体的教师教育行为。[3]

校本研修正逐渐取代校本培训成为主流话语，至少体现了四种变化[4]：一是目标定位的变化，实现问题解决和专业发展目标的有机统一；二是话语主体的变化，强调中小学教师是研修活动的主体，是话语的主体；三是话语内容的变化，教师的问题、经验和体会成为话语的主要内容；四是话语方式的变化，在研修中，参与主体围绕共同主题，在解决问题的对话和交流中，获得对自己、专业活动直至相关事物更深入的理解，发现其中的意义，实现新的专业成长。

可见，"校本研修"从"校本培训"演化而来，包含了"研究"和"进修"的双重含义，突出了教师的主体地位，更适合时代发展对学校和教师专业成长的需要。我们认识到从校本培训到校本研修的变化，为构建活力型校本研修提供了理论支撑，也有利于组织和实施研修活动。

总之，校本研修明确了教师在继续教育中的角色地位，让活动内容更多地来源于教师的自主需求，活动过程更加体现教师的探究热情和生命活力。

---

[1] 日本教育经营学会编.教育経営ハンドブック[M].東京：ぎょうせい,1986
[2] 尹祥.中小学校本研修研究综述[J].天津师范大学学报：基础教育版,2009（4）：27
[3] 王芳,沈红梅.信息技术环境下校本研修的现状分析及建议[J].中国远程教育,2010（10）：45
[4] 王祖琴.继承与超越：从"校本培训"到"校本研修"[J].现代中小学教育,2006（10）：53

### 三、校本研修的研究现状

"教育大计,教师为本",教师专业发展是当代教育改革的必然要求。校本研修是教师专业发展的重要途径,是提升教师教育教学水平根本的、有效的手段。它的重要性与必要性已成共识。

至 2014 年 2 月 19 日,我们百度搜索"校本研修"一词,发现 8,610,000 条记录,中国知网搜索,出现 5,396 条结果。这些研究涉及了校本研修的目标、途径、策略、模式、评价、课程、知识管理、影响因素、专业支持等内容,对校本研修成为教师专业发展有效途径的理论基础,校本研修与教师专业发展之间的关系、对教师专业发展的作用及促进教师专业发展的策略做了比较深入的分析,[1]为我们有效开展活力校本研修,构建富有创意的研究思路、实践模式提供了依据与参考。

"十一五"以来,许多地区都把校本研修作为推进教师专业发展的基本途径,并通过评估标准牵动、行政政策驱动、培训机构专业带动、典型学校示范促动以及网络平台推动等途径,有效发挥了校本研修在促进教师专业发展中不可替代的作用和价值。[2]

2003 年,教育部教育司设立"创建以校为本教研制度建设基地"的大型科研项目,并以此作为落实课程改革的工作主线。在 2003 年 12 月召开的全国基础教育课程改革工作会议上,时任教育部副部长王湛指出:"建立以校为本教研制度,是促进教师专业发展的必然要求。"全国 30 个省、直辖市和自治区的 84 个基地区县,根据项目推进的要求,分层实施城乡联动、区域推进的活动策划与制度创新,直至教研文化的建设,其中顾泠沅先生领衔编撰的"校本研修理论与实践"丛书将校本研修制度文化建设成果进行了呈现。

---

[1] 雷自自,王海林.基于校本教研的教师专业发展研究述评 [J].天津市教科院学报,2010(1)
[2] 王冬凌.区域校本研修评估标准研究 [J].中小学教师培训.2010(12):16

**教育部"创建以校为本教研制度建设基地"项目进展**[1]

① 2003 年 1 月，全国校本教研骨干研修班在北京举行，400 多名代表出席，《教师在教育行动中成长》的研究成果在班上报告。

② 2003 年 12 月，教育部基础教育司和上海市教育委员会在上海共同举办"以校为本教研制度建设研讨会"，项目正式启动，顾泠沅为项目专家组组长。

③ 2004 年 9 月，在上海召开项目专家组暨工作组会议，审批 30 个省、自治区、直辖市 84 个首批基地区县，形成项目工作会议纪要。

④ 2005 年 1 月，第二届项目经验交流与工作研讨会在长沙举行。全国 30 个省、自治区、直辖市、16 所师大课程中心 349 名代表与会。84 个全国首批校本教研基地区县在会议上总结交流了一年来区域推进以校为本教研制度建设的经验、成果、问题及困惑。

⑤ 2005 年 4—11 月，教育部基础教育课程教材发展中心与上海市教科院联合举办校本教研制度建设基地项目骨干高级研修班，按计划分 5 期进行。

2010 年 7 月颁布的《国家中长期教育改革和发展规划纲要》也提出要"加强教师队伍建设，提高教师整体素质"，"通过研修培训、学术交流、项目资助等方式，培养教育教学骨干"。各地均有相应的政策出台，使得学校在制度上、时间上保障校本研修的落实。

然而，尽管有制度上的保障，但分析校本研修现状，我们也不难发现，很少有人从实践层面对校本研修作为教师专业发展的有效途径做全面而系统的研究，对实践中的具体情况和存在问题的论述也不多。学校层面的校本研修随意性大，对推动校本研修的实施和教师专业发展的效果意

---

[1] 王洁，周卫，顾泠沅. 教师专业发展的范式革新. 义务教育国际研讨会

义不大。

国内比较有代表性的专家[1]认为,目前校本研修主要存在以下问题:一是"集体备课"、"校内听评课"、"教研组学习"、"校内公开课展示"、"开展课题研究活动"等典型的校本教研活动虽然开展频率高,可教师对其效果的评价却很差;二是忽视了那些非典型的、主要由个人自主研修或校外进行知识输入的专业发展活动的作用;三是虽然教师对听专家报告和做课题研究这两项专业发展活动持有较高认可度,但其与教师日常教育教学实践结合不够。教师对校本研修存在的常见问题调查显示如下:

表1—1 教师对校本研修问题和现象的认识[2]

| 排序 | 关于校本教研活动现状的评价 | 认同度(非常同意+同意) |
| --- | --- | --- |
| 1 | 缺乏专业引领,"萝卜炒萝卜"的现象严重 | 74.2%(14.4%+59.8%) |
| 2 | 现有的校本教研对教师专业发展促进作用不明显 | 64.4%(7.6%+56.8%) |
| 3 | 在活动中真正的合作比较少 | 63.6%(6.8%+56.8%) |
| 4 | 教研活动比较随意,偶然性大 | 55.3%(5.3%+50%) |
| 5 | 活动经常脱离教师的真实需求 | 52.3%(6.1%+46.2%) |
| 6 | 校本教研活动主要是事务性的任务布置 | 52.3%(6.8%+45.5%) |
| 7 | 学校对校本教研其实并不怎么重视 | 43.2%(5.3%+37.9%) |

归根结底,"萝卜炒萝卜,炒出来的还是萝卜",教师缺乏持续动力与研究热情成为校本研修发展的普遍问题。不少学校尽管观念上重视校本研修,但实际上校本研修并没有真正成为学校改革与发展的内在动力,教师思考、探究、研究的意识和行为远没有充分表现在正常工作中,尤其没有表现在课堂教学中。学校还没有形成一种浓厚的学习氛围、研究氛围和文化氛围。

[1] 崔允漷.关于我国当前中小学教师专业发展活动的调查研究[J].全球教育展望,2011(9):30—31
[2] 同[1]

在行动研究之初,我们就区域4所基地学校的基本情况、语文教师组成结构、学校发展及语文教师专业发展需求进行了调查、分析,发现这4所学校办学特色既具个性也有共性。共同点如下。

(一)均由两个校区组成(其中一个学校为中小学两个学部),各校都有促进两个校区均衡发展的希望;

(二)语文教研团队均有开展相关阅读策略的研究基础;

(三)学校语文教师中级职称(原小学高级)的比例均超过50%,最高的达到了78.5%,年龄以30—40岁占多数,教师专业发展到了瓶颈期;青年教师虽然所占比例不大,但缺少专业引领,急需提升教育教学专业能力。

表1—2　江东区中小学幼儿园教师教育教学专业能力需求情况表

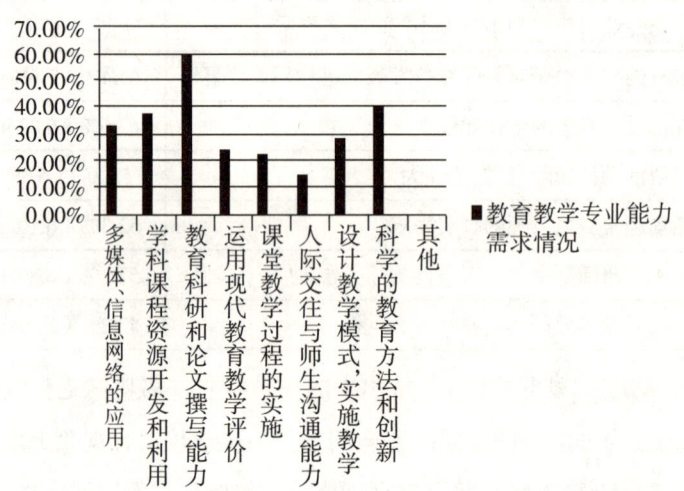

这需要专家引领教师明确语文活力型校本研修的核心理念,促进学校的两个校区、各个层面教师自主和谐、可持续发展,并确定要开展的小学语文教学专题研究的内容。研修活动时,4所学校有分有合,和而不同。

同时,我们还对区域所辖的中小学、幼儿园教师代表进行了问卷调查、访谈对话,回收筛选有效问卷574份。我们发现,教师们对"教育教学专业能力"需求方面排前三位的是：教育科研和论文撰写能力，占61.15%；科学的教育方法和创新教育能力，占40.59%以及学科课程资源开发和利用能力，占37.11%。

在提高教师教育科研能力培训中，教师们最感兴趣的三项分别是：如何将研究成果用于教学实践（47.56%）、如何撰写研究报告（44.60%）和如何选题（40.94%）。

尽管不同学校校本研修的情况不同，但影响校本研修成效的主要因素包括对校本研修的指导、校本研修制度的完善、新信息的引入、教师专业发展的激励等。[1]只有克服或解决这些关键问题，校本研修才可能不断充满活力。因此，我们提出活力研修，力图通过专家蹲点引领、教师自主参与、团队联盟发展，通过小学语文课堂观察、教师专业阅读、课例研究反思、语文专题研究等途径，不断激发专业发展的活力，以改变当前校本研修中存在的主要问题。

## 第二节 探索一种新的研修模式
—— 活力型校本研修

### 一、什么是活力

活力是一个非常年轻的概念，国内尚未有过专项研究，国外研究历史也非常短。

根据《现代汉语词典》的解释，活力即旺盛的生命力。

---

[1]戚业国.校本研修的制度性困惑与机制创新[J].教师教育研究,2013（5）:70

活力用英语表示为"vigor",意为身体或精神上的力量或能量。目前约定俗成的活力概念涵盖了以上两种解释,包括"个体感到他们拥有的体力、情绪能量和认知灵活性"这三方面内容。这导致人们对活力的认识也不同:有把活力看作情感,有把活力当作积极情绪和心境状态,有把活力当作枯竭的另一极……那么,究竟什么是活力呢?

从上述三方面看,活力由三个维度的能量组成,即体力、情绪能量和认知灵敏性。就体力而言,有活力的人身体健康强壮,感觉精力充沛,饮食、睡眠良好等;就情绪能量而言,有活力的人通常表现为情绪稳定、积极乐观,能站在别人的角度思考问题,关心、同情他人等;就认知灵活性而言,有活力的人表现为思维敏捷、工作效率高、自信、动机强烈等。

因此,我们这样认为,活力在教师身上表现为身体健康、情绪稳定、心态积极向上、自我感觉良好,并能言传身教,教育教学工作效率较高。

**二、什么是小学语文活力型校本研修**

基于对活力、校本研修的理解,我们对小学语文活力型校本研修内涵做这样的阐释:小学语文活力型校本研修是一种充满生机的小学语文校本研修状态,表现为语文教师自主追求专业发展,主动学习、勇于实践、善于思考,不断反思总结,不断提升教育教学智慧。学校语文教学研究呈现自主能动、可持续发展性状。

这样,小学语文活力型校本研修的目标为:

(一)依托校本,解决学校和语文教师面临的教学实际问题;

(二)谋求发展,促进教师专业提升、学生自主发展;

(三)扎根实践,通过小学语文教育专家的蹲点引领,围绕专题研究,探索小学语文校本研修深入实践之路,以供借鉴推广。

### 三、小学语文活力型校本研修的内涵阐述

领队带领团队跑步时常会呼喊"1、2、3、4"的口令,这让团队跑动时精神更饱满、状态更振奋、步伐更整齐、更有力。我们也以此隐喻,通过"1234"式小学语文活力校本研修模式的建构,让小学语文校本研修、教师教研团队的建设更有活力、更为奋发向上。

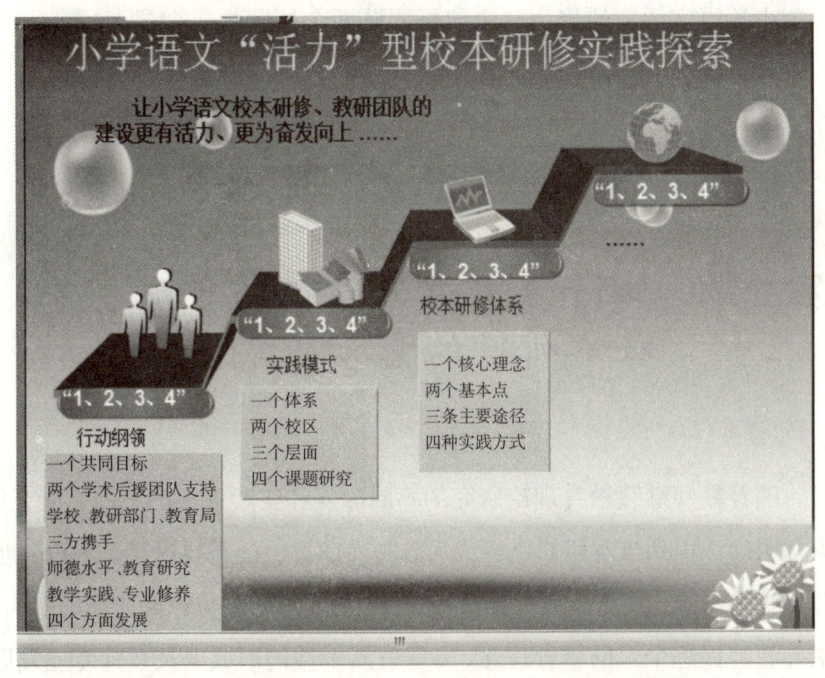

图1—1 小学语文活力型校本研修"1234"模式系统

我们认为小学语文活力型校本研修既是一份行动纲领,也是一个研修体系,还是一种实践探索。

### (一)一份行动纲领

语文活力校本研修有一个共同的目标,两种专业后援支持,学校、教研部门、教育局三方携手,促进教师师德水平、教育研究、教学实践、专业修养四个方面发展。

### (二)一个研修体系

小学语文活力型校本研修体系由一个核心的理念、两个基本点、三条途径、四种实践方式构成。这是通过蹲点学校深入了解情况、调查学校语文教师心理需求、针对特色学校建设的基础上创造性地提出的。

### (三)一种实践探索

小学语文活力研修由一个研修团队两个校区的三个层面(新入职、3—10年教龄、小高后及骨干等)教师、四个小专题研究组成。

## 第三节 对于基层教师来说活力型校本研修的意义

随着教师继续教育理论研究的不断深入和实践探索的不断发展,大家都明确认识到校本研修已经成为教师专业发展的重要途径。为进一步深化校本研修,激发教师专业发展的自主性,正确定位教师研究的取向,引导教师提炼个人的教育理念、专业发展个性的形成以及教师专业发展

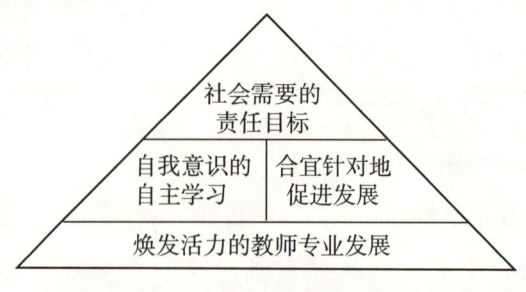

图1—2 活力型校本研修的教师专业发展

的评价等问题,[1]需要我们在实践中进一步探索。其中,教师不断主动激发专业成长动力是校本研修成为促进学校教育教学发展的首要问题。

**一、助动教师专业成长内驱力**

校本研修主要是指立足于本校工作实际,根据教师自身专业发展的需要,开展自主、合作、探究性学习和活动,是提高教师专业修养、促进教师专业化发展的一种新型的教师继续教育形式。[2]

校本研修的生命力在于校本研修的有效性和针对学校实际的校本化。正如帕尔默(Palmer PJ)指出:"真正好的教学不能降低到技术层面,真正好的教学来自于教师的自身认同(identity)与自身完整(integrity)。"[3]

因此,深入研究学校、教师具体情况,了解校本研修在促进教师专业发展实践方面存在的实际问题,提出有针对性的、较为可行的策略、措施,真正焕发教师自主发展的原动力,对提高教师的素质、推进教师专业发展有着极其重要的现实意义和实践价值。

目前,教师专业发展普遍存在发展瓶颈、职业倦怠等现象,分析其原因,并非教师不希望上进,本质上是教师缺乏帮助,没有成就感的习得性无助或者教师因为信息缺乏而形成的自以为是、自我满足等原因造成的。[4]针对这样的现状,我们主要采取以下措施焕发教师专业成长内驱力。

---

[1]王冬凌.深化校本研修应关注的几个基本问题[J].大连教育学院学报,2008(3):16
[2]周冬祥.校本研修:理论与实务[M].华中师范大学出版社,2007:2
[3]帕克·帕尔默.教学勇气:漫步教师心灵.上海华东师范大学出版社,2014
[4]戚业国.校本研修的制度性困惑与机制创新[J].教师教育研究,2013(9):70

## (一)专家引领　唤醒活力

为解决当前校本研修最突出的问题——缺乏专家的专业引领,陷于"萝卜炒萝卜,炒出来的还是萝卜"的无奈与瓶颈,我们确定一位专家蹲点、学术团队引领的策略。

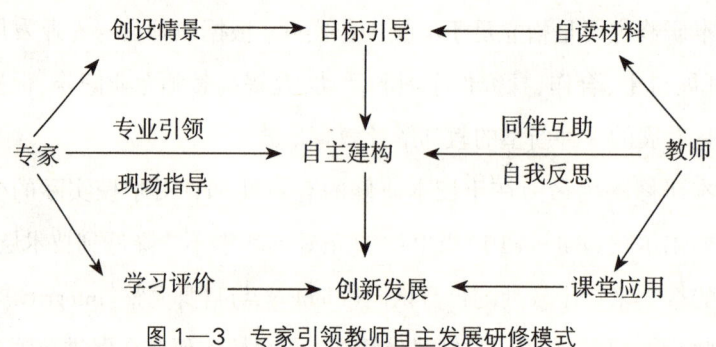

图1—3　专家引领教师自主发展研修模式

在一位小学语文教育教学专家蹲点引领的基础上,我们搭建校本研修、区域学科教研、教师专题培训三大支柱支撑的平台,组建了一支多层次的、长期联系与不定期专题指导多种方式进行学术支持的专家团队。团队成员既有全国知名的小学语文教育专家,又有著名的师范院校小学语文教育学科教授,还有理论联系实际的教育科研学者、研究员,更有资深的省、市、区小学语文教研员。请看案例——

2012年9月,江东区教育局引进浙江省特级教师、宁波市首批名教师负责区域校本研修工作,蹲点一所小学(后推广到区内4所学校),探索专家蹲点引领促进校本研修的新途径。2012年10月,借助区域师训平台,开设小学语文活力教学研修班,团队教师围绕相关专题,制定目标,进行研讨交流。

活动之后,成熟型的教师这样写道:"人近中年,'活力'于我,好像已经是很遥远的事情。有幸在周老师的引领下,在与年轻老师的共处中,在一次次的研课中,在一场场的讲座、报告中,我仿佛又找回了年轻的感觉。久违的'活力'仿佛回来了,年轻时候对专业的那份热爱又开始在内心复苏。"年轻的教师这样说:"为我们指导的专家都很有力度,实践活动很有实效,我从理论和实践层面均获得新知,澄清了原本模糊的一些问题。感谢'活力型'语文研修这一平台,让我在倾听、记录、反思、沉淀、实践中不断成长。"也有教师这样说:"全新的教研活动方式让我这位一线的教师受益匪浅。在专家的指导下,同伴的互助下,虽然只是短短的一期培训,但已为我未来的语文教学道路指明方向。感谢有您——亲爱的老师、同行,希望下次为我们提供更多这类学习的机会!"

### (二)成就获得  激励信心

以自我内在激励为动力,增强了校本研修途径的广阔性。[1]这样的自我激励可以从自估研修基础、自定行动目标、自报行动项目、自设行动方案、自寻行动指导、自省行动过程、自赏行动成果等方面产生。

俗话说,"失败乃成功之母",但从某种意义上说,成功更是成功之母。按马斯洛的需要层次理论,个体成长发展的内在力量是动机,而动机是由多种不同性质的需要所组成。人类的需要是分层次的,由低到高分别是:生理需求、安全需求、社交需求、尊重需求和自我实现。各种需要之间,有先后顺序与高低层次之分;每一层次的需要与满足,将决定个体人格发展的境界或程度。

其中,尊重的需要包括自我尊重、自我评价和尊重别人。尊重的需要很少能够得到完全的满足,但基本上的满足就可产生推动力。而自我实现的需要是最高等级的需要。满足这种需要就要求完成与自己能力相称的工作,最充分地发挥自己的潜在能力,成为所期望的人物。这是一种创

---

[1] 刘堤仿. 区域性教师校本研修现状与对策[J]. 中小学教师培训,2007(3):10

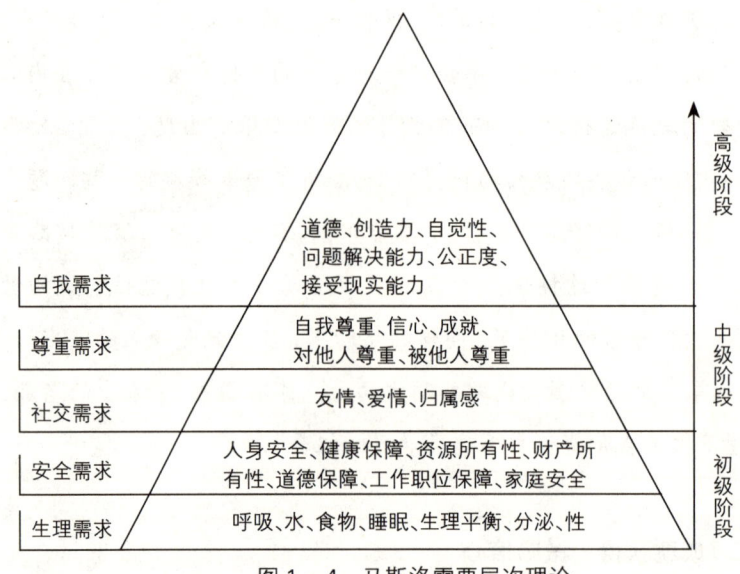

图1—4 马斯洛需要层次理论

造的需要。

马斯洛还认为：在人自我实现的创造性过程中，产生出一种所谓的"高峰体验"的情感，这个时候是人处于最激荡人心的时刻，是人的存在的最高、最完美、最和谐的状态，这时的人具有一种欣喜若狂、如醉如痴的感觉。

对于教师来说，何尝不是如此呢？我们通过一系列的活动，为教师自主发展创设条件、搭建平台、提供舞台，老师们从中不断收获，享受成功的喜悦。

从教师个人的角度看，活力型语文校本研修的主要途径有：专家引领、同伴互助、个人反思、问题研究、交流分享，具体方法很多，比如课后一得、反思笔记、反思博客等。

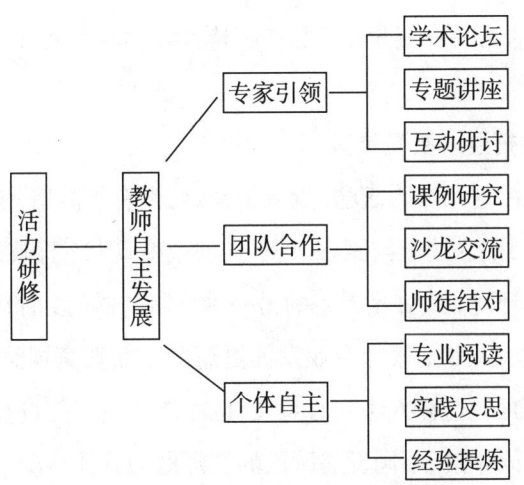

图1—5 教师专业自主发展项目

从教研的角度看,活力型语文校本研修的主要方法有:集体备课、教材与教学分析、共同研课、相互听评课、公开课示范课、同课异构(一课多上)、导学案、语文教学微技能研究等。

从学校校本研修的组织形式看,教师专业发展活动主要有经验交流、课堂改进、教学论坛、典型案例等,还包括专家报告与点评、理论学习、参观学习等,这些都是学校主动组织的教师专业发展活动。

从教学管理的角度看,与活力型语文校本研修相关的教学管理活动包括备课检查、语文基本技能检测、师徒结对等具体的方法。

从教科研的角度看,主要包括校本行动研究。教师通过教育教学问题研究(教育科研)达到教师专业水平与能力的持续提高。

语文活力校本研修活动之后,老师这样书写自己的感受:奉化之行,卓老师的课及她们学校的校本研修展示令人印象深刻;昨天二小之约,吴教授的讲座触动共鸣很大;再就是我校年轻老师在活力团队的引领下,几经磨课,走上了成长的旅途。想着这一路走来,有时会难以兼顾各项活动,但是回头一看,无论自己还是年轻教师成员,都在途中采撷了浪花一朵朵。所以,想说——谢谢,周老师的精心安排与引领,谢谢同行姐妹们的携手共进。

### (三)视野拓展 激发热情

按部就班的生活令人乏味。没有了新意,没有了激情,惰性不断累积,让人安于现状,陷入迷茫与困惑……如何改变现状?打破封闭、压抑,跳出禁锢视野的环境,或许是人生的另一种丰富。同时,时代在不断前进,终身学习已成为共识,教师专业发展更需要不断拓宽视野,不断获取新知,不断充实自己,这样人生才有意义,也才能做到言传身教。

我们对不同年龄、不同发展阶段的教师做到具体情况具体对待,因人而异设计研修。

表1—3 不同发展阶段教师校本研修设计

| 发展阶段 | 发展目标 | 校本研修活动侧重点 |
| --- | --- | --- |
| 入职教师 | 适应教育教学工作 | 师徒结对、问题诊断、改进分享 |
| 新秀教师 | 提升学科教学能力 | 教学打磨、课例研究、提高能力 |
| 骨干教师 | 形成教学理念风格 | 教学论坛、科研实践、展示指导 |
| 成熟教师 | 突破高原瓶颈现象 | 阅读反思、拓宽视野、提升经验 |
| 年长教师 | 顺应自我需求提高 | 教学沙龙、新技术培训、充实人生 |
| 后进教师 | 协同帮扶教育教学 | 跟踪指导、定期反馈、评价改进 |

拓宽视野的途径很多,如可以通过阅读来丰富自己,也可以通过与他人的交往丰富阅历;可以看专家、同仁如何处理,感受他们在不同的处境下的所作所为;也可实践反思,同伴合作交流分享,"你有一种思想,我有一种思想,互相交换,每人就不止一个思想"。拓宽视野还要尊重客观规律,敢于实践、勇于探索,打破习惯势力和主观偏见的束缚。

一路走来,老师们真切体会到活力研修的魅力:感谢活力研修给我们提供了这么好的一个学习平台。聆听专家讲座、参与磨课上课以及课例反思等一系列的学习,让我迅速成长,收获颇丰。课堂展示与研讨、专家讲座与引领、周老师亲力亲为蹲点指导,还有同行的观点碰撞,使得我的教育思辨力得到进一步提升,理论和实践操作能力有了新一次的整理和提升,为教育教学工作注入了新的营养和活力。

无论是研修内容、课程设置,还是专家引领,都实实在在,相得益彰。精彩好课可以观摩,现场案例可以撷取,我的教学思维变得开阔而多元。谢谢老师们一路的提携和帮助,让我——一个普通的一线教师在事业的疲惫期,重新踏步追行!

……

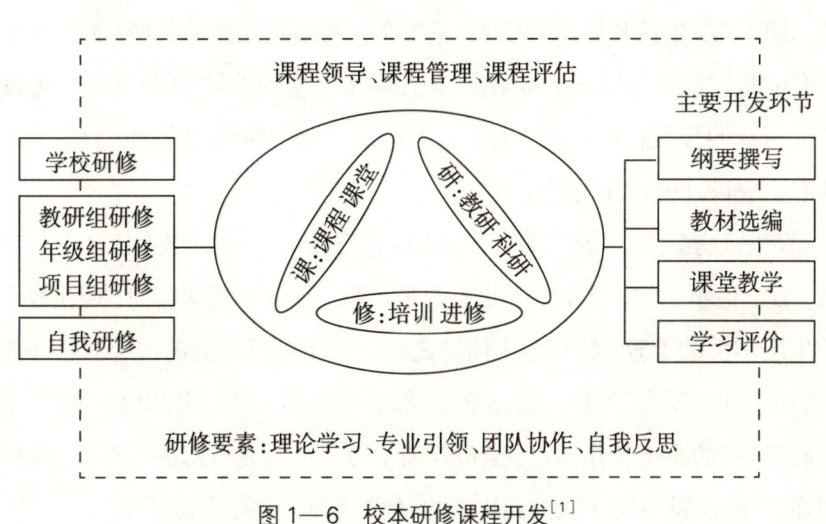

图1—6 校本研修课程开发[1]

## 二、持续教学改革发展力

教师专业化成长是一个循序渐进的发展过程,校本研修有助于校本教育行动研究,增强学校发展活力。从某种程度上说,校本研修决定着教

---

[1]李文萱."规划、管理、评估、研修"四位一体的校本课程开发.上海教育科研,2009(6)

师如何看待教师职业、如何有效地从事教育教学、如何提升自己的专业水准。[1]因此,校本研修是学校组织发展的重要目标,以校为本的高质量教师队伍是校本研修实效性的唯一体现,对提升学校的办学质量最具实际意义。正如苏霍姆林斯基所说:"如果想让教师的劳动能够给教师一些乐趣,使每天上课不致变成一种单调乏味的义务,那就应当引导每一位教师走上从事一些研究的这条幸福的道路。"活力型语文校本研修引导教师成为研究者,自主参与研修活动。

**(一)研究学生,落实"以生为本"的理念**

教学设计体现学为逻辑。从学科的知识、技能、方法为逻辑结构的备课,走向以学生认知规律为导向、学生学习为逻辑结构的备课;关注学生已有的知识经验与原有学习基础,关注学生之间的差异,关注实现最近发展区目标的预设;为学生的主动学习留出足够的时间和空间,为学生的动态生成设计弹性化的教学方案。

学教过程体现主动学习。教师做到"三教三不教":学生已经会的不教,教学生不会的;学生学了也不会的不教,教学生能学会的;现在教了学生也不会的不教,教在学生愤悱之处。学生可以学会的内容通过课前(课中)"独立学习"等形式自己学会;部分学生自己学得会的内容通过"学生教学生"的小组合作学习、全班互助学习等形式先行解决一部分;学生似懂非懂、需跳一跳才能摘到桃子的,教师着重指导,落实过程。

**(二)研究课程,实践"促进发展"的策略**

课程目标体现基础性与发展性。一个班级中,学生之间的学习水平是存在差异的,因此我们充分预设不同层次学生的预期目标,形成后进生与优等生的下位目标和上位目标,形成教学目标的"弹性区间"。基于学

---

[1]王光伟.基于质性评价的有效教师校本研修初探[J].教育测量与评价(理论版),2011(2):31

生现有水平的分析,确定符合学生最近发展区目标的挑战性学习内容,让每一位学生均有发展。

课程内容提供必需与选择机会。组织教师开展语文教学各单元知识点、能力训练点等单元要点研究;加强集体备课,引导教师在集体研讨中开展"教什么"、"怎么教"的研讨,精备练习,要求提供必需掌握的基础内容与可供不同层次选择的弹性发展内容;关注学生的潜意识,关注不同层次学生的学习状态;特别是给中下等基础学生以更多的学习关注,充分暴露学生的思维过程、不同构想。

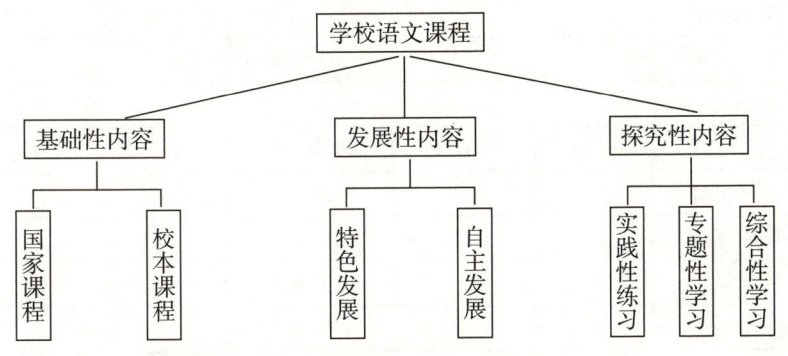

图1—7 活力研修实践小学语文课程结构图

**(三)研究教学,探索"精讲多练"的教学模式**

语文课堂教学不仅关注学生知识、技能的掌握情况,还要关注是否发挥小学语文学科的育人价值,关注语文教学目标达成率情况,关注每一位学生是否均有发展。在活力研修时,我们引导教师把注意力从研究教学内容转向研究分析学生的原有背景、潜在状态、生活经验和发展需要上来,实现教书又育人。

我们引领教师开展"课堂观察"、"以学定教"等实践研究,对课堂教学中教师教的时间、学生动笔练习的时间、学生当堂完成作业的人数比例达成共识,并作为家常课、教研课、评优课观摩时评比好课的基本标准,重视反馈评价；同时加强教师对教学环节成败的反思，引领教师学思结合，这样基于学习、聚焦发展，以学生的学为课堂教学的逻辑结构，以学生主动学习为主要途径，构建倾听、合作、高效的课堂。

| 本节课有（　）个教学环节 |||||| 
|---|---|---|---|---|---|
| 环节1： ||| 环节2： |||
| 教学方式 | 时间 | 百分比 | 教学方式 | 时间 | 百分比 |
| 教师讲解 ||| 教师讲解 |||
| 师生互动 ||| 师生互动 |||
| 小组讨论 ||| 小组讨论 |||
| 学生自学 ||| 学生自学 |||
| 学生讲解 ||| 学生讲解 |||
| 环节3： ||| 环节4： |||
| 教学方式 | 时间 | 百分比 | 教学方式 | 时间 | 百分比 |
| 教师讲解 ||| 教师讲解 |||
| 师生互动 ||| 师生互动 |||
| 小组讨论 ||| 小组讨论 |||
| 学生自学 ||| 学生自学 |||
| 学生讲解 ||| 学生讲解 |||
| 环节5： ||| 环节6： |||
| 教师讲解 ||| 教师讲解 |||
| 师生互动 ||| 师生互动 |||
| 小组讨论 ||| 小组讨论 |||
| 学生自学 ||| 学生自学 |||
| 学生讲解 ||| 学生讲解 |||

图表1—4　活力研修小学语文课堂教学时间合理性观察表

通过精析学生（分析不同层次学生的能力、兴趣、习惯差异）、精确内容（精确定位"教什么"）、精巧课堂（精心设计学法、教法），实现"轻负高效"。这样确保60%以上学生能当堂完成作业，近50%以上教师自主命题作业实现团队共享,90%以上学生及家长对教师感到满意;后进生的巩固或转化率达80%以上;精简学生作业,倡导学生习题年段共享,并由学校出台相应的制度加以保障。

## 第四节 小学语文活力型校本研修的模式建构

### 一、国内外已有校本研修模式的启示

随着实践研究的深入推进,我们看到近十年来,校本研修的模式也各有特色,主要有:大学支持下的校本研修四种模式[1]:咨询诊断模式、项目研修模式、网络学习共同体模式和大学支持下的同侪互助模式等,西南大学的基于知识管理的教师校本研修模型[2],浙江奉化的基于教学现场的校本研修模式[3],基于网络的校本研修模式[4],"361"校本研修模式[5](三个层次的备课,课堂六环节,每周一次案例研讨),实践取向的校本研修模式[6],多维对话式[7],"问题牵动 科研引领 课程推动"模式[8],"CARE

---

[1] 王陆.大学支持下的校本研修教师专业发展模式[J].中国电化教育,2005(3):10
[2] 胡晓.基于知识管理的教师校本研修模型研究[D].重庆:西南大学,2007
[3] 言宏."基于教学现场的校本研修模式"的探索[J].当代教育科学,2007(14)
[4] 张林,向君兰.基于网络的校本研修模式研究[J].教育信息技术,2013(4)
[5] 许家民."361"校本研修模式初探[J].石油教育,2009(6)
[6] 张宏,刘光余.论实践取向的校本研修模式构建——基于上海市嘉定区娄塘学校个案分析[J].中国教育学刊,2012(6)
[7] 曾建发,刘永胜."多维对话式"校本研修模式的新探索——基于武汉市解放中学校本研修的实践[J].湖南师范大学教育科学学报,2012(4)
[8] 刘雪丽."问题牵动 科研引领 课程推动"式校本研修模式探索[J].辽宁教育,2012(8)

伙伴式"校本研修模式[1]，宁波江东的"黑板"写讲演校本研修模式——写中引思、讲中激辩、演中促研[2]等。

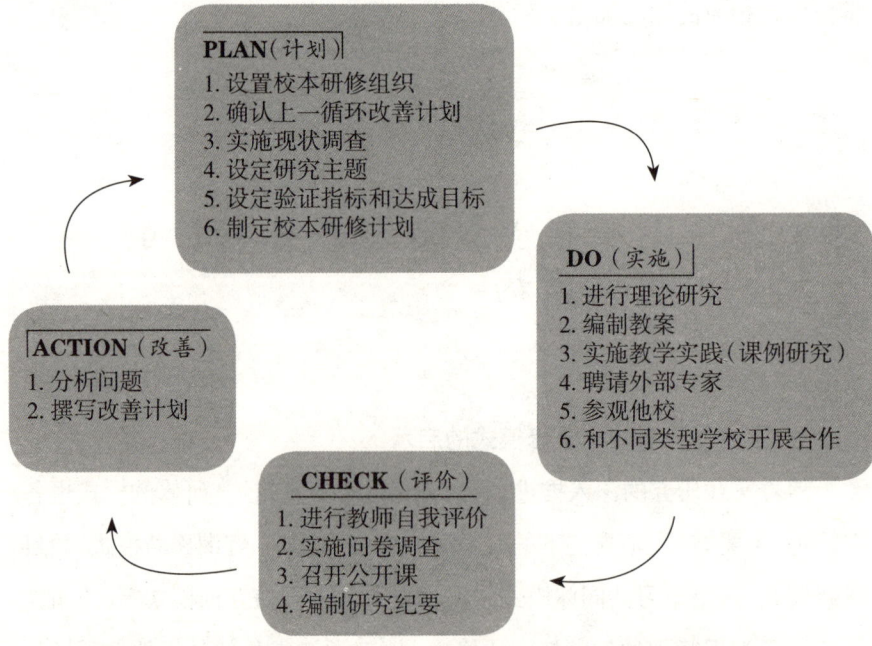

图1—8 基于PDCA管理循环的日本校本研修模式

国外校本培训的主要模式有讲座与短训模式、教学小组制度模式、指导教师制度模式、课题研究与实验模式、观摩与交流模式、反思性教学模式、采用高级标杆培训和虚拟培训组织等模式。[3]其中日本实施基于PDCA管理循环的校本研修模式。PDCA管理循环又称戴明循环，是美国学者戴明（William Edwards Deming）最早提出的一种全面质量管理模

---

[1] 陈晓波."CARE伙伴式"校本研修的背景钩沉：理论脉络与实践土壤[J].北京教育学院学报,2013（4）
[2] 章国明."黑板"写讲演校本研修模式的构建与实施[J].宁波教育学院学报,2013（5）
[3] 李永生.国内外教师校本培训研究与实践的综述[J].中小学教师培训,2003（6）：58—60

式。PDCA 分别是英语单词 PLAN（计划）、DO（实践）、CHECK（评价）和 ACTION（改善）的第一个字母。它是一种对制度自身进行评价的活动，在评价的基础上提出改善措施，并通过一个又一个的循环，使得校本研修制度不断得以完善，教师的专业能力也在此过程中得到不断提高。

综上所述，我们认为，目前关于校本研修模式的研究，不外乎这样几种观点：[1]

### （一）基于课堂教学的角度分析

如早在2003年，顾泠沅和王洁就提出以课例为载体的"行动教育"模式。它的主旨在于创造理论与实践沟通的思考空间，主要包括三个阶段、两次反思（见图1—9）。又如以追踪教学问题为主的"行动研究"模式，把追踪教学问题作为研修的核心要素和出发点。如郭东岐[2]指出，校本研修主要涉及以下几个环节：叩问教学细节，追踪教学问题；搜集积累资料，探索解决策略；实施解决方案，逐步澄清问题；及时总结提升，成果共同分享。

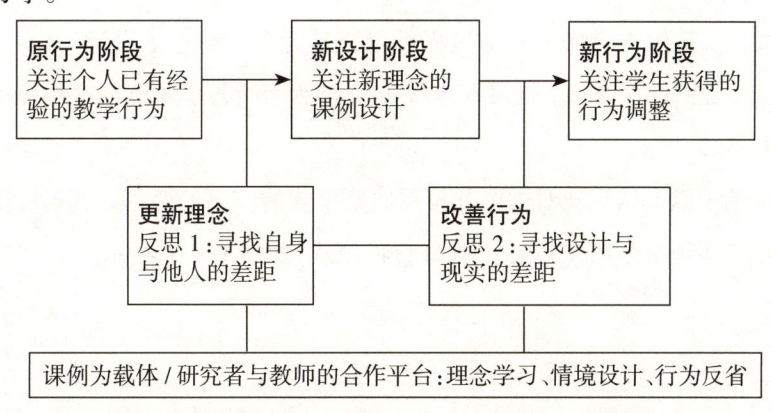

图1—9　以课例为载体的"行动教育"模式[3]

---

[1] 尹祥.中小学校本研修研究综述.天津师范大学学报 [J]:基础教育版,2009（4）：28—29

[2] 郭东岐.校本研修的实施与推进 [M].西安:陕西师范大学出版社,2006

[3] 顾泠沅,王洁.教师在教育行动中成长 [J].全球教育展望,2003（1）

## （二）基于教师角色层面分析

如徐学俊和周冬祥[1]从教师的角色变换和教师参与方式的创新的角度提出了教师校本研修三种模式：接受、借鉴式校本研修，具体做法有专家讲座、读书活动及教学案例观摩等；反思、探究式校本研修，具体做法有微格研修、课例研修及教学诊断研修等；课题研究式校本研修，这种类型的教师校本研修适用于具有较丰富的教学经验且掌握了一定的教育科研方法的熟练教师。

## （三）校本研修的其他实践模式

如吴晶京提出的沙龙式校本研修模式[2]、湖北十堰校本研修课题实验报告提出建立"三型十环"校本研修模式、骨干教师教学辐射模式等。

总之，无论是从校本研修内涵的角度还是从教师角色转变及参与方式层面提出的研修模式，都是对校本研修本质的一种真实解读，没有什么优劣之分。从以上各种研修模式中，我们可以总结得出两点结论：一是校本研修的核心要素或关键环节是自我反思、同伴互助和专家引领三个方面；二是校本研修的基本过程可以概括为"问题——设计——实践——反思"四个环节，这贯穿于校本研修活动的各个环节。这些都可供我们借鉴。

基于以上认识及对国内外校本研修模式的广泛了解、深入思考，我们构建并实施小学语文活力研修"1234"模式，如图1—10所示。

---

[1]徐学俊,周冬祥.教师校本研修及其区域协作机制探索[J].教育研究,2004（12）
[2]吴晶京.小学沙龙式校本研修的探讨[J].上海教育科研,2008（8）

图1—10 小学语文活力型研修"1234"模式

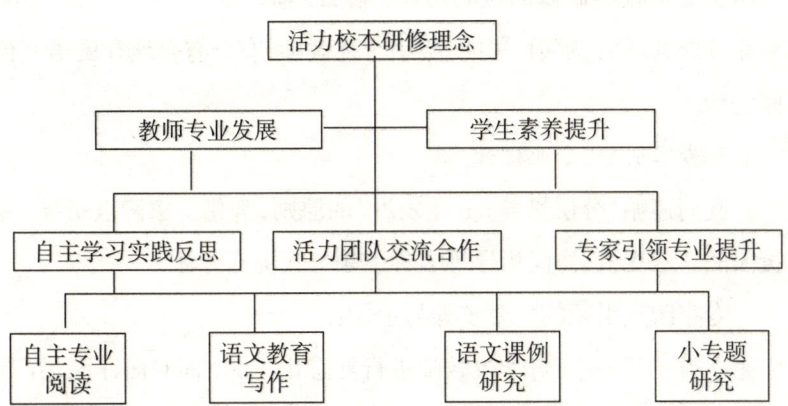

## 二、小学语文活力型校本研修"1234"模式的实践探索

我们具体是这样操作小学语文活力型校本研修"1234"模式的。

### (一)明确一个核心理念

以校为本,围绕促进学校发展的核心理念——"活力型"校本研修,力求语文教育教学实践研究不断焕发生机和活力,呈现旺盛的生命力。

### (二)凸显两个基本点

两个基本点是促进学生素养提升为本,成就教师专业发展为本。

### (三)落实三条主要途径

三条途径包括自主学习实践反思、活力团队交流合作、专家引领专业提升。

1. 自主学习,实践反思

立足于教师个体层面,凭借专业阅读的自主学习,实践反思教学经验。

2. 活力团队,交流合作

这是校本研修的基本形式,遵循的原则是:第一,自主形成。由乐意教研、追求发展、志趣相投的学科骨干教师、教研活动召集人自主追求,形成语文专业校本研修的核心团体；第二，辐射全体。核心团队不断提升专业发展的活力，辐射、影响、吸引全体教师，有分有合地开展语文校本研修活动。

3. 专家引领，专业提升

我们遵循"分层培养、分化发展"的原则，凭借专家蹲点指导、专家后援团队学术支持、协同指导等多种引领方式提升专业。

专家蹲点引领的主要步骤与手段：

全面了解——对学校教师进行常态化听课，面对面评课，了解学校语文教师真实的第一手情况。

调查访谈——与学校校长、中层管理、语文教研团队负责人等各层面教师交流、研讨，进行调查问卷。

查阅资料——收集、阅读学校三年自主发展规划，管理制度、语文教研团队计划、已有课题等材料，了解学校的校本研修、管理发展情况。

专题讲座——从学校发展需要出发，根据学校语文教师普遍存在的问题，结合2011版《语文课程标准》的解读、落实等热点，同时还围绕校本教研专题进行针对性的讲座与互动交流。

活动引领——引领集体备课、专业阅读沙龙、核心团队研讨、教育写作交流等形式多样、富有实效的活动，促使教师互相学习、合作研究、共同发展。

## （四）实践四种方式

四种方式分别为注重课例研究、引领专业阅读、提倡教育写作和探索小专题科研。

1. 注重课例研究

课例研究具备自主反思、同伴互助、专家引领这三要素，可以说是校本研修的一种重要方式。它有明确的研究主题，经历"疑问——规划——

反思——行动——观察——反思和重新规划"的循环过程,是一项规范的教师专业行为。

我们的措施是依托语文课堂观察、集体备课,采用同课异构、团队实践论证、一人同课多轮等多种形式开展课例研究。从语文教学目标的达成度、教师教的时间和方式、学生习得语文情况、语文作业完成情况等维度,通过评估学生学习语文的效果研究教师的教与学生的学,通过"评价——改进——再评价"的方式,实现从课例中分析学情,再回到课例中尝试改进的"螺旋式教研法"。如结合课例研究,我们开展"三次设计两次打磨"的活力型语文校本研修活动方式。

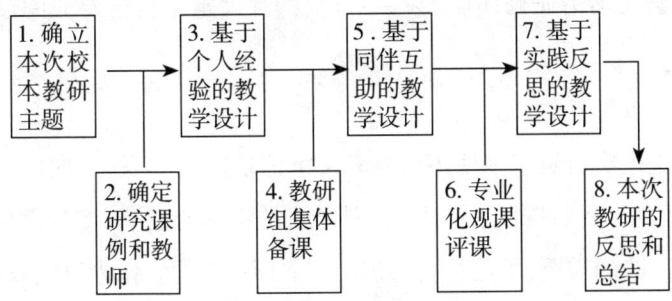

图1—11　小学语文活力校本研修的"三次设计两次打磨"方式

2. 引领专业阅读

理想的专业阅读应当成为教师一种新的专业生活,[1]语文教师更离不开阅读。阅读工程是推进教师队伍建设新的"增长点",是提升教师人文素养的根本要求,是促进教师继续发展的内在动力,从而赋予教师更大的人生价值。

我们实施专业阅读的步骤与方式有——

首先,构建教师专业的知识体系和框架,阅读、记录自己学到的知识、

---
[1] 中国教育报,2007年7月12日专版

方法和心得、启迪。

其次，针对不同发展阶段，围绕不同专题，确立各自的专业阅读书目。针对小学语文教师的主要有教育学、心理学、语文教育理论书刊、经典文学作品、儿童文学作品以及其他各种教师感兴趣的非专业书刊文章，做到精读与略读、泛读相结合，做笔记、写心得相结合，网络阅读与纸质文本相结合。

然后由相同兴趣的教师组成专题学习小组，定期分享、讨论、头脑风暴，从不同角度来思考问题。大家还定期分享阅读感受，通过教研团队沙龙、论坛、博客、微博等多个渠道进行分享。

小学语文活力研修团队及每一位教师都确定了自己专业阅读的内容。

3. 提倡教育写作

写作是人类有意识地使用语言和文字记录资讯、表达意向的一种活动，是人类的一种特殊的、有目的的社会实践活动的记录，是为满足人类社会活动实践的需要、学习社会知识的需要而产生的。作为语文教师，除了教学生学习写作，自己理应成为一个自主的写作者。

教育写作源自教育生活，与教育生活相关的文字记录都属于教育写作。教育写作的主题来自日常观察、教学所得、问题反思、热点事件、交流研讨等。我们引领教师进行教育写作时做到：

第一，真实、及时地记录。真实，才有研究的价值；及时，可以避免惰性与遗忘。

第二，科学地分析。对记录的材料做分析，发现规律，得出结论，可以指导以后的工作，改变今后的教育教学。因为教育写作的目的，是改变自己的教育行为。

第三，坚持不懈。教育研究、教育写作，也要坚持不断地记录，不仅是积累大量的第一手教育研究资料,其中更有值得研究的深层价值和意义。

小学语文活力研修团队的教师们主要从事小学语文课堂观察分析、课例研究报告、专业阅读叙事、儿童阅读作品赏析、下水文、语文专题研究论文或报告等的写作。

4. 探索小专题研究

围绕专家申报的行动研究项目及2013年立项的省教研课题"小学生适性阅读策略的实证研究"总课题,4所学校分别开展4个子课题(小专题)研究:"学教式阅读教学的实践研究"、"小学非连续性文本阅读策略研究"、"第二学段儿童文学阅读策略研究"、"以读带写读写结合策略研究"。各校语文教研团队的每位老师根据不同年段,自己的不同特长、喜好,确定相应的小专题。在一个阶段,针对性地围绕一个小专题开展研究,或同一年段几个老师,或相同爱好特长的老师围绕一个小专题,组成一个教研小团体,开展课题研究。

专家蹲点学校,及时准确地进行指导、反馈,又引领科研骨干蹲点各年级段,实现小专题研究指导的常态化,同时还注重小专题研究的展评。

【校本研修典型案例】

# 活力研修　精彩纷呈
## ——宁波市江东区第二实验小学语文活力研修专家蹲点引领案例
宁波市江东第二实验小学　方晓燕

"活力教育"是江东第二实验小学办学的主要目标,"活力研修"是其重要的组成部分。2012年9月,由特级教师周步新老师领衔的宁波市基础教育首批教学行动研究项目——小学语文活力型校本研修的实践研究,有幸落户本校。至此,学校以语文教研团队为龙头,正式铺开了"活力研修"的研究建设。

此次"活力研修"的研究建设活动,以校为本,体现学校发展的核心理念——"活力教育";以生为本、以学定教,打造江东第二实验小学活力研修团队,让每一位教师在原有基础上得到发展,促进语文骨干教师队伍建设。通过自主学习实践反思、同伴互助共同发展、专家引领专业提升三条途径开展研究。活动中,语文研修团队着重课例研究,进行专业阅读,提倡教育写作,探索小专题科研。

## 一、专家引领式活动

2012年9月,周老师蹲点学校,实践探索专家蹲点式引领校本研修的新途径。学校以此为契机,开展了一系列专家引领式活动,摆脱了以往校本教研"萝卜炒萝卜"的瓶颈状态。此类活动主要从以下三个维度进行:

### (一)助观念更新

新学期伊始,周老师就为全体语文老师做了两场精彩的讲座。周老师摒弃了传统的讲座方式,以一种"工作坊"的形式,互动交流,引领教师们明确落实"以生为本、以学定教"的理念,就集体备课研讨的内容、形式、方法等进行实战研训,并针对存在的问题逐一分析,寻找有效解决方案。

大家彼此沟通、交流、切磋，在课改理念、教学方法，以及教师培训方式等方面都有颇多的收获。

**（二）勤扎根课堂**

周步新老师对我校东、西两个校区全体语文教师进行了全面的摸底听课，并采取小组实时化评课：上午听完的课，利用上午及中午的空余时间抓紧评课；下午听完的课，同样利用空课抓紧评课。周老师对每一堂课都进行了详细的点评，充分肯定了老师在教学上的优点，同时逐一指点，从目标制定、环节贯穿、亮点凸显、习题设计等方面提出了新颖有效的常态课教学策略。

**（三）重打磨精品**

课堂教学实践研究是教学研修活动的重点，学生发展是所有研修活动的焦点。本学年，我们语文团队进行了"有效教学专题研讨"活动。学校邀请多位教研员，通过名师示范课展示、专家实时点评反馈、聆听报告转变理念、共同磨课、领悟展示、依据教学理论重新做课等多种方式，尤其对拼音识字课、阅读课、习作课等诸种课型，进行了立体式全方位的探讨。

### 二、团队互助式活动

语文"活力教研"团队的形成，使教师发展形成一股合力。教研团队的共同发展建立在教师之间的合作交流、互相启发和经验共享的基础之上。

**（一）研读教材，共享团队智慧**

作为活力教研的带头学科，四年级语文组向全校老师展示了"课时集体备课"这种崭新的备课模式，引起了全体老师们的强烈共鸣。

在展示之前，四年级组全体老师在周老师指导下，群策群力，围绕"二研二读一定"的指导思想，研究了教材与课程标准、学生，注重"个人钻研"；研读了语文的有效特征；确定了本次活动的中心发言人。备课展示活动中，每位老师带着各自"二研二读"后的思考，聚焦了《为中华之崛起而读书》一课试教中出现的问题各抒己见，提出相应的解决办法，从而定下基本预案。

此次活动，老师们把以生为本、以学定教、顺学而导的理念牢牢扎根心底，变"教课文"为"教语文"、"教阅读"，使课堂更有效。老师们经历了观念的蜕变，更关注新课标的理念，关注学情，关注学法指导，关注课堂的有效性。

**（二）研究学生，深化研修内涵**

问卷调查、作业展示、教学质量监督机制等都是我们通过团队研究有效了解学生的方法。一个班级中，学生之间的学习水平是存在差异的。对学生准确到位的研究，能使我们充分预设不同层次学生的预期目标，形成后进生与优等生之间不同的下位目标和上位目标，形成教学目标的"弹性区间"；基于学生现有水平的分析，确定符合学生最近发展区目标的挑战性学习，让每一位学生均有发展。学生会的老师不教，教学生不会的；关注学生的潜意识，关注不同层次学生的学习状态；特别是给中下水平基础的学生以更多的关注，充分暴露学生的"相异构想"。这一系列举措，使团队教师真正形成了一个清晰的属于我们实验二小的课堂教学价值观，即基于学习、聚焦发展，以学生的学为课堂教学的逻辑结构，以学生主动学习为主要途径，以促进每一位学生的健康发展为目的，构建倾听、合作、高效的课堂。

**（三）观察课堂，助推教学研究**

我们依托"课堂观察"集体备课，采用同课异构、团队"循环实证"、一人同课多轮等多种形式开展课例研究。从教学目标的达成度、教师教的时间和方式、学生习得情况、作业完成情况等维度，通过评估学生学习效果、学生的习得情况研究教师的教与学生的学，通过"评价——改进——再评价"的方式，实现从课例中分析学情，再回到课例中尝试改进的"螺旋式教研法"。如至少经历三次设计两次打磨的课堂研修模式，上课老师从关注教材转变为关注学生，关注教学目标达成率情况，关注每一位学生是否均有发展;听课教师把注意力从研究教学内容转向分析学生的潜在状态、生活经验和发展需要上来,实现由"教书"为本转换到通过教书来"育人"。

### 三、专题研讨式活动
#### (一)阅读提高专业品位

阅读活动是活力教研密不可分的一部分。相同阅读组的老师会确定共同阅读的书目各自阅读,一段时间后进行交流共享,或分组就共同阅读的书籍进行讨论交流,形成思维导图,或共聚一堂,汇报展示,形式别开生面,气氛轻松热烈。老师们在欢快的氛围中,交换书中所得,或探讨书中值得借鉴的方法,或感受优秀教师的魅力,或辩证地指出书中有待改进的理论。阅读的魅力与智慧,在你一言我一语中得到了尽情的展现。

#### (二)课题成就专业发展

根据"有专题才能找准方向,有方向才能找到方法"的指导思想,语文组确定以市级课题"小学'活力'阅读教学的课例研究"为龙头,教研组分别以"第二学段'学教式'阅读教学课例研究"、"绽放'十分钟'的精彩——第三学段阅读教学课堂练习设计的研究"、"中高段'学教式'单元整组阅读教学设计研究"为团队活动研究主题,每个老师再确定相应的研究小专题,做到课题有层次、有递进,研讨活动有主题、有目标,老师们明确分工,各司其职。

#### (三)经验上升理论高度

语文教师理应成为一名专业的教育写作者。在活力研修文化的熏陶下,组内老师已经逐渐形成了"勤于反思、勤于动笔"的习惯。在撰写学年论文的过程中,老师们提炼观点,形成初稿后,周老师对每篇论文进行了细致到位的指导,老师们又扎实修改,多次誊写,在区论文评比中,选送的论文获奖率达到了100%。累累硕果见证了活力教研的显著成效。

# 第二章 小学语文活力型校本研修的组织规划

# 第一节 联盟发展：小学语文活力型校本研修的组织形成

**一、小学语文活力研修联盟的提出**

我们发现，随着校本研修的推进，实践中面临教育教学经验趋同、持续发展困难的困境。校本研修能够提供给老师们学习的经验、理论逐渐趋于递减，逐渐失去"势差"，呈现所谓高原、瓶颈现象，这也导致教师产生倦怠，一些学校的校本研修制度就像流入沙漠的河流一样，不知不觉中慢慢枯竭了。有关专家也提出，校本研修必须重视专家引领，应当尽量构建合作学习的研究主体。[1]

然而单纯的专家引领形式，不仅受到空间、资源、经费等限制，也因为外在的因素难以与教师所在环境、特定的教学情景形成充分联系，真正理解与把握表达教育教学活动的真实情况有限，大量有效信息无法同时传递，而外出参观、学习、培训、听取介绍，虽然增强了实地感，但成本较高。种种原因，让我们思考——如何获得一种低成本、可持续、大信息量、与自己学校相近的教学知识与经验，以推动校本研修不断发展。

从现实来看，建立区域校际之间的教师专业发展联盟似乎能够较好地解决这一问题。有专家提出，把一定区域内不同学校的校本研修网络进行贯通，形成区域校际之间的校本研修网络，通过网络的放大与校际

---

[1] 顾泠沅,王洁.促进教师专业发展的校本教学研究[J].上海教育科研,2004（2）：4—13

协作,解决校本研修中知识与经验导致的"收益递减"问题。[1]这样校本研修将由单一的以校为本向校本教研、学区教研、网络教研相结合的教研网络转变,成为跨学校、跨学区的区域研修网络。[2]

基于这样的现状与思考,我们在实践小学语文活力校本研修时,在专家蹲点引领的基础上,区域有关学校结成联盟,利用各校不同的办学特色、研究专长、研修团队之间的差异,促进优势互补,协同发展。

### (一)互助引领,达成活力研修共同愿景

通过调查访谈问卷等,了解各团队成员的发展愿望与需求。问卷的内容主要有:"对自己专业发展的满意程度"、"语文教学专业发展的目标"、"你认为最有效的学习途径"、"自己的特长"、"自己的所缺"、"你喜欢的学习时间"、"你认为最有效的学习途径"等。通过调查访谈,我们了解到:成员有强烈的学习愿望,教师之间在知识结构、智慧水平、思维方式、认知风格上存在差异。在"最有效的学习途径"中"与同事讨论"、"上网查找"、"请教专家"等选择项中,90%的人认为与"同伴讨论、团队交流并结合专家引领"是最喜欢的途径。

### (二)互赏同济,形成活力研修团队精神

团队精神是小学语文活力研修的灵魂。在明确共同目标的基础上,我们利用同伴互助,建立一种合作、坦诚、和而不同的氛围,构建语文活力研修的内部支持系统。"互助、责任、鼓励、坚持"的团队精神就此形成,让团队成员有"家"有"组织"的归属感,交流、研讨、思考、实践……携手奋进。

## 二、小学语文活力研修联盟发展的组织形式

[1]谢笠,咸业国.建立校际教师专业发展联盟的实践与思考[J].教师教育研究,2009(5):47
[2]韩江萍.校本教研制度:现状与趋势[J].教育研究,2007(7):90—93

我们认为，小学语文活力型校本研修的发展联盟是指区域内各学校之间通过协议组织起来的以分工合作、资源共享、互惠互利、提高学校语文教师专业发展能力为目的，通过各种语文教学研讨活动联系在一起的空间集聚体。

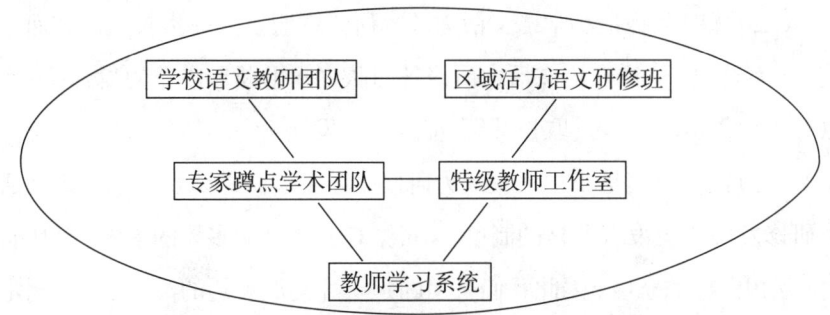

图2—1 小学语文活力型校本研修发展联盟系统

实践证明，小学语文活力研修发展联盟具有成员优势互补、资源共建共享、研修形式多样、合作研讨灵活、低成本高效运作等特点，它是以促进小学语文教师专业发展为目的，以共同商议、协同认可的发展愿景为核心，以各校语文教师专业资源关联为基础，执行一项或多项语文合作研修活动的联合体。

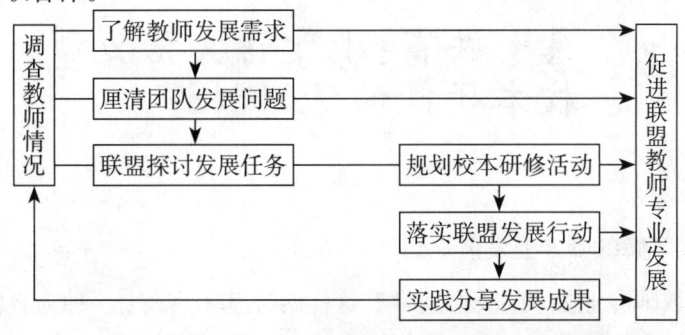

图2—2 小学语文活力型校本研修联盟发展进程

这样的语文校本研修发展联盟的形成，一方面出于各学校教研团队教师的发展需求，一方面利用区域联盟团队的特色资源，通过自主提出、愿景共商、任务驱动、成长共享达成发展目标。

（一）自主愿望是小学语文活力校本研修联盟发展的支撑点。语文活力校本研修发展联盟中的每个合作团队都有追求发展的迫切需求，这样才能有资源互补、合作共享的前提。

（二）优势互补是小学语文活力校本研修联盟发展的生长点。和而不同，各有特色，这样在语文活力研修各团队之间不断形成新的"势差"，大家分工合作、互相学习、取长补短，促进各自发展。

（三）创新机制是小学语文活力研修联盟发展的保障点。小学语文活力研修发展联盟没有严格的制度、规定，有的是灵活多元的形式、合作研讨、互相促进的态度，因此我们采用的是一种类似契约的活动机制，制定草根章程，如根据细致的调查与讨论，明确学习时间的选择、活动的频率、教师与学生的责任与义务等，共同讨论协商，达成共识，根据共同商定的协议进行实践研究探索活动。

## 第二节 愿景共商：小学语文活力型校本研修的规划制订

### 一、了解教师专业发展规划

对教师专业发展，我们通常有这样两种基本理解：一种为教师专业成长的过程；另一种为促进教师专业成长的过程。[1]无论哪一种理解，教师都是专业发展的主体，正如利伯曼（Lieberman）指出，"有效的教师专

---

[1]白益民.自我更新——教师专业发展的新取向[D].上海：华东师范大学,2000

业发展建立在需求、反思和参与者需求驱使的尝试上"。教师专业发展需要教师进行自我导向、自主驱动,对专业发展的环境、个人的专业需求和发展水平进行深入全面的分析,并在此基础上进行专业发展的自我设计、自我规划。它本身就是一种非常重要、非常有效的专业发展活动。

规划既是名词也是动词。在《现代汉语词典》中,作为名词的"规划"意思是"比较全面的长远的发展计划",作动词用意思是"做规划"。在《辞海》中,规划意为"谋划与筹划",就是基于当下对未来的一种安排与打算。

教师专业发展规划发源于职业生涯规划,管理学将职业生涯规划解释为一个过程,即"员工根据对自身主观因素和客观环境的分析,确定自己的职业生涯发展目标,选择实现目标所制定的工作、培训和教育计划,并按照一定的时间安排,采取必要的行动实施职业生涯目标"。[1]

教师的专业发展规划是对教师专业发展的各个方面和各个阶段进行的设想和规划,[2]具体包括:教师对职业目标与预期成就的设想,对工作单位和岗位的选择,对各专业素养的具体目标的设计,对成长阶段的设计以及所采取的措施等。[3]"教师专业发展规划是教师本人为自己的专业发展设计的一个蓝图,它可以为教师的专业发展提供引导和监控,也能为教师对自身专业发展的反思提供一个参照。教师专业发展规划是教师分析思考的结果,包括众多内容。这些内容的组织便构成教师专业发展规划的框架。"[4]"教师专业发展规划就是教师分析自身和学校发展的需要,制定目标、调控环境、设计策略,进行自我反思,实施知识管理并与环境发生相互作用,最终达到既定目标的过程。"[5]教师专业发展规划的内

---

[1] 李健. 教师发展 规划先行[J]. 人民教育,2011(8)
[2] 李飞. 对教师专业发展规划的再认识[J]. 现代教育论丛,2010(6):48
[3] 钟祖荣. 教师专业化发展的重要一环:制定教师专业发展规划[J]. 中小学管理,2004(4)
[4] 王少非. 教师专业发展规划:意义 内容 策略[J]. 中国教育学刊,2006(2)
[5] 任英杰. 知识管理视阈下的教师专业发展[M]. 沈阳:东北大学出版社,2009:124

容,主要包括:(一)自我分析,全面充分地认识自己;(二)环境分析,把握专业发展的方向;(三)目标确立,形成愿景;(四)策略拟订,设计行动方案。另有学者认为,教师专业发展规划有三个方面:现状分析,即明确目前所在的位置;目标指向,即你的目的地在什么地方;行动策略,即怎样到达你的目的地。[1]

综上所述,我们认为,教师专业发展规划是教师从事教育教学工作的路线图、行动书、反思镜,不仅指引着方向、目标,也有实施的策略与保障,还包括自我调控和评价。

**二、小学语文活力型校本研修的规划制订**

基于对教师专业发展规划——教师是专业发展的主体的认识,我们采用共商愿景的方式,自始至终让语文活力研修团队的每位成员参与规划的制订、实施、评价与调整过程。

我们把脉教学改革进程,分析成员现状,统计收集到的信息、资料,找准小学语文活力研修团队的"最近发展区"和"最优发展区",在专业发展、课程设置、教学资源建设、研修制度文化建设等方面逐渐达成目标共识,确立团队发展的共同目标。这共同目标为成员提供合作和共担责任的焦点,也是每位成员与团队发展的方向和动力。

**(一)充分认识自我**

认识自我、对自我进行分析评估是设计教师专业发展规划的起点。小学语文活力团队的教师们进行自我认识分析时,不仅包括教师的基本情况,如年龄、性别、学历等,还包括语文教师个人的心理因素,如智力、能力、性格、兴趣、爱好、特长等,以及对自我意识、职业取向、自身条件、优势

---

[1] 刘堤仿,邵中庆. 谈教师专业发展规划的制定与运作 [J]. 新课程研究(教师教育),2007(3)

与缺点、所处的发展阶段及要求等方面进行的全面分析与判断。

这样的自我认识不仅建立在自我评价的基础上，如心理量表、成果呈现等，还可借助一些客观手段，如他人对自己的评价，如学生、同事、领导、专家等对自己的看法、建议或意见等，以便全方位、客观真实地认识自我，明白自己发展的起点，为制订出更有针对性的方案奠定基础。

（二）全面分析环境

环境在教育中起到重要作用。小学语文活力研修团队成员对环境的分析不仅包括学校、同事、学生这些跟工作直接相关的环境因素，也包括社会环境，如当前进行小学语文教学研究的氛围、背景，同时因为不少小学语文教师承担着班主任等工作，这样的环境分析也包括学生家庭、家长等因素，还包括语文教师自身的家庭、成长环境。

当然，这样的分析并非面面俱到，可以有所侧重，或根据自身规划制订的需要及要求进行取舍。

（三）明确发展目标

教师的专业发展目标按阶段长远性不同分为中长期目标和短期目标，短期的可以是一学期一两年的，中长期的目标以专业发展为阶段，一般分为新入职、教坛新秀、教学骨干、教学专家或教学成熟等阶段。越是短期目标越具体，长期规划中也需要包括较为具体的阶段性目标。

（四）落实行动策略

目标明确后，小学语文活力校本研修团队的老师们就着手思考实现目标需要采取的策略，拟订由具体的措施和活动构成的行动方案。

大家根据自己的发展目标和各方面因素，分析达成目标的各种条件、优势、不足、机遇与挑战，确定小学语文活力研修特定的专业发展内容，明确完成这些专业发展任务所要开展的活动，实施行动研究，具体包括课堂观察（专业听评课）、阅读策略课例研讨、学生作业设计、反馈与辅导、专业阅读,小专题研究,教育写作,学习运用新技术等。

团队成员还就方案划分具体的步骤或阶段,确定大致的时间界限,同时也关注学校和区域教师专业发展活动计划,设计并安排自己的专业发展内容和活动,形成合理、可行的行动方案。另外,对可能存在的多种行动方案做一些预计与评估,以确定最佳的行动方案。

## 第三节 任务驱动:小学语文活力型校本研修的行动措施

### 一、什么是任务驱动

任务驱动是任务驱动教学法的简称,原指在学习的过程中,学生在教师的帮助下,紧紧围绕一个共同的任务活动中心,在强烈的问题动机的驱动下,通过对学习资源积极主动的应用,进行自主探索和互动协作的学习,并在完成既定任务的同时,产生学习实践活动的动力。

任务驱动以建构主义教学理论为基础,提供体验实践的情境和感悟问题的情境,变以往以传授知识为主的传统教学理念为以解决问题、完成任务为主的多维互动式的教学理念;变再现式教学为探究式学习,使学习者处于积极的学习状态。学习者围绕任务,根据自己对当前问题的理解展开学习,运用共有的知识和自己特有的经验提出方案、解决问题,以任务的完成结果检验和总结学习过程,改变被动的学习状态,主动建构实践、思考、运用、解决、探究、提升智慧的研修体系。

在实施小学语文活力校本研修时,我们借鉴任务驱动这一策略落实语文研修行动,也是基于教师是专业发展、校本研修的主体的认识,聚焦教师感兴趣的研究内容,聚焦语文教学中的疑难杂症,驱动课堂教学转变的着手点,驱动教师实现专业发展的自我改进,使团队教师处于积极的研修状态,不断焕发活力。

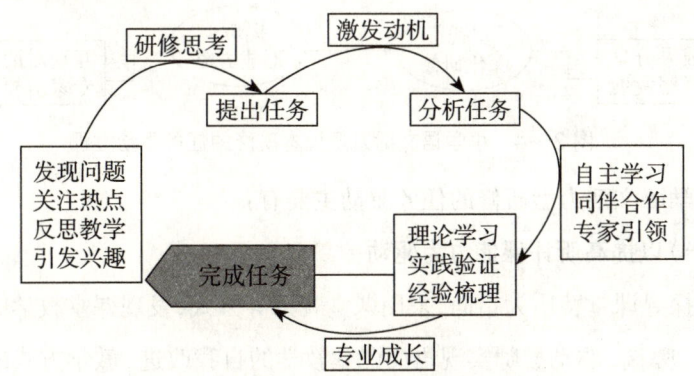

图 2—3 小学语文活力型校本研修任务驱动范式

**二、小学语文活力型研修中任务驱动的实施**

小学语文活力研修中的任务驱动是指在校本研修过程中,将研究内容隐含在任务中,以完成具体任务为线索,通过任务驱动凸显校本研修、专业发展的目标,把外部驱动和内部愿望结合起来,以焕发教师自主成长的活力。

我们的任务驱动循着"愿景共商、明确任务 —— 校本研修、行动研究 —— 互动对话、专家引领 —— 成果分享、联盟发展"流程进行运作。每一次研修都围绕共同商定的目标、互动的主题,在一定时间内完成自学、阅读,并在教学实践中进行反思,形成自我实践反思后的互动任务单,进行互动式对话研讨,提炼观点形成方略,再通过校本研修、教学实践加以践行、深化。

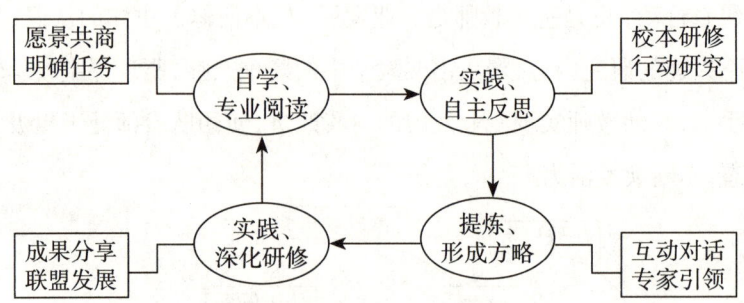

图 2—4　小学语文活力型校本研修的任务驱动过程

小学语文活力型研修的任务驱动主要有:

**(一)以提高听评课能力为驱动**

以探寻课堂特质为指向,采用课堂观察等方式,发现课堂教学中存在的问题、弊端,驱动教师实现语文课堂教学的自我改进、教学方式的民主开放、教学策略的互动合作。

**(二)以促进小专题研究为驱动**

以引导教师成为研究者为导向,通过实践反思发现问题,专业阅读寻找理论依据,团队研讨共同研究,专家引领突破瓶颈,实践验证解决问题等途径,进行自我行为调适,提高行动研究能力,收获成长体验。

**(三)以分享收获激励为驱动**

以互动对话研讨共享为指向,我们开展"互动对话式"研讨活动,让研修活动成为教师成长的又一平台。教师们在教育理念、教学策略、教学评价等互动对话中达成共识,在民主平等的交流质疑中袒露、修正教育思想观念,内化课程理念,调整教育教学行为。这样的对话、研讨、共享过程激励着教师们自觉进行"理念与实践"的不断改进与提升。

【专业发展规划样本】

## 浪漫之约 活力启航
### —— 一个新秀教师的专业发展规划

宁波市江东第二实验小学　屠琼轶

2012年9月，是我进入江东第二实验小学的第三年，也是我从事小学教育的第三年。我和语文教学的相识，其实从2001年就已拉开序幕。

**一、曾经幸运自信、痴迷语文课堂的我，初识小学语文魅力**

2001年8月，我从宁波大学中文系毕业后进入初中语文教学领域。幸运的我，遇到了宁波初中语文界的名师、特级教师——何娴娴老师。九年的初中语文教学经历，我的成长，无不渗透着何老师对我的无私关怀和帮助。因为何老师的美感语文教学，我对语文课堂充满了痴迷，渴望在和学生一起推敲语言文字的时候共同体悟生命的诗意，渴望能够体验到在语文课堂上师生情感和智慧高度交锋融合后产生的美感。我是这么想的，也在朝这个方向努力，把绝大多数的时间花在教学设计中，习惯于为某个细节的处理反复设计推敲。我对语文课堂充满了热爱，也充满着自信。

虽然从事的是初中语文教学，其实，和小学语文的缘分早已开始，因为我原来的学校是小学到高中十二年一贯制，在九年中，我也听过小学的语文课。印象最深刻的一次是到温州听课学习。在温州一所九年一贯制学校听了两堂课，小学琦君的《桂花雨》和初中朱自清的《背影》。我被小学语文课堂的美感所吸引。灵动的孩子们，时而热情、时而亲切、时而深情的教师，都让我深深地迷恋。小学的语文课堂是那么的精彩。教师的课堂评价语是那么富有感染力。我依然记得老师评价学生朗读时的用语"我从你的朗读中闻出了桂花的香味"，"我从你的朗读中感受到了孩子们的兴奋之情,谁还能更兴奋地摇摇桂花树"。课堂上孩子们越来越流畅、生动、投入的朗读,让我惊叹不已。

**二、初涉小语教育,迷茫中摸索的我**

2010年,由于家庭的原因,我离开了原本的工作环境,离开了我痴迷的初中语文课堂,机缘巧合,进入小学语文的领土。当自己真正融入小学语文教育的行列,才发现精彩纷呈的小语世界,需要学习的东西实在太多太多了。教材特点不同,学生特点不同,课堂上出现的问题不同,采用的教学方法也不相同。我有些迷茫了。一段时间的忙乱之后开始静下心来反思,我开始看各种小学的教学期刊,开始慢慢调整自己工作的步伐。两年过去了,我教的第一届小学生毕业了(2010年我接班五年级并担任班主任),我也慢慢把握了工作节奏,但也很无奈地发现:我早已把工作的重心放到了班级管理中,用于课堂教学研究的精力早就不像原先那么充沛了,所以我的教学水平在最近两年可以说没有丝毫的进步。2012年上半年,学校让我去区里赛课,校长和教导主任高度重视,整个磨课过程全程陪同,专家徐老师也是尽心指导,可是最后的结果却没有达到大家的期望。我很惭愧,辜负了学校的信任。这也是我近年来在教学上所受的一次重创。

**三、加入活力团队,思考中重新出发的我**

带出毕业班后,我觉得不能再迷茫下去,既然我已经选择了小学教育,就要全面而深入了解整个语文教学系统,于是我向学校提出要从一年级开始带起,从低段开始研究,重新审视对我来说比较陌生的小语世界。

著名教育理论家怀特海说:"教师的专业成长往往有三重境界——第一重浪漫期,浪漫期最大的困惑是贫瘠;第二重精确期,精确期最大的困惑是狭隘;第三重综合期,综合期最大的困惑是封闭。"我与小语的浪漫之约刚刚开始,我的教育土地是贫瘠的,所以目前我应该多学习多吸收,在学习中思考,在思考中实践,在实践中反思,这样也许前进的脚步会更快一些。

又是那么幸运,2012年9月开始,特级教师周步新老师在我校蹲点教学。初见周老师,我感受了她的亲切随和;再识周老师,是在她给我评课的时候,我又感受到了如沐春风般的舒畅。此后,我特意找来了周老师著的《享受真语文》细细品读,又对周老师的教育信念和教育热情有了新的认识,许许多多的事例证明书中所说,"周老师的手往哪儿一指,哪儿就开花了"。在周老师的引领下,在陈副校长的领导下,学校的课题组成立了。能够加入其中,我很忐忑,因为在所有的成员中,我的小学教龄最短,对小语世界知之甚少,是资历最浅的。但我真的希望,在此能够有所收获,有所提高,也能在小学语文的课堂上重新唤起曾经有过的自信。真的希望,周老师的手往我这一指,我这也能开花!

课题组希望每位组员能够较为全面地认识自己,了解自身特点,找准自己前进的方向。于是,加入课题组的第一件事,我深入思考,用SWOT分析模式全面审视自身。

| Strengths 优势 | Weaknesses 劣势 |
| --- | --- |
| 熟悉小学高段和初中的教学特点;<br>有一定的课堂调控能力;<br>课堂教学语言较为优美;<br>对课堂教学充满热爱。 | 对小学语文教学特点、方法比较陌生;<br>有了一定的教龄,改变教学方式会比较缓慢。 |
| Opportunities 机会 | Threats 挑战 |
| 加入活力团队,有了更多学习和实践的机会,无疑会使我的教学生涯"柳暗花明又一村"。 | 俗话说"穷则变,变则通,通则久",教育亦是如此。要融入小语世界,必须打破原有的教学思维定式,找到结合点,融会贯通。 |

看清了自己,针对自身的特点,我制订了如下的个人一年发展规划(并附上实践结果):

**（一）课堂教学中，精心研究一堂一年级的阅读课，以此教学案例帮助自己深入探究低段阅读课堂的教学特点**

2012年9月，我加入了学校的"小学语文'学教式'阅读教学"课题组，研究"学教式"阅读教学，和张玲初老师、忻钏琳老师一起研究课前导学练习题设计。针对每个单元的知识点，在授新课之前，制定并在班级主页上传本单元的要点，让家长协助学生根据自身特点进行预习，并在课堂上进行反馈。教师以此调节教学，使教学更有效率。2013年4月，根据我们的研究，针对一年级的特点，结合课前导学知识点，我开设了《荷叶圆圆》阅读研究课，在周老师的指导帮助下，三易其稿，多次试教，在不断地尝试和改进中，使自己深入了解了低段的语文阅读课堂。

**（二）课堂外，阅读小语中语教育的专业书籍，期望能准确把握在九年义务教育中，小学教育尤其是低段小学教育的特点**

作为教师，特别是兼任班主任，每天被琐碎的工作牵扯时间和精力，当我们另外还要挤时间阅读学习反思时，有时会显得力不从心，常常会发出抱怨，没有空闲来学习和思索的时间，我也不例外。但抱怨过后，该做的依然要做，不会有丝毫的减少。所以把抱怨的时间减少一点点，用来阅读，没时间写，没有东西写，就用来读吧，读总比写要容易吧，每天读十分钟，哪怕五分钟，日积月累，从读到的东西中，自然而然的，你就会有新的发现、新的思考。所以，内因决定外因，在个人前进的道路中，坚持还是很有用的。一年来，我定期读了《小学语文通讯》《班主任》等杂志，读了《一位青年教师的专业成长之路——王君专业求索笔记》《教育与幸福生活》《青春课堂——王君与语文教学情境创设艺术》《诗意语文课谱——王崧舟十年经典课堂实录与品悟》等书，不断更新着自己的观念，不断充实着自己的头脑，不断激发着自己的活力，希望能使自己贫瘠的土地慢慢富饶肥沃起来。

**（三）教研上，研究中小衔接的方法，争取有所收获**

根据自身的特点，我定位这一年的学科研究的方向为研究小学和初中阅读教学的衔接。课余,我不断地思考,不断地查看资料,不断地进行整理,在周老师的悉心指导下,我的论文《顺学而导　自然无痕——以鲁迅作品为例浅谈小升初阅读适应性学习的衔接教学》终于成型,并荣获了江东区学科论文评比一等奖的好成绩。

加入活力团队这一年来,我和活力团队的其他成员们聆听了全国、省、市专家名师的多场精彩有深度的讲座;深入研究了一个教学主题,进行专题阅读、交流分享;认真进行了"教材解读",共同研磨上好了一堂精品课,完成一份课例研究等。活动是那么精彩纷呈、形式多样,在活动中,我们且行且思,我们慢慢成长;在成长中,我与小语世界的浪漫之约,由活力启航……

## 全面分析　合理规划
### ——一个新教师的专业发展五年规划

**宁波市江东第二实验小学　张园红**

必须记住我们学习的时间是有限的。时间有限,不只由于人生短促,更由于人事纷繁。我们应该力求把我们所有的时间用去做最有益的事情。

——斯宾塞

我们来到这个世界上,开始了生命旅程。人生从纯如白纸,直至我们用人生的彩笔为她添上各种色彩。在历史的长河中,在时间的流逝中,我们的人生是有限的、是短暂的,为让我们的生命呈现出阳光般绚丽的色彩,成为一场有价值的旅行,拟定一份职业规划是必不可少的。因此,我制订了关于未来五年的个人发展规划。

## 一、自我分析

### (一)环境因素分析

习近平主席对我们教师提出了"三个牢固树立",要求我们牢固树立中国特色社会主义理想信念,带头践行社会主义核心价值观,自觉增强立德树人、教书育人的荣誉感和责任感,学为人师,行为世范,做学生健康成长的指导者和引路人;牢固树立终身学习理念,加强学习,拓宽视野,更新知识,不断提高业务能力和教育教学质量,努力成为业务精湛、学生喜爱的高素质教师;牢固树立改革创新意识,踊跃投身教育创新实践,为发展具有中国特色、世界水平的现代教育作出贡献。作为新时代的青年教师必须要在时代的引领下,树立终身学习的理念,不断提高自己的教学质量和教学技能。

这样一个重视教育、重视教师发展的大环境,对我个人职业的发展有有利的方面:首先,社会重视教育,为教师个人良好发展提供了保障;其次,江东区的教育发展理念比较先进,对教师个人发展比较重视,教师队伍非常优秀,整个教研氛围都比较浓郁;最后,学校建设上,软硬件设施设备有可靠的保障,学校重视教师素质的提高,只要个人有明确的发展目标,学校都会予以一定的支持。

### (二)个人因素分析

1. 个人成长历程:我出生于普通家庭,父母的踏实肯干在我身上留下了印记,任何事情我都本着认真投入的态度完成。大学期间,我学习了一些基本的教师技能,并且以优异的成绩毕业。我热爱自己的本职工作,虚心向有经验的老师求教,认真参加教研活动,观摩优秀课堂案例,希望提高自己的教育教学水平。

2. 专业知识方面:我毕业于浙江师范大学,所学的是汉语言文学专业。我喜爱文学,曾经系统学习过一些作家作品,进行过比较深入的研读。在校学习期间,我也学习了一些心理学、教育学等理论。由于热爱文学,我选择了语文教育工作。

3. 我的特长与爱好：个人爱好写作，写作的时候思路比较清晰，速度很快，同样喜欢阅读，在阅读过程中能够不断产生怀疑，在质疑中进行深入思考。文学与历史是我所喜爱的学科，这两门学科让我奠定了一定的文史基础。同样我也喜欢心理学，从事教育工作，儿童心理是我们教师必须要了解的，只有充分地了解孩子，才能更好地进行教学工作。

**（三）我的职业个性分析**

1. INTP 学者型：内向、直觉、思考、认知型

基本描述：

善于解决比较抽象的问题，思维跳跃很快。外表总是给人很宁静的感觉，但是独立性非常强，目光锐利，善于反思自我、分析问题。在解决问题的时候，通常在思维以及行为上敢于冒险。不喜欢无意义的闲聊，喜欢想办法去解决各种问题，用自己的逻辑思维分析问题。在兴趣爱好方面，有自己的追求，比较喜欢挑战。

可能的盲点：

INTP 型的人如若没有机会施展自己的才能，自己的才能得不到肯定，就会情绪低落、沮丧，这种情绪影响到做事情的态度，会消极地批判一切。INTP 型的人太过注重逻辑分析，如果事情不符合逻辑，就算这件事情再怎么重要，也会被放弃。INTP 型的人通常给人比较冷血的感觉，非常理智，忽略了人的情感，给人的感觉是不近情理。INTP 型的人难以察觉别人的需要，也不会考虑自己的想法以及观点对别人造成的影响，主观断言一些东西的重要与否，给人不切实际的感觉。过于直率的言论会对别人造成无心的伤害。INTP 型的人需要去寻找自己真正所在意所感兴趣的事情，这样才能够找到自己真正在乎的事，这将帮助 INTP 型的人更好地对待事情。INTP 型的人通常不够细心，对一些琐碎的细节通常没有太多的耐心，往往会因为这些而对事情失去兴趣。

## (四)全方位分析

| | 优　点 | 缺　点 |
|---|---|---|
| 自我评价 | 稳重,有活力,待人真诚而又热情,有较强的抗压能力,做事情细致认真,适应能力、纪律性较强,擅长自我反思和总结,在反思中弥补自身的不足,在一定程度上是一个完美主义者。 | 对自己感兴趣的事情非常投入,兴致一般的事情发挥不了自己的主观能动性。 |
| 家人的评价 | 对家人细心、耐心,独立性很强。 | 遇上不喜欢做的事情就会偷懒。 |
| 亲密朋友及同学的评价 | 率性而为,关心别人,有时候可爱,有时候风趣。思维活跃,反应很快,学习能力较强。 | 独立性过强。 |
| 其他社会关系评价 | 自我要求较高,上进心较强。 | |

## (五)个人 SWOT 分析

### 1. 我的优势(Strength)及其使用

我的优势在于善于反思自己,在反思自我的过程中,能够纠正自己的错误并及时改正。我比较聪明,学习能力较强,想象力也非常丰富,善于分析事物的内在,能用心领悟知识的真谛,同时也比较有远见,会从大局去思考问题。在做事情过程中,个人独立性很强,比较理性,不太会感情用事。在人际交往过程中,通常表现得比较大度,不斤斤计较,当自我利益与他人利益相矛盾的时候,往往会设身处地去为别人着想。我对待工作非常认真,希望能用最好的态度来面对工作中所遇到的大小事。

优势的使用:社会是一本大书,会教给我们很多书本上学不到的知识。工作了之后,我更要从一些人的身上,社会上多学一些有用的经验,所以要多和别人接触,真诚地去学习别人的工作经验和方法。

### 2. 我的弱势(Weaknesses)及其弥补

做事主次不够分明,往往平均用力。思维比较跳跃,不喜欢墨守成规,所以对一些比较守旧的做法难以理解,也缺乏耐心,挑战心过强,一旦事情得到解决,就不喜欢再做同样的事情。有时候通常会以兴趣来衡量做事情的标准,兴趣不大的事情,往往没有耐心去做,对一些琐碎的小事更是缺乏耐心。在与人交流想法过程中往往太过主观,导致别人有些难以理解,对别人的批评也总是接受迟钝。如果一件事情遇到阻碍,不会特别坚持一定要完成。

弱势的弥补:要学会开源,扩大人际圈,扩大自己的知识面,不断学习,开拓自己的视野,了解在语文教学这个领域中,要做好什么样的事情才是重要的。抓住工作的主次,不要让一些细碎的事情在自己手中流于形式。教学工作是需要极大的耐心和爱心去完成的。积极参加各种教学活动,通过挑战自我,完善自己,规避自己身上的缺陷。多学习一些心理学知识,对自己的教学活动以及与人相处都有好处。

3. 我的机会(Opportunities)及其利用

单位有各种日常公开课,各种教学活动的比赛比较多,学校及区里有许多各种学科的优秀教师,结识他们,并在日常生活中多交往。

4. 我面临的威胁(Threats)及其排除

现在竞争压力非常大,教学工作又是一项比较琐碎而又很需要责任心的工作,需要自己静下心来认真钻研。另外,作为教师,一定要不断学习才能使自己保持活力,但是对家庭生活以及工作,自己一定要平衡好时间。目前自己还是本科学历,如果还想在学问上更进一步,就必须要去认真学习,在学历上提升一步。要做好教学工作,必须要去学习心理学相关的知识,所以需要静下来认真去考心理咨询师的证书。

### (六)自我分析小结

1. 优势盘点:口齿伶俐,能说会道,做事绝不拖拉。考虑事情详尽周全。在学校曾负责许多活动策划工作。擅长文科,文字基础非常扎实。学习中有种不完事不罢手、不完美不结束、锲而不舍的态度和精神。好强的性格形成了越挫越勇的学习态度。对待困难决不服输,挑战自我的个性非常明显,当然这些是在自己的能力所及范围之内,从不要嘴上功夫,而是用实际行动证明一切!

2. 劣势盘点:感性化,稍微欠缺理性思考,很直白,心直口快,不会拐弯抹角。好强的性格同时也常常导致急功近利,做事情太过要求完美。

3.个人评价:我非常理想化,认为世界是自己想象中的那样,不愿意接受与此相抵触的事情,经常忽略理想所需要的现实和细节问题。天生富于想象力和好奇心,总是乐于接受新的观念和新的方法。喜欢依照情感行事,很少用逻辑思维,主要根据个人的价值观进行判断,无视行为所带来的后果,有时会过度陷入别人的情感和问题中。总是避免冲突,有时会不够诚实和公平。试着更多地去关注事情,而不只是人,更有利于合理地做出决定。对每一件事都有很高的热情,急于迎接新的挑战,有时会做出错误的假设或过于草率的决定。建议对计划中的细节多加注意,等获取足够多的信息之后再做决策。总想得到表扬,希望自己的才能和贡献得到赏识,对于批评非常脆弱,容易忧虑,感到内疚,失去自信。当压力很大时,会变得暴躁、慌乱、吹毛求疵。

## 二、个人专业发展目标

### (一)成长总目标

能够热爱教育工作,做一名被学生喜爱的好老师;做一名有思想的教师,能够深研语文教学的一些教育教法;专业技能有所进步,形成自己的教育风格。

### (二)个人专业目标

1.对教材有自己独到的见解,结合新课标的要求,在实践中,以提高学生语文素养为目标,对语文教学实效性有自己的思考与教学实践。

2.专业能力得到长远的发展,要多读、多思、多写。

### (三)近五年总体发展目标

1.以宁静的心来学习

教师是一种身份,更是一种职业,在自己的职业生涯中,不能闭门造车,必须要不断开源学习,因此要说发展,首先一定要认识到学习的重要性,也必须让自己不断处在学习的氛围中,不断学习学科骨干,吸取他们优秀的教学经验,学习其他优秀教师的各种有效的教学技能。努力从实践中学习，更要从书本中学习知识，更新自己的知识库，阅读更多的理论书籍，提高自己的教学水平。时刻牢记：不断地反思自己，不断地面对自己，不断地督促自己。只有真正静下心来学习，才能提高教育教学能力。

2. 以感兴趣的心来工作

语文教学很有挑战性。语文要教给孩子的东西真的很多，也势必给自身带来更大挑战。在语文教学中，如果自己失去了兴趣，那带给孩子的必将是枯燥而乏味的语文课堂。因此，今后发展中必须提高自己对语文教学的兴趣，去挖掘教学过程中所带给自己的挑战，将这些挑战转化为自己的兴趣，并在语文教育中不断改善自己的教学方法。

3. 以负责任的心来面对

我们的工作，需要我们有非常强的责任心。教师工作是良心活，只有充分意识到这一点，我们才能更好地投入工作。因此，在这普通的岗位上，我要以严格的要求对待自己。孩子宝贵的年少时光，是和我们小学老师在一起的，而语文素养的高低决定着孩子今后的质素。因此在教学工作中，要做一名热爱学生的好老师，时刻以学生的发展为前提，关注孩子的内心世界，真正关注他们的个人成长，把他们当作自己的孩子去认真对待。

在今后的工作中，我要不断学习，提高自己的业务水平，在学习中总结提高自己的教学方法，同时要勇于实践，以孩子的发展为前提，把每一节课都当作优质课来上。

**（四）年段具体发展目标（2013年—2018年）及措施**

第一阶段：2013年9月—2014年7月

1. 认真制定个人年度发展计划。

2. 加强自身的师德修养，以《中小学教师职业道德规范》和《教师行为十不准》为准绳，严格要求自己。

3. 学习计划

（1）争取每个月能读一本教育教学的相关书籍，在读书的过程中认真写好读书笔记,对所读的教育教学书籍提出问题,并且进行深入的研究,在研究过程中搜集心理学资料以及教学案例。每天至少学习半个小时,对所研究的问题、所研读的书籍内容进行摘录、整理。

(2)研读心理学知识,了解学前阶段孩子的心理。

(3)每天研读自己的教学案例,提出一个教学实践中如何操作的问题,向有经验的老师请教。

4.专业技术的提高

(1)教学工作:踏实备好每一节课,做好课堂所需要的PPT。把每一篇课文当作提升孩子阅读能力的素材,上好每一堂课。深入了解孩子的阅读能力,并有计划地提升他们的能力。

(2)教育科研:积极参加教科研活动;上一堂校级公开课;撰写一篇教育论文,向区里或者是报纸杂志投稿。

第二阶段:2014年9月—2015年7月

1.认真制定个人年度发展计划。

2.学习计划

(1)除了读专业理论书籍之外,还要研究课题如何开展,为课题申请打下基础。

(2)研读心理学知识,了解小学低段儿童心理。

(3)一个学期读两位名家的作品,每月写一篇读书笔记。

3.专业技术的提高

(1)教学工作:认真开展日常教学活动,争取每周写一篇高质量的教学反思。

(2)教育科研:争取外出学习,多看看其他地方的教师如何开展课堂教学。开发自己要研究的课题。每学期上好一堂公开课,公开课要确定自己的一个研究方向。

第三阶段:2015年9月—2016年7月

1.认真制定个人年度发展计划。

2.学习计划

(1)学习语文新课程相关理论,学习台湾、香港地区的语文教育经验,对PQRST阅读方法进行深入、系统的研究。

(2)研读心理学知识,了解小学中段儿童心理。

(3)每天摘录自己所研究专题的内容。

3.专业技术的提高

(1)教学工作:认真对待每一堂课,以PQRST为指向,渗透于日常教学中,并且每天进行反思记录。能够参加优质课比赛,让自己的教学质量和教学水平有所提高。

(2)教育科研:每学期上好一节校级公开课,写好一篇论文并能发表。

第四阶段:2016年9月—2017年7月

1.认真制定个人年度发展计划。

2.学习计划

(1)每一个学期,研读两位教育名家的思想及著作,做好读书笔记。

(2)研读心理学书籍,了解小学高段儿童心理。

(3)研读信息技术方面的知识,提高自己PPT制作能力。

3.专业技术的提高

(1)教学工作:每个单元设计一篇和所研究教育专家教学风格相近的教学设计。

(2)教育科研:写好一篇关于网络技术与学科教学的论文,争取在区里获奖或者报纸杂志发表。

认真学习教育名家、骨干教师的教学思想,模仿他们的教学风格,研究他们的日常教学,希望通过自己的教学实践,能够形成自己的教学风格与特色。

第五阶段:2017年9月—2018年7月

1.认真制定个人年度发展计划。

2.学习计划

(1)学习德育工作与学科教育之间的联系,争取对这一方面的内容有比较系统的了解,在自己的日常教学中也能做到以德育人。在教学工作中,能够晓之以理、动之以情,养成学生良好的道德品质和学习习惯。

(2)将学生的德育工作与心理学理论相联系,搜集相关资料。

3. 专业技术的提高

(1)教学工作:关注日常教学工作,争取每一课都能撰写教学反思,发现自己教学工作中的不足,每月撰写一篇教育随笔或者是教学案例。

(2)教育科研:常听课、常反思、常质疑、常讨论,通过扎实的学习让自己对教材的理解更加透彻。争取通过五年的学习,使自己从理论到实践、再从实践到理论有一个质的提升。通过研究德育工作,能申请区级德育课题并且立项。

**(五)专业成长发展途径**

1. 通过学习成长

五年的规划,重中之重还是通过学习来提高自己,学习作家名著,学习学科专家的理论著作,学习国内外语文教育教学的先进理念,学习心理学、信息技术、德育等与学科教育密切相关的理论来提高自己的理论水平,指导实践,又通过实践来丰富自己的理论认识。

2. 通过各种培训成长

新的教育大环境下,社会和学校为教师创造非常良好的学习环境,我们总是有各种专业技能的培训,在培训过程中,通常能接触一些非常优秀的名师,而这些名师带给我们的是一些丰富的教育教学经验,因此在日常教学工作中,要抓住各种培训机会,促进自己的专业成长。

3. 通过不断反思成长

一位优秀的教师,往往是善于反思的教师,因此在未来五年的发展中,争取做到每课反思,大到反思自己的教学理念,小到反思自己的教学行为、教学用语,通过实践来不断反思自己的日常教学,借此提高自己的教育教学水平。并且以反思提高自己的科研能力,争取反思自己的教学实例,形成一些有研究价值的文章。

**（六）发展措施及策略**

1. 活化理念,不断学习

教师是一份充满挑战的职业,各种教学理念不断冲击着我们,要研究教材、研究学生、研究自我,必须要不断更新自己的教学理念,不断学习,才能在这份工作岗位上不断创新。

2. 立足课堂,扎实前进

教师的阵地是课堂,三尺讲台是我们施展才华的地方,因此在课堂40分钟内如何有效完成我们的教学任务是作为教师的我们穷其一生所要终生研究的课题。在今后五年的个人发展过程中,我将立足自己的课堂,不断研读教材、研读学生,做好每一堂课认认真真备、扎扎实实上,在三尺讲台上,做一位踏实的教育者。

3. 把握自我,敢于创新

教师队伍是庞大的。在这个庞大的队伍中,应该要认清自我,在自己的这片土地上认真耕耘,方会有所收获,因此要时刻把握自我,珍惜一次次学习机会,不断地参加各种教育教学培训,活化自己的思维,并且要勇于创新,实践符合自己的教学风格。

4. 勇于反思,勤于练笔

教师这份工作,只有不断反思才能有所进步,因此在今后五年的个人发展中,我要做到不断地反思自己,反思对教材的研究、对学生的研读,用真挚的心去面对教学过程中所需要面对的一切,同时要将自己的反思驻于笔下,将思维的火花凝固成的永恒瞬间。

## 突破瓶颈　个性发展
### ——成熟教师个人专业成长发展规划

**宁波市江东外国语实验小学　鄢郭情**

**一、基本情况**

鄢郭情,男,1977年生于浙江省丽水市莲都区,1995年毕业于浙江松阳师范,2006年7月丽水电大本科函授毕业。教学上保持"育人为本"的教育思想,认真踏实地开展教学工作。曾先后获得区语文优质课评比一等奖、区书法优质课一等奖、市教坛新秀等荣誉称号。

**二、成长轨迹**

第一阶段:(1995年—2000年):蓄势期

这5年在农村,学习机会少,见识浅,专业成长慢,但是奠定了教学基本功。

第二阶段(2001年—2007年):奋斗期

这7年,是精力最旺盛时期。从农村来到城市,学习与展示机会多,干扰因素少,信息接收力强,动力足,成长快。其间,获得莲都区优质课一等奖、丽水市教坛新秀、江东区优质课一等奖、宁波市教坛新秀等荣誉。

第三阶段(2008年—2012年):瓶颈期

这5年,进入教学倦怠状态。家庭干扰因素增大,教学发展找不到突破口,学习动力不足,目标迷茫不清,总在机遇的十字路口徘徊,专业成长停滞不前。

**三、三年新规划**

加入活力研修团队后,以周老师为核心的专家团队,用睿智与真诚点亮我们这些团队队员的心灯,以博爱之心架起学员与导师之间沟通的桥梁,尽心为我们这些团队的队员提供展示的舞台,引领我们前行,滋润我们成长,让我重新认识到专业成长的重要性与迫切性。以下是个人成长三年规划内容:

| 第一阶段(2012年8月—2013年12月) | |
|---|---|
| "儿童阅读"专题研究 | 借助团队力量,开展"儿童阅读"课题,带领孩子阅读中外经典名著不少于200万字;及时反思,总结经验,撰写教学与阅读心得体会不少于3万字,完成与沃婵嬿老师合作的课题"图式导学促进小学生自主阅读的研究",完成个人课题"小学语文课内外阅读衔接教学策略研究"。 |
| 第二阶段(2014年1月—2015年7月) | |
| "国学"专题教学研究 | 以兴趣为支点,以育人为目标,积极向专家请教,努力参加专业培训,个人刻苦钻研,在教学"蒙学"的实践中积累大量教学经验,提升教学水平。这一阶段,带领学生学习完《弟子规》《三字经》《百家姓》《千字文》《幼学琼林》等经典蒙学,撰写心得体会不少于3万字。 |

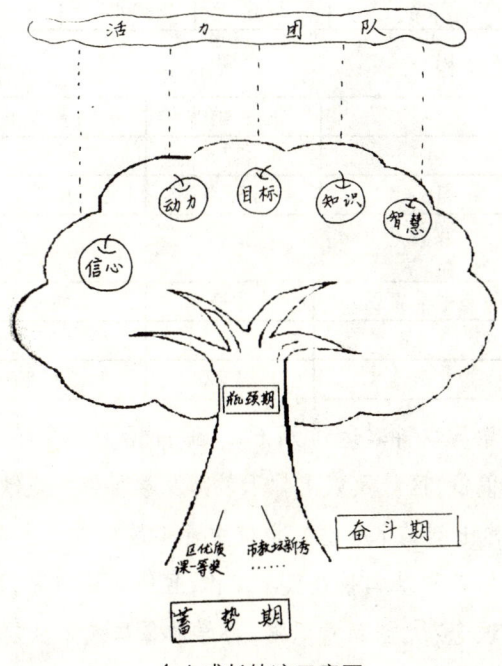

个人成长轨迹示意图

# 宁波市江东第二实验小学
# 语文活力研修校本团队自主规划

宁波市江东第二实验小学　张玲初

## 一、立足现状，确定团队研修目标

### (一)师资现状

江东第二实验小学现有东、西两个校区，49个班级，2019名学生，112名教师。其中语文教师49人，分析语文信息数据得出：

学历结构

|   | 本科以上 | 本科 | 大专 | 中师 | 总计 |
| --- | --- | --- | --- | --- | --- |
| 人数 | 1 | 38 | 10 | 0 | 49 |
| 百分比 | 2% | 77.6% | 20.4% | 0 |  |

年龄、教龄结构

|   | 30岁以下 | 30—40岁 | 40岁以上 | 总计 |
| --- | --- | --- | --- | --- |
| 人数 | 9 | 37 | 3 | 49 |
| 百分比 | 18.4% | 75.5% | 6.1% |  |

职称结构

|   | 中学高级 | 小学高级 | 小学一级 | 总计 |
| --- | --- | --- | --- | --- |
| 人数 | 3 | 30 | 16 | 49 |
| 百分比 | 6.1% | 61.2% | 32.7% |  |

语文教师学历本科率达到77.6%，30—40岁的青年教师比例高。小高职称人数比偏低，区级及以上骨干教师及学科带头人缺少。

年龄、职称比例基本合理。学校中青年教师占大多数，绝大部分中、青年教师能做好日常基本教育教学工作，且能重视研究，不断进取。

我校办学理念新，创新意识强，办学质量居江东区前列，社会声誉日益提高。学校创立并形成了"活力教育"的核心理念，教师队伍建设注重合作与成长，教师讲学习的氛围正在形成，但在思考和交流方面还需继续加强，教师自身发展轨迹还不够明显，骨干教师人数相对较少，缺乏有效引领，教师科研的积极性有待进一步激发，科研工作规范性还需进一步加强，教研模式初见成效，但在服务课堂教学，提高课堂教学效率和学生学习效果上还需进一步提升。

### （二）研修目的

在特级教师周步新老师的"1234"式小学语文活力研修团队建设的实践研究课题引领下，围绕学校的主课题——小学语文"学教式"阅读教学的实践研究，全校语文老师积极申报成立活力团队，语文低、高年级各教研组确定组内教研课题研究，开展主题式校本教研活动，同时携手活力团队教师共同实践、教研一体化，有效促进学校语文青年教师专业成长，有力推进学校语文学科团队建设，探索小学语文校本研修实践之路。

## 二、立足质量，抓实校本研修内容

### （一）参与课题研究，教研结合，促进成长

围绕学校的主课题，学校活力团队成员和各教研组分别制定了子课题：中高段"学教式"单元整组阅读教学设计研究；一二学段"学教式"阅读教学课例研究；第三学段"学教式"课堂练习题设计研究。本着"教研就是科研"的教科研一体化思路，深入开展"以学定教"课堂教学模式研究，开展行之有效的主题性研修，促进教师的成长。

### （二）践行教学实践，发现探究，实践改进

加强课堂教学实践，各教研组围绕课题研究通过集体备课，采用同课异构、团队实践论证、一人同课多轮等多种形式开展"学教式"阅读教学课例研究。实现从课例中分析学情，再回到课例中尝试改进的循环实证教研法，通过教师参与教学观察与诊断，撰写课例研究报告来提升教师自主发展意识、教学能力及教学研究能力，从而提高课堂教学的有效性。

**(三)阅读专题书目,分享反思,丰厚积淀**

结合课题研究进行多种主题式阅读,鼓励教师阅读,摘记,撰写读书心得;理论联系实际,加强反思,注重教学论文、案例、教育叙事等写作,开展阅读交流分享主题活动,不断丰厚积淀,促进语文素养的全面提升。

**(四)撰写课题报告,形成结论,提升品质**

真实、及时地记录课题开展过程的心得体会,系统地梳理和提炼课堂教学和集体研讨的结论,规范课例研究的记录文本;对记录的材料做分析,发现一些规律,得出一点结论,形成报告,以便指导今后的教育教研工作,改善教育教学,提升科研品质。

### 三、联系实际,开展活力研修活动

语文活力校本研修团队研修的活动,在形式上有学科教研组研究、学段年级组研究、新老教师的师徒结对研修、以课题为载体的研修;主要方式是教师个体的自主研修反思、集体参与的同伴互助和专业人员的专业引领,以教师个体的自我反思为核心。

(一)研修活动形式多样,贴近教师工作实际。具体有课例案例分析、反思教学、课堂观察参与式讨论等研讨形式,体现活力团队教学的"新、活、实":内容新、方法活、效果实。做到研修主题专题化,研修内容系列化,研修形式多样化。具体组织形式有课堂观摩、说课评课(实话实说)、主题沙龙、课题研究、观点展示、读书交流等。

(二)积极组织开展教研组、年级组、项目组的活动,集思广益,在共同研究中互相启发、促进思考、分享经验。把校本研修与平时的教研活动、业务学习相结合,与青年教师的培养相结合。日常教研活动定时间、定地点、定人员,重过程、有记录,使校本研修工作制度化、日常化、规范化。

(三)倡导教师之间经常性的、自觉的相互交流、研讨、互动,通过沙龙、网络、漫谈等多种非正式的交流、互动,交换看法,分享经验。

（四）注重教师个体研修。引导教师结合各自的岗位教学实践，开展自我反思和总结提升。

**四、具体活动安排**

（略）

# 宁波市江东外国语实验小学
# 活力团队专业发展规划

宁波市江东外国语实验小学　谢静薇

## 一、团队优势分析

### （一）教师分析

我们活力团队经过数年新基础研究，呈现出积极向上、主动寻求发展的喜人态势。团队的教学研究锻造了一批乐于研究、敢于研究、善于研究的语文教师群体。

**语文教师队伍结构表**

| 梯队情况 | 教师姓名 | 研究状态 | 实践方式 | 已获荣誉或称号 |
| --- | --- | --- | --- | --- |
| 第一梯队 | 马宁、陈艳 | 处于尝试适应期，在第三梯队教师的带领下尽快融入新基础的教学研究 | 自我规划、寻求 | 陈艳获得区教坛新秀一等奖 |
| 第二梯队 | 周伟丽、毛倩晗 | 处于转型蜕变期，加强理论学习和实践，尽快形成自主有效研究的能力 | 自主寻求、发展 | |
| 第三梯队 | 张雪琴、周萍萍、鄢郭情、谢静薇 | 处于发展成型期，理论化为实践对其他梯队教师形成辐射作用 | 自我突破、提升 | 鄢郭情获得市教坛新秀三等奖，其余三位获得区骨干教师称号 |

**(二)教研组文化建设**

1. 开设语文大组的网上论坛,教师不定期地上传教学心得供大家讨论。针对我们组青年教师多的特点,开发网络功能吸引年轻教师加入,在轻松、随意的氛围中学习。

2. 联络校图书室,每月推荐新书给语文教师课余阅读,并进行阅读心得交流。一改以往比较呆板的、程式化的学习体会交流,我们把自我学习和互相学习交融起来,使得语文大组的学习氛围愈加浓郁,学习弥漫在所有语文教师的日常教学过程中。

3. 发挥成熟教师的辐射作用,成立了以教研组长为中心的课题小组,组员共同参与研究一个课题。

4. 继续完善观课文化。

(1)教研组长、骨干教师实行开放式教学。开放自己的课堂,欢迎组内教师随时来听课、作指导,尤其对新教师,实行一课一帮制,在帮助组员的同时发展自我。

(2)教研组成员实行循环式教学。积极投入听课、评课的过程中,同时为他人提供学习的资料,在年级组中营造走进课堂听课、寻找问题、解决问题、共同分享成功、共同研究失败的教学研讨氛围。

(3)在课题研究中,与年级组老师一起每天都能带着研究进课堂,共同研究,共同探讨。

(4)帮助年级组新教师争取机会,增加她们实践、展示的机会。

**(三)教研的日常化建设**

1. 通过教研组"骨干带教"的方式,促进教研日常化。教研组内骨干教师向新进教师敞开课堂,让新进教师通过"学"和"用",提高其课堂教学效益。同时,此类教师也向骨干教师敞开课堂,能在骨干教师的帮助下,及时发现问题、改进和提高。互相敞开课堂,让我们的课堂教学透明化,也在一定程度上规范了每位教师的日常研究。

2. 语文组的各个教研小组打通活动。让所有语文教师形成全局观,站在整个小学阶段的层面上思考自己的年段目标。在进行本年段的研究时,照顾到上一年段的基础和下一年段的发展。

3. 每月上交一定数量的教学反思,评选出有质有量的优秀反思,供全体老师共同学习。

**(四)对不同层次的教师采取不同的研究、发展方式**

1. 发展成型期的教师:此类教师需要的是给他们提供更宽广的舞台,发挥他们的辐射作用,为他们的创新提供一切可以提供的条件。用好一人,带出一群人。

具体做法:这类教师对一至五年级的研究专题已经都有涉及了,要通过自身研究,对学科教学有整体的、序列的认识与思考,并将教学实践经验转化为其他教师发展的有力资源。如:教学实录、教学设计以及反思等。凝练"优质课",扩大骨干教师的精神思想和经验的影响力,争取在新基础教育基地学校及区层面产生辐射作用。每学期至少上一节优质课。成立校级语文学科的小工作室。以工作室的研究形式,推动教师鲜明地亮出独特的、富有时代气息的教育教学风格,成为卓有成效的"教师的教育者"。

2. 转型蜕变期的教师:此类教师需要突破的是研究发展的瓶颈。需要理论的进补,更大胆的实践。跟着成型期的教师实践的同时,适当放开手脚尝试自己走路。此类教师要在教研活动中体现三多:多参与、多反思、多重建,促进快速成长。

具体做法:制定自我发展规划,提升自我发展意识,形成内力驱动。每年制定一次发展规划,并对自我的发展规划实行动态调整。通过"自主学习,博览群书,提升学历,增加学识,读书交流,丰富精神,主题沙龙,智慧碰撞"等形式加大教学实践频率,敞开日常课堂,增加组际间的日常教学交流,促其研究日常化,每月至少执教1—2节课型研究实践课。每月撰写主题性反思两篇,及时总结课型研究中的经验。

3. 尝试适应期的教师:理论学习先行。阅书刊,写体会;研课堂,写反思。在组内尝试进行教学实践活动。希望共同体能够对此类教师进行一个相关培训,这样不会牵扯教研组过多的实践时间。

具体做法:通读语文学科的年段要求、学生学情分析。重点研究所教年级的相关内容,做好相关的摘抄。跟着前一梯队的教师尝试做专题研究,及时做好教学反思,力求通过这种方式让这类教师在日常教学中的教学行为及早转变。

# 小学语文活力型校本研修的课例研究

第三章

# 第一节 小学语文活力研修的多种形式

校本研修是基于学校、为了学校、发展学校的研修。要切实开展在综合教育改革背景下的校本研修，需要多角度、多方面地整合力量，创造良好的校本研修生态环境，让教师在专家引领、同伴互助、个体反思实践中实现专业发展。

校本研修最大的特点是因校而宜，故而它的形式必定是多样的，适合本校特色的，植根于学校文化之中的。而活力型的小学语文校本研修，更是凸显了"活力"这一特征，它提供了更多研修的平台，使得教师按需、自主、愉快地参与到发展自身专业能力的培训中去。

在实践过程中，我们认为以课例研究为主题的校本研修，无论是对满足不同层次教师不断攀升的内外需求，还是对推动校本研修的健康发展，都产生了重要的作用。事实证明，课例研究为教师集体观课、课后相互评论、共同改进教学提供了平台，为深化教学研究提供了有效途径。

为建立活力型课例研究的校本研修可持续发展机制，确保规范运作，我们不断实践，积极思考，以便捷、实用、有效为宗旨，灵活选择和安排研修活动。我们多渠道创新校本化课例研究研修的形式，在一定程度上保障了课例研究的质量。

## 一、以"三次设计两次打磨"为基本形式

活力型校本研修的课例研究，把"三次设计两次打磨"看作研修的一

种基本形式,这种形式体现"以生为本"的价值观,精确定位教学内容,精准打磨教学方法,引领开展课堂观察,重视实践反馈评价,以活化的研修形式,实现有效的教学效益。

"三次设计两次打磨"的研修形式包括以下几个基本程序:选定磨课课题,开展备课分析,第一次设计——同课异构,对比研讨,第一次打磨——同伴议课,反思修改,第二次设计——连环上课,观察分析,第二次打磨——同伴评议,专家点评,第三次设计——整理撰写成优秀课例。此过程由个人进行"基于个人经验的第一次备课",然后进行"基于群体经验和同伴互助的第二次备课",最后进行"基于实践反思和必要研究的第三次备课"。在两次课堂打磨中,团队成员认真参与研课打磨、观课评课等活动,根据课堂观察分工完成观课报告,进行数据分析及课堂反思。

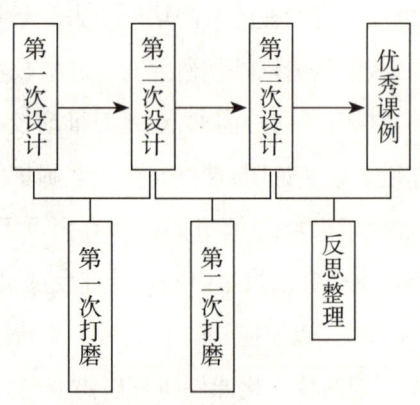

图 3-1 "三次设计两次打磨"流程

"三次设计两次打磨"的校本研修形式,突出要求对同一个问题具有共同关注点的教师聚集到一起,观课者做好课堂观察和记录,记录下课堂里发生的真实情况以及自己的思考;开展课后的讨论,要有针对性地提出改进意见,便于上课教师修改设计。如此这般,大家相互观摩,相互评论,分享经验,积累生成,行为跟进,最终获得不同程度的提高。这一系列活动,带来的是活力团队教师教学方式、研究方式的变革,同时也带来了教师学习方式、思考方式的深刻变革,教师在一次次的活动过程中逐步成为教学和研究的真正主人。教师专业发展的兴趣点、兴奋点始终被锁定在课堂教学的改革以及有效教学上。

**二、灵活多样的补充形式**

以"三次设计两次打磨"为课例研究的基本形式,切实提高了教师的参与热情和参与深度,尤其是对每一位深历其中的执教者或是观察者,获益匪浅。但由于这种形式周期比较长,且是团队参与,开展起来投入的精力、物力较大,因而它还需要有其他的灵活多样的简便式相补充,从而达到多翼齐飞、和谐共振的功效。

（一）*教学诊断*

教学诊断是教师为了强化自身素质和提高教学水平,主动请求学校内较高水平的教师深入自己的教学生活,帮助自己发现问题、改进提高的一种自主发展方法。它有教学设计诊断、课堂诊断等内容。我们这里所指的课例研究的诊断式,简单地说就是依托教研小组或团队力量对教师实际教学进行听课、评课。这种形式一般适用于初入门教师。重点关注新教师在教材解读、目标制定、环节设计、评价语运用、作业布置等方面的教学技能。

一般来说,我们采用"听课诊断——提出改进措施——修改设计——再听课——撰写课例报告"的流程进行。一次选择一个主题或一个点,由教师独自备课,并联合教研组老师监测实际教学过程,对教师的教学提出改进措施,让新教师在实践中不断提高教学能力,在反思中不断成长。

### （二）名师带徒

师徒间课例研究是常见的研修形式，这里提出的"名师带徒式"就是充分发挥学校名师及骨干教师的专业引领、示范带头作用，在教研组内建立梯队，以一对一或学习共同体的形式指导教师开展研修活动。

研修活动可以采用"名师示范——徒弟模仿——改进建议——再上课——形成课例报告"的流程进行，让徒弟教师有针对性地进行主题听课、模仿、反思、修改、再模仿，在一次次具体实践中积累教学经验，反思目标达成，习得教学技能。

### （三）同课异构

同课异构，顾名思义就是教师对同一教学内容、同一知识点的不同建构、不同设计，对不同班级的学生进行实际教学，完成同一教学目标。"同课异构"在对教材的把握和教学方法的设计上强调"同中求异、异中求同"，让我们清楚地看到不同的教师对同一教材内容的不同处理，不同的教学策略所产生的不同教学效果，并由此打开了教师的教学思路，彰显教师教学个性，是继承和批判的统一，真正体现了资源共享，优势互补。它提倡教师的反思性实践，致力于学生的真实发展，集课堂观察、教学反思、教学课例于一体。同课异构一般有两种具体操作形式。

1. 同人异构：同一位教师在不同班级、对同一教学内容采用不同的教学设计进行教学，对比反思。

2. 异人异构：不同教师对同一教学内容进行教学设计，进行实际教学，对比反思。最好请不同备课组的老师来上，激发各组教师群体参与的热情，集众人智慧，碰撞出研讨火花。

学校根据自身实际情况选择具体操作形式，其一般流程为：选定教研主题——选定同课异构方式——教学内容——集体备课——实际教学——比较评课——反思再设计——形成课例报告。同时要注意研修活动时教学内容的选择要有一定开放性，要善于发挥教师的教学创造力，善于取长补短。总之，同课异构作为一种比较式教研活动，教师可以通过备课、观察、比较、反思，不断优化教学设计，寻求合理有效的教学方法，达成教学目标。这样不但能促进教师的专业发展，还能发挥教师的个性。

（四）同题多构

同题多构，指围绕着同一个研究问题，请多个教师上不同的课。解决相同的问题，教学策略、方法有很多种，观课者就可以进行分析比较，谁的教法更有效，更能培养学生的能力。

研修的流程：确定急需解决的教学问题——布置任务给各个教研组（或一个组）——教师自学或是组内学习相关理论，交流讨论——各组（组内教师）进行教学设计——多人上课，观察分析——形成课例报告。

（五）微课研讨

"微课"是指按照新课程标准及教学实践要求，以视频为主要载体，记录教师在课堂内外教育教学过程中围绕某个知识点（重点难点疑点）或教学环节而开展的精彩教与学活动全过程。

微课教学时间较短，一般为5—8分钟，教学内容少而集中、主题突出、针对性强，更适合教师的需要，利于观摩学习。研修活动可采用"确定主题——两三位教师微课对比——团队观察——反思评课——形成课例报告"的流程进行。微课可以就优秀教学片段进行展示，团队教师共同借鉴学习；也可以针对教学疑难点进行异构比较，从实践中反思，从反思中提炼，不断提升教师教学能力，促进教师专业化发展。

# 第二节　小学语文课例研究的目标锁定

课例研究试图让教师学会有目标、有方法、规范地研究课堂教学的改进。课例研究虽然是围绕一堂课展开研究，但其目的不只在于完美地上好这堂课，更重要的在于教师研究这堂课的过程中，掌握改进这类课型或是解决相关问题的方法。

制定准确、适切的目标是课例研究的起点和归宿。即在明确的研究目标的引领下，通过反复实践、反复探讨，于碰撞中推动深入思考，从而达到理念上的高度集中，操作上的更具规范。这种由"目标——实践——反思——再实践"的课例研究活动，使每位教师都能自我觉醒、自我发展、自我超越，切切实实提高专业水平。

小学语文活力型校本研修的课例研究目标力求体现鲜活性、针对性，充满生机，即根据本校语文教学的实际情况、语文教师的教学水平、学生的学习情况制定出来。目标的设置锁定于新理念与课堂实践的融合、教学疑难的解析、教学方法的改进、教师业务能力的历练等几个方面。

### 一、理念的落地

余文森教授认为，课例研究的实践性主要表现为"课例研究的出发点和归宿是解决教学实际问题，课例研究是教学观念不断更新、教学行为持续不断改进、教学水平不断提升的过程。"[1]教学观念的更新离不开理论指导下的实践。

---

[1] 余文森.有效教学十讲[M].上海:华东师范大学出版社,2011:246

小学语文新课标倡导的理念,要真正落地于一线教师的课堂教学,必须有个学习理解、实践反思的过程,而课例研究恰是有效的载体。它强调的是对真实课堂教学的观察、反思及改进,记录的是教学理念与行动转变的心路历程。

新课改背景下,语文教师研究文本、研究学生、制定课堂教学目标是上一堂语文课的基本要求,但不是所有的教师都能高质量地完成;在研究文本的过程中,教师能否筛选教学内容,进行二度创造;能否抓住语言文字训练点、朗读训练点、思维训练点;在课堂教学过程中能否"授之以渔",培养学生语用能力,使语文素养得到全面提高……全新的理念付诸实践,且获得有效的实践成果,需要教师深历课例研究其中,因思而悟,由悟得意,改进提高。

我们曾经就"切实提高学生语用能力"的目标,开展了"三次设计两次打磨"的校本研修课例研究。在整个过程中,一教师由第一次试教的纠缠于文本情节分析,第二次的重点内容板块教学,直至第三次的扶放结合,学法迁移,让学生自主学习、练习。一次次的设计与反思,撞击的是教师固有的教学思想与操作模式,油然产生否定之否定的批判思想,有机地渗入在自我的教学理念中,落实到课。

当然,随着课改的深入,各种各样的新思想、新理念如潮而来。怎样进行甄别选取?怎样让它们接地气,在我们自己的课堂上生根成长?校本研究的课例研究让教师们逐渐转变观念,课堂成了学生平等交流、主动学习的场所,学生畅所欲言,教师只是参与者、组织者、引导者,整个对话过程是平等的,是和文本紧扣的,充分显示语文学科的特点。

**二、疑难的解析**

小学语文活力校本研修的课例研究所聚焦的目标具有草根性,所研究的内容大部分来自年级备课组或是教研组，基本上是教学困惑或是寻求教学突破的。如我们对教师课例研究的需求调研时，发现高段有三种研究意向：课堂练习的有效设计及应用；高年级的阅读策略；培养学生抓关键词句，理解含义深刻的句子的能力。这些在日常教学中真实的困惑，具有共性特点，但这三者关注点是不同的。在确定研究内容的必需性与可行性后，我们将内容块面化、系列化、类别化，然后制定学期的课例研究目标，实实在在地把聚焦的问题以教研活动的形式深入研究下去。

我们深刻明晰，课例研究并不是追求通过一节课解决很多问题，而是追求通过一个课例认识一个具体的研究问题。主题"小"，才能"深"，才能去触及"为什么这样教"的教学机制的讨论，以及"怎样实现教学"的教学行为的分析。[1]于是，我们根据计划所安排的课例研究的主题，有针对性地进行选课，通过一个课例研究，起到以点带面、融会贯通的效果。如：

表 3—1　以"教学目标制定与落实"为研究主题的课例研究安排

| 聚焦点 | 具体问题 | 课例研究的目标定位 | 计划安排 |
| --- | --- | --- | --- |
| 课时教学目标如何制定与落实 | 怎样进行教学目标的制定和规范叙写 | 达到崔峦老师提出的要求"对教学要达到的目标进行整体思考，既要明确三维目标的达成度，又要明确实现目标的方法、手段、策略，而后用简明的、条分缕析的、策略与目标相联系的语言加以描述"。 | 9、10月份着重研讨 |
| | 怎样通过有效的手段落实课堂教学目标 | | |
| | 如何进行课堂观察来分析教学目标的达成度 | | |

当然，教师对课例研究活动的形式和主题也有选择权。我们把研究的主动权交给教师，希望利用课例研究这一平台，提高参与研讨的意识和热情，加强思考的力度。菜单式的选择，便于教师因人而异，尽快解决日常教学中存在的困惑，在课例研究中使教师不自觉地卷入"对某一问题进

---

[1] 柯孔标,张丰. 校本教研的浙江模式 [M]. 杭州：浙江教育出版社,2010：53

行反复的、严肃的、持续不断的深思"的反省思维体验中，[1]从而提高发现问题、解决问题的创新实践能力。

或许每一次课例研究活动都有缺陷，正是这些缺陷让教师对教研活动有了新的认识，对活动而言，有了新的增长点。通过这种草根式的课例研究，我们主要想创设一种教师间相互学习、相互帮助、相互切磋、相互交流的研讨氛围，使教师不断地提高和成长。

**三、教法的改进**

"教什么"和"怎么教"始终是课堂教学的两大关键点。怎么教才更有效？我们的课例研究基于经验的反思学习，对教学方法进行了精致化的研究，通过这一类文体或是这一类课型的连环式的研究分析，掌握改进的方法。

在课例研究中，为调动学生学习积极性，依学情而教，我们改变了传统教学中"目中无人"的做法，对学生的预习做了前测，从学生已有的生活经验和知识背景出发，以学定教，顺学而导。特别是以单元整组为单位的导读预习检测环节，为教师熟知学情而备课创设了一条捷径。

《语文课程标准》指出：语文是实践性很强的课程，应着重培养学生的语文实践能力，而培养这种能力的主要途径也应是语文实践。小学语文活力型课堂教学将着力点落实到学生的能力训练上，积极培养听、说、读、写能力。"教是为了不教"，学生能力的培养是在语言实践中练就的。因而，我们逐渐形成了以教师引领下学生主动学习和练习为主的基本教学形式，对语言实践活动，从效度、训练量、形式、时间等方面进行精巧安排，并深刻反思，提炼规律，掌握技巧。如《香港，璀璨的明珠》这种写景优美的文章，教师强化学生语言文字的运用，了解课文语段的表达特点，

---

[1] 杜威. 我们怎样思维 [M]. 北京：人民出版社，2005

迁移写段。如《蝙蝠和雷达》这类探究性强的科普文章，教师结合文本写作特点，让学生自主质疑、探究解疑，培养主动学习的探索欲望与能力……课例研究促使教学行为的持续改进。

通过课例研究，我们对教学方法的改进，教学策略的运用，有了更深的理解，我们希望提炼出不同的课型、不同的文体最基本的教学方法。若能根据内容的需要选择合适的教学方法，且学生能积极参与学习，表现出极大的学习兴趣，那我们的研究也就向前迈了一大步。

**四、教师的历练**

课例研究相比传统的教研，专题性更强，目标更明确，更具有科研含量，不仅关注教学过程，更关注学生的学习过程，是教师提高自己的专业水平、改进教学的重要途径和方法。[1]

课例研究体现了教师在研究状态下的一种实践活动，它也是教师自己在实践中学习、吸收、提高的一个过程。由此，培养青年教师具有一定的基本功，历练骨干教师形成教学风格等师训目标，也将渗入课例研究这一载体中。

小学语文活力型校本研修制定的课例研究目标层次不一，适合不同业务水平的教师。教师可以根据自身三年规划来选取相应的课例研究任务，参加相应的研修活动。我们并不是一味按教研组来开展研讨活动，允许按需组合，同伴互助，分专题进行研修。如青年教师可以就提高教学能力开展研讨活动，中老年教师则可以就改变教学观念、教学方法等来进行。将专题研修与教研组定期研修结合在一起，是校本研修的一个鲜明的特点。

与此同时，我们也重视教师在课例研讨中的状态，是否积极主动，是

---

[1] 朱跃跃，孙颖亮. 让课例研究与教师走得更近 [J]. 上海教育科研，2013（4）：32

否深入反思，是否有同伴间的互助互惠，是否在此过程中提炼经验体会，形成智慧，改进教学行为。为此，我们在课例研究中，采用各种方法，充分历练教师的深度反思能力。

（一）在规定时间内现场写下评课稿，然后评选最佳评课稿，让执教和观摩的教师都有一个平台，表达自己的想法。

（二）交流"我听课的心路历程"，培养教师具有强烈的自主研修意识，自主研修能力，敢于质疑和发表新的观点。

（三）现场以"开火车"的形式，根据听课的感受随机说关键词，锻炼教师互动生成的能力。

有位教龄20年的教师感慨地说："这样实实在在的研究活动，的确让我进步了不少！以后我听课再也不马虎了。原来我们学校的老师都这么会评课呀……"

为了避免课例研究过程中教师之间"萝卜煮萝卜"还是"萝卜味"的现象，我们定期、不定期邀请蹲点专家、特级教师、专家学术团队导师来校指导，听课把脉，搭建教师同专家对话平台，把教师的教学实践及体会与专家的理论和经验进行对接和剖析，实现了从行为到理念、实践到理论的提升。

## 第三节　小学语文课例研究的内容选取

课例研究，即教研组教师一起对一个特定的具体课例的教学进行探讨。一般来说，研究过程分为以下步骤：组成研究小组——确定研究目标——集体备课(教学行为研究)——课堂教学(收集第一手的教学现场资料)——课后讨论(分析教学现场师生表现)——重复前面的课堂教学和课后讨论环节——得出结论(提出研究报告)。

我们正在实施的小学语文活力型校本研修的课例研究,基本以"三次设计两次打磨"的研修形式为载体,展现出对特定教学问题深刻反思及寻求解决问题的方法和技巧的较为完整的过程。在这个渐进的过程中,研究活动是动态有活力的。就研究者——教师而言,小学语文活力课堂教学的研究意识逐渐增强,研究水准不断提升。加强对课例的研究,可以促进教师教学理论与实践的紧密结合,优化教育策略,盘活教学方式的多样性,提高课堂教学效率。同时,通过积累一系列可供一线教师借鉴、具有推广价值、促进学生语文素养提升的教学课例,总结教学经验,提炼教学模式,为更好地开展语文教学奠定基础。

活力研修团队的课例研究过程侧重以下内容。

**一、确定教学目标**

教学目标在教学活动中处于核心位置,它决定着教学行为,不仅是教学的出发点也是教学的归属,同时还是教学评价的依据,它既有定向功能又有调控功能。因此,教学目标的制定容不得半点疏忽。崔峦老师曾经指出:"备课时对教学要达到的目标进行整体思考,既要明确三维目标的达成度,又要明确实现目标的方法、手段、策略,而后用简明的、条分缕析的、策略与目标相联系的语言加以描述。"崔老师的话其实就在告诉我们,教学目标的定位很重要,同时也要注意规范叙写。

在日常的教学过程中,经常可以发现因为教学目标定位不准确而造成教学效果不如意的现象。教学目标中的三维目标并不是并举均分的,而是以知识和能力为载体,其他两维融于此中,整体推进、相互渗透、相辅相成、共同发展的。所以就必须依据不同的学段、不同的课文类型、不同的班级学生情况,有所侧重地定位。

例如活力团队教师研究《为中华之崛起而读书》课例时,第一次设计稿中教学目标是这样的:

1. 认识8个生字,指导书写"惩"字,正确认读"帝国主义列强、租界、焦点、衣衫褴褛、铿锵有力、耀武扬威、得意扬扬、惩处"等词语,读准多音字"惩处、一通"。

2. 结合社会背景和重点研读租借地中国亲人无辜被压死的事件,理解"中华不振"的含义,体会并感受周恩来立下"为中华之崛起而读书"这一远大志向的原因。

3. 学习掌握抓住关键词语分析、体会人物特点的阅读方法。

教师在理解"中华不振"内涵时采用的手段是"结合社会背景和重点研读租借地中国亲人无辜被压死的事件",单看这个教学目标就知道这个定位偏离了语文学科的本位,侧重点投放到了情感体验上。果然,课堂上的呈现类似思品课,削弱了语言文字的理解和感悟。经过课后群体评议,团队重新设计的教学目标如下:

1. 读准"惩处"、"一通"等多音字组成的词语,运用多种方法理解"崛起"、"褴褛"、"中华不振"等词意,选用有关词语说清课文大致内容。

2. 能正确、流利朗读课文,分角色朗读第2至第6自然段,有感情朗读第8自然段。

3. 阅读中不断提出问题,学习运用抓住关键词语体会等方法自主解疑,从中了解少年周恩来树立"为中华之崛起而读书"远大志向的原因,自然激起打破砂锅问到底的学习兴趣,从小培养爱国之情。

这个教学目标的制定充分体现了语文教学的本位——正确理解和运用语言文字入手。"运用多种方法理解'崛起'、'褴褛'、'中华不振'等词意,选用有关词语说清课文大致内容","学习运用抓住关键词语体会等方法自主解疑",采用的教学手段清楚明了,便于操作。学生在语言文字的品味中,深刻理解了"中华不振"的内涵,课堂上学生不断提出问题,不断抓关键词释疑,学习主动性得到了充分的体现。教学目标的准确定位,决定了课堂教学的有效性。果然,这个课例获区优质课一等奖。

另外,教学目标叙写的规范性,是否具体明确,是否具有可操作性、可测量性等等,都是我们课例研究的范畴。规范表达首先从主体的转变开始。从"使学生……","培养学生……"等彻底转变为"能正确书写……","联系上下文,体会……",以学生为主体,帮助学生在学习活动中获得知识,体验情感,这才是我们作为引领者的职责。当然,目标中行为动词不能含糊、笼统,缺少"背诵、默写、认读、理解、体会"等表现学生外显行为的动词,学生的知识和能力达标情况就难以检测和调控。

在逐步推进课例研究的进程中,我们就特定的教材,如何制订教学目标,要确定"教什么",一般作如下考虑:第一,看教材的编排体例或教材结构;第二,看教材的单元导语;第三,最为关键的,是教材的"思考和练习"部分。[1]把所有要考虑的要素归纳起来,我们尝试着以"上扣课标,下联学生,教材解析细思量;着眼方法,规划过程,以学定教还本真"这两句话时时提醒教学目标制订的准确性、有效性。

---

[1]王荣生等.语文教学内容重构[M].上海:上海教育出版社,2007:28

## 二、筛选教学内容

拿到一篇课文,"教什么"永远比"怎么教"重要。王荣生教授曾经说过,"一堂好课的最低标准是要有适宜的语文教学内容"。的确,一篇课文从文字到语言,从修辞到写作技巧,从知识性到情感性,不一而足,这就需要教师根据年段的特点、单元的要求、本班学生的实际水平,进行专业的筛选,教学的针对性和实效性由此而凸显。教师"教什么",决定着学生"学什么"。

"三次设计两次打磨"的研修形式,有利于锻炼教师对教学内容的筛选能力。从备课伊始,教师就要做课文的"首席读者",经历黄厚江老师提出的"陌生阅读——立体阅读——智慧阅读"三个环节,深入钻研文本。其次,通过对学生起点能力、教学目标等进行条件分析确立"实际上需要教什么"和"实际上最好用什么教"的教学内容。如一位老师教学《小木偶的故事》,就将"学习概括讲述故事的主要内容"和"指导学生把故事讲得生动有趣"定为需要教的内容,因为学生需要的就是阅读教学的重点、难点。

张宇田指出:"把课文当作语文课教学内容,在理论上经不起推敲,在实践中经不起检验。"[1]因而,教学内容的选择应务实求真、稳扎稳打。在一次次教研过程的设计和打磨中,教师们也逐渐清晰内容的选定与教学实效的紧密性。记得一次随堂听课中,平行班两位教师都在执教《香港,璀璨的明珠》。一位新教师在初读全文的基础上,出示"万国市场、美食天堂、旅游胜地、灯的海洋"四个方面的多媒体课件,让学生选择自己喜欢的一个段落阅读,通过以自己喜欢的方式朗读理解,最后指名学生上台做做小导演,介绍其中一个方面。另一位教师的教学内容选定为学习语言文字运用。通过阅读课文,了解课文语段的表达特点,并迁移写段。不同的

---

[1] 张宇田. 推翻一个理论命题 重新构建语文教学 [J]. 福建教育学院学报, 2002 (11)

教学内容,课堂上的呈现千差万别。前一堂课看起来热热闹闹,但却是一堂没有语文味的语文课。后一堂课学生不仅知道了课文从"万国市场、美食天堂、旅游胜地、灯的海洋"四个方面来介绍香港,还学习课文围绕中心句将一个地方特点写具体的方法,感悟精妙表达,学积累、习方法,并动笔予以实践。在研讨活动中,我们围绕着"基于文体特征,选定合宜的教学内容"这一课例研究主题,请前一位教师再上《香港,璀璨的明珠》,希望教师关注文体的特征和年段特征,合理开掘语文教学价值,选定合宜的教学内容。

在一次次的教研实践中,在一次次的研修实践中,活力团队教师们渐渐明晰教学内容选定的要素以及将其贯彻于教学的内涵。

(一)基于教学目标。教学目标是整堂课教学的总纲领,在此基础上确定教学的重点、难点,并由此落实相应的教学内容,框定相应的语言训练点,走出了情节分析和内容串讲的误区,培养了学生的语用能力。

(二)基于学生实际。关注学情,以学定教,学生对教材的感知、理解程度决定着教师对文本内容的处理、加工,或者是整合、拓展。我们努力做到在立足文本的基础上超越文本,对文本进行二度开发。

(三)基于教学理念。先进的教学理念指导下的教学,既不盲目跟风,也不按部就班,有教师自己的思想,将理论联系实际,探索有质量的家常课。关注语言文字训练,关注文本特有的"生发点",直击教学重难点或紧扣关键词句,层层生发,以点带面,串联整篇,提高阅读效果。

### 三、选用教学策略

解决了教什么之后,接下来得思考怎么教的问题。以生为本,顺学而导,是教学策略的总方针。课堂呈现应该是真实而灵动,做到像崔峦先生所说的"语文教学中,要让学生真读、真思、真议、真练,让学生经历真实的学习过程"。

首先要确定学习起点,进行学习前测。学习前测是教师根据教学目标,将学习内容编制成测试题目,在学习之前对学生进行摸底测试,测试的结果将显示学生学习的当前水平。学习前测的目的是清晰"学生已经知道了什么"、"学生还想知道什么"、"学生自己能解决什么"作为教学方案设计的重要依据,努力做到"一课一得,课课有所得"。

学习前测的方式可以多样化,例如:收集信息法——收集第一手有关学生课堂前概念的素材,帮助有效筛选教学内容;作业调查法——通过简单习题的设计,了解学生对诸如生字新词、课文内容的熟悉程度;师生访谈法——针对自己对课文的理解及对孩子感知到的一些默会知识进行学习前测的内容设计等。通过学习前测了解学生的学习起点,安排适宜的教学内容,设计有梯度的教学过程以获得有效的教学效果。例如教学《月球之谜》一文,课前通过师生访谈法了解到因为文本语言浅显易懂,学生基本上都能通过自读了解月面的基本情况和月球相关的未解之谜,因而在教学目标的定位上,以"谜"激起学生探索科学奥秘的热情,以"谜"展开阅读理解的全过程,以"解谜"为中心,引导学生朗读课文、理解词语、感悟语言,经历一个自主探究的学习过程。

其次,树立文体意识,活化教学思路。2013年第6期的《人民教育》中提出:"自觉的文体意识不是单纯地具备某种文体知识,它是一种综合性语文素养。文体意识的培养不仅要清楚文体知识,更重要的是在语文实践中与体验、感悟、理解等语文素养相互链接、交叉、渗透,这样形成的文体意识才能更好地帮助学生阅读、写作和表达交际。"纵观小学语文课本,里面文体多样,体裁广泛。不同文体、不同类别的文章,其组织形式和表达方法等各有不同特点,因而根据课文的文体、类别设计不同的教学思路和环节,采用不同的教学方式,才能获得不同的教学效果。这就是活力

教学所倡导的教学中的思维方法：遵照文体的不同特点，树立文体意识，采取不同的教学策略。（如下表）

表3—2　不同课例范例对应不同教学策略

| 课例范例 | 年级 | 文体 | 教学策略 |
| --- | --- | --- | --- |
| 《小木偶的故事》 | 四上 | 童话 | 引发想象、学习语言、个性感受 |
| 《南辕北辙》 | 三下 | 寓言 | 培养思维、揭示寓意、实践活动 |
| 《假如》 | 二上 | 儿童诗 | 诗歌欣赏、吟唱朗读、读写结合 |
| 《长相思》 | 五上 | 古诗文 | 明理养性、熟读成诵、课外拓展 |
| 《山中访友》 | 六上 | 散文 | 梳理结构、品味语言、感受意境 |
| 《一次成功的实验》 | 三上 | 记叙文 | 理解语言含义，明确写作思路，学习表达方式 |
| 《蝙蝠和雷达》 | 四下 | 说明文 | 抓准说明中心，理清说明层次，模仿说明语言 |

最后，关注学教相融，体现螺旋上升。阅读教学过程努力贯穿以学定教、顺学而导的理念，与传统的阅读教学几步骤、几环节相比，过程更简洁明了，问题从学生中来，再到学生中去。以学生的"学"为主旋律，体现"活"的特征，立足"四力"，活学活用，掌握学法，培养能力。

在教学过程中，具体实现四步操作法：目标发力，预习疏导——"活力"阅读教学，力改"粗知课文，整体感知"的步骤为梳理导学前测内容，锁定关键问题顺学而导。问题借力，以读促思——关键问题从学生中来，再深入到学生中去。问题借力，学生紧扣文本的重点段落、重要句子和关键词汇，读书，思考，讨论，感悟，探讨，体会，在文本中走个来回。研读运力，习得内化——利用练习这个有效的载体，让学生静中有动，表达多元的思维，锤炼精致的言语，阅读观点频频交锋，高潮迭起。学法聚力，迁移运用——"活力"的阅读教学不局限于一堂课的精彩生成，它的落脚点在于学生对学法的掌握与运用。举一反三，活学活用，以一个片段带动一个片段,以精读课文带动略读课文,学生得法,得能,提升阅读综合素养。

**四、加强教学评价**

评价作为语文教学的组成部分,是与教学过程并行的同等重要的过程。完整的课堂教学不仅包括教师的教、学生的学,还包括师生双边关系。在课例研究过程中,活力团队就着重从这三个因素开展评价。

(一)教学评价的出发点——教师的教

教师是课堂教学活动的组织者、引导者、促进者,对课堂教学效果起到决定性的作用。从某种意义上来讲,教学内容的组织是否得当,是否有利于学生素质的提高,就决定了一堂课的成败。因而,评价教师的教,首先就要关注教师对教学内容的组织是否得当。在教学过程中,教师在处理重点内容、突出难点时,要处理好教与学的时间结构,既要保证解决重点内容的时间,又要保证学生思考重点内容的时间,保证学法指导和自主学习的时间。

其次,要评价教师教学方法的选择是否合理。语文不同于其他学科,它有自己特定的教学内容,有自己的学科特色。因而教法要符合语文学科特色,重视学生的阅读实践,强调以学生为主、以读书为主,同时还要强调潜心读书。在教师的指导下,引领学生参与读、思、议、练的过程。教师的教法、指导要符合学生实际并突出教师的个性特点。只有每一位教师都选择了适合自己个性的教法,才能提高教学效率,激发学生的学习兴趣。

新课程强调评价的重要原则:立足过程,促进发展。课例研究中教师对教学的评价正好体现了这一点。课堂教学评价应注重对学生的学习行为进行过程性评价,即对学生在课堂教学中参与学习的状态、学习的方式、学习的效果等进行评价,注重评价学生认知的过程、探究的过程、合作交往的过程和努力的过程。

再次，评价教师对课堂教学策略能否熟练把握。教学策略的熟练把握表现为对课堂偶发事件的合理、有效、灵活的处理；对课堂教学的各个环节衔接自然默契；能引导学生积极参与课堂教学，充分发挥学生主动性作用；能及时地评价学生并反思自己；能在有限的 40 分钟时间内顺利并合理完成教学任务。

### （二）教学评价的依据——学生的学

学生的学习情况应该是判断一节课最根本的依据。学生的学是学校一切教学活动的最终目的。课堂评价的内容具体从学生课堂学习的情绪状态、参与状态、交往状态、思维状态、合作状态等方面来进行评价。在评价过程中注重每个学生的感受，以激励为主，敏锐地捕捉其中的闪光点，实事求是地评价，激励学生积极思维，营造一种热烈而又轻松和谐的学习氛围，把学生引导到评价中去，调动所有的学生关注评价、参与评价，使学生在评价中交流，在交流中学习，并在评价中得到进步，共同提高，全面发展。

课堂上，根据学生"学"的状态可以从以下几点着手评价课堂：学生的自主活动，学生真正成为学习的主人；学习主动性，学生能够积极参与课堂活动，主动接受知识并有选择性地纳入自己已有的知识结构；学习个性，学生敢于发表与众不同的见解，敢于坚持自己的观点，不拘泥于常规的思路和方法；学习的创造性，学生善于独立思考，能综合运用所有知识和方法，创造性地解决课堂和生活中的问题。

### （三）教学评价的参照点——师生关系

教学过程是全体师生之间相互感发、促进的过程，成功的语文课堂体现出的是和谐融洽的师生关系，是互动互勉的气氛，能够激发学生主动参与的学习热情。因而师生关系就成为课堂教学评价的重要参照点。

活力研修的教师在教学中尊重学生自己的理解，珍视学生的学习成果，善于引导学生自习阅读、深入思考，善于用激励的语言激发孩子谈自己的看法，鼓励学生多角度、有创意的阅读。在学生分析问题、解决问题的同时，教师还善于捕捉其思想动态，当鼓励时就鼓励，当指点时就指点，以达到师生之间、生生之间能进行平等、多向的思维交流。

## 第四节　小学语文课例研究的落实途径

从课例研究的实施过程来看，借鉴其在日本、美国等地的开展经验，不难发现，课例研究是教师在从事日常教学的同时所从事的教学研究。它的目的是帮助教师改革自身的教学方式，收获他人的教学技巧，以教师自身教学素养的提升带动学生学习能力和学习品质的提升。因而，完善教研的管理制度，规范研究的操作流程，为教师课例研究搭建多种平台，并提供有力的条件支持是进行小学语文课例研究最有效的落实途径。

**途径一：完善管理制度，构建全新教研文化**

课例研究是一种长期的持续不断的改进提高模式，始终聚焦于学生的学习，并且围绕着具体的教学情境运行。因而，着力制度创新、构建全新的教研文化是实践小学语文课例研究的有效途径之一。

活力研修基地学校安排每周一个下午为语文学科活力研修团队的教研活动时间，教导处在排课表时就努力做到这一时间段参加活动的老师不排课，如遇特殊情况，课务均由教导处统一安排，为参加校本研修的教师解决后顾之忧。在校本研修过程中，建立相应的理论学习制度、课例研讨制度、合作交流制度等,要求人人参与,防止校本教研成为个别骨干教师或青年教师的"专利",让广大教师成为研究的旁观者。以备课组落实日常教研活动,以教研组开展各专题性活动,以学校行政层面组织各"大教研"活动。

常规教研活动:由备课组长负责组织开展组内每月一次的集体备课活动,对每次教研活动进行组内合理分工(如教学示范、课件制作、习题编制、专业引领、反思统计等)。

专题教研活动:由教研组长具体策划组织各种专题性的教研活动,具体做到明确教研时间地点、确定教研主题、安排教研环节、指定各环节负责人及跟踪指导活动发言人等。

"大教研"活动:校长是校本教研活动的第一责任人,分管校长是推进活动的具体责任人,教导主任负责整个校本教研活动的实施管理,对教研组长工作实施人力和时间保证,各备课组协作配合有效开展教研活动。

活力团队以完善的活动制度为依托,明确教师在课例研究中的义务和责任,从而逐渐形成全新的活力教研文化:团队成员在共有的行为规范体系下,共同听评课,共同开展课例研究,逐步形成自觉的价值观念,自我的思考力和行动力也得到了有效提升。这种新型教研文化的建立,为校本研修的开展提供了业务上的支撑,也为课例研究提供了最基本的平台支撑,营造了自主、平等、开放、和谐的研讨氛围。

**途径二:规范操作流程,实现有效课例研究**

一次完整的课例研究,要经历以下几个环节:前期活动安排与研讨——主体的由来及分析——课例研讨——授课、观课与研讨、评价——后续活动的完成及报告撰写。这是一个不断循环上升的过程,教师在这一过程中经历了"初步认识——尝试探索——模式探索——成熟形成"四个发展阶段。在长期实践研究过程中,我们也探索出了一套有校本特色的操作性较强的简便的课例研究流程。

表3—3 活力研修课例研究流程

| 被观察者 | 观察者 |
|---|---|
| 1. 接受任务(被观察时间及要求) | 1. 安排工作,确保观摩时间 |
| 2. 自行备课,上交初始教案给备课组长 | 2. 熟悉教学内容,形成自己的教学观点 |
| 3. 参与集体备课,提出观察要点及需要解决的问题 | 3. 参与集体备课,研讨交流,帮助被观察者答疑解惑 |
| 4. 课堂展示,实践教案 | 4. 现场录像,分工采集观察数据 |
| 5. 观看录像、分析数据、反思教学 | 5. 分析录像、提供数据、同伴互助 |
| 6. 修改教案,再次展示 | 6. 再次分工进行课堂观察,采集数据 |
| 7. 观看录像、全面反思、形成文字 | 7. 反思教学、理念碰撞、专业成长 |

在整个课例研究过程中,我们主要关注了以下几个环节:

第一,确定被观察者。活力研修提倡常态化教研活动,以避免教研活动影响教师的正常教学工作,以体现出被观察课堂的真实性。因而,每一学期教研组长在安排活动内容时,充分考虑到各年级的普及性,由备课组长推荐一名或两名被观察对象,先基于年级组备课研讨,再推荐到教研组的课例研讨中,以达到各年级各学段的资源平衡。

第二,熟悉观察内容。为改变以往教研活动中"一人上台,众人看戏"的场面,在课例研究中,我们要求观察者也和被观察者一样,从确定上课内容开始,参与整个的研究流程。与观察者一道集体备课,进行课堂观察、课后分析、反思研讨。在此研讨过程中,如遇课务问题等,一律由教导处安排协调。

第三,明确观察目标。在整个课例研究过程中,被观察者在一次备课、二次修改、三次上课的过程中会不断提出自己的困惑,这也成为每一次课堂观察的目标之一。因而每一次的课堂观察表除有教学目标的达成、教学过程的清晰、课堂学生的参与等共性问题外,活动组织者还要收集教师们在研讨过程中发现的新问题以提出明确的观察目标，通过课堂观察采集数据，让课例研究真正为解决教师教育教学的困惑服务。

第四，进行课堂观察。深入的教学研讨和反思总是建立在充分的课堂信息基础上的，因而课堂观察成为课例研究的中心环节。它要求观察者在确定观察点后，根据观察表结合自身的实践经验，在观课过程中为被观察者进行现场录像，采集有效数据，为课后研讨提供全面的课堂信息，进行客观分析，实现同伴互助。

第五，开展课后研讨。课后研讨是基于课堂观察结果的基础上，进行课堂教学审视的环节，有利于参与课例研究的教师改进自身的教育教学行为。一般由活动主持人介绍此次活动意图及流程后，由被观察者讲解教学意图，接着基于观察结果展开群体研讨，最后形成改进建议。

**途径三：搭建研究平台，推动教师有效学习**

课例研究为教师实施有效研究提供了最宽阔的平台。为了体现研究全员性、多层次、个性化的特点，在实践操作中，我们积极为教师们搭建研究平台，将自主研究、组内研究、校级研究三种形式有机结合，充分发挥教师的个人潜能和集体智慧。

（一）自主研究，坚实基础。课例研究的主要实施者是一线的教师，教师的个人学习成为课例研究的基础。教师的理论知识储备、课例解析能力等都直接影响课例研究的进程。因而，教师要加强自主研究，构建专业的知识体系和框架，阅读、记录自己学到的知识、方法以及获得的心得和启迪，以运用到自主课例研究中，形成自己的观点，实现自我头脑风暴。

（二）组内研究，提升认识。在自主研究课例的基础上，活力研修团队的研究交流就成为课例研究的核心。教研组作为教师课例研究最重要的交流平台，为青年教师提供了磨炼的机会，为中年教师提供了展示的舞台，也为老年教师提供了发挥余热的平台。每一次的集体备课、试教研讨、课堂观察、课后交流都能激发教师们比、学、赶、超的热情,充分发挥他们的潜智、潜能、潜力。团队合作的紧密也切实提高了团队的研究力,不仅提高了个人教研能力,而且在交流中又总结出了实效性较强的课例研究实践策略,教师的专业技能明显提高。

(三)校级研究,促进提升。校级研究是教师课例研究更为广阔的舞台,是教师专业成长的支架。在个人研究和组内研究的基础上,校级研究可以实践"一人课例,多次研讨,多人试上"的课例研究模式。同伴多次协作使得教师得以在校级平台进行课堂展示、汇报展示,实践操作型知识不断丰富,也深受老师们的欢迎。

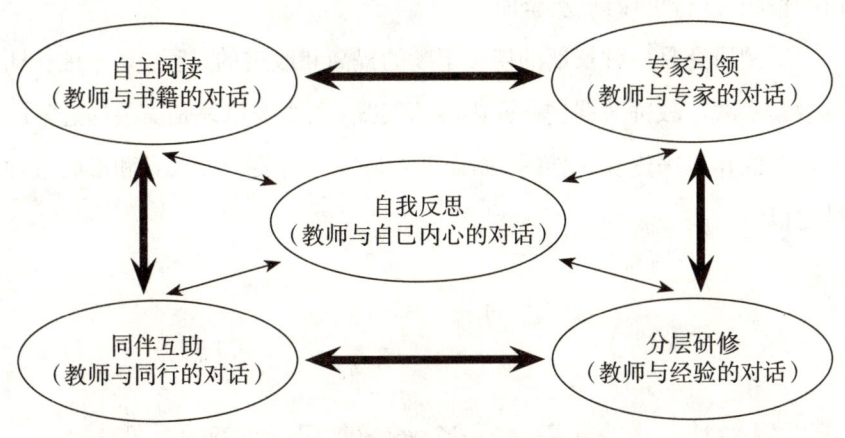

图3—2  活力校本研修教师专业发展途径

**途径四:提供有力支持,从个优走向群优**

在课例研究过程中,为参与活动的教师提供有力的条件支持,实现保障措施的到位,才能使教师全程、全面地参与校本课例研究活动,从个优向群优发展,让校本课例研究真正成为实现教师专业化发展的快车道。

从事课例研究,不仅需要教师的热情、动力和决心,还需要专业的理论支持。因而,活力研修团队聘请了教育专家和从事教育研究的专业人员定期、不定期地给教师以一定的专业指导。同时,还针对教师进行课例研究所需要的常规技能的进行培训,加强教师的课程分析能力、课程设计能力、课堂观察能力和课例撰写能力。

其次,学校积极为教师搭建展示平台,以激发他们参与课例研究的动力。为了让更多的教师参与教学研究,学校的日常教研活动以教研组为基础向全校开放,以开放的形态激活教研氛围。同时,为实现研究伙伴的合作,与兄弟学校合作,开展联校联片式教研,充分发挥联盟团队不同学校、不同层次、不同水平教师的潜能,在互相学习切磋过程中,成员间的"不同意见"、"多种声音",可以促使教师借助集体智慧,不断矫正个人理解的偏颇,进行更深刻、更全面的反思。

课例研究是一种长期的持续不断的提高和改进的过程,是一种长期的教学实践。教师对课例研究内容的实践、反思及修改是需要通过时间和经验的积累来逐步完善的,因而课例研究更需要学校领导和参与教师持之以恒的决心。

## 第五节 小学语文活力型研修课例研究的实施与策略

### 一、课例研究的过程实施

随着课程改革的不断深入,越来越多的有识之士体会到:课改的重心在课堂,课改成败的关键在教师。小学语文课例研究,它是教师合作计划、观察、分析和提炼真实课堂的过程,[1]是教师和同伴分享知识和经验的过程。它不仅是针对一节课或一个单元的分析研究,而且是一个通过教师集体设计、细致观察和研讨反思使教学不断得以改进的循环上升、持续发展的过程。[2]实施课程研究,就要将研究贯穿始终,注重过程,讲究实践,积累经验,提炼方法,使课程研究的价值得到充分的体现和最大限度的开发。

在几年的教学实践中,小学语文活力型校本研修团队逐渐开发了多种课例研究的模式,其中以"三次设计两次打磨"这种课例模式效果最为显著,它突出"以生为本"的价值观,精确定位教学内容,引领开展课堂观察,重视实践反馈评价,以活化的教研形式实现有效的活力教学,带动校本教研走向常态化、制度化、多样化,推动校本研修的深入发展。

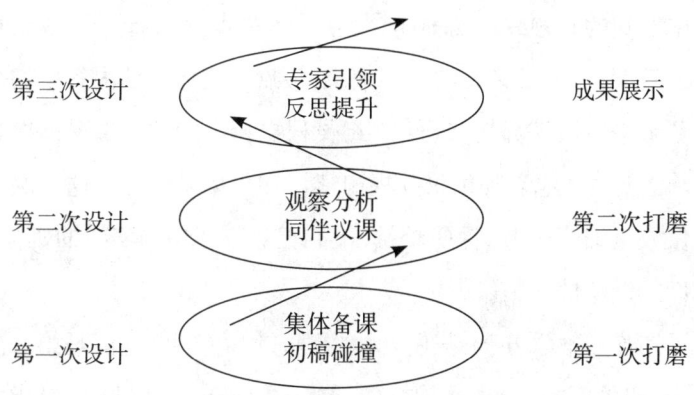

图3—3 "三次设计两次打磨"课例研究

"三次设计两次打磨"这种课例研究形式包括以下几个基本程序:选定主题,备课分析,制定方案——第一次设计;同课异构,对比研讨——第一次打磨;课堂观察,同伴议课,第二次设计,第二次打磨——专家引

---

[1] 齐晶莹.课例研究:教师专业发展的有效途径[J].教育探索,2009(4):84—85
[2] 童慧,杨彦军.基于"课例研究"的教师教学[J].中国电化教育,2013(3):62—67

领,反思提升,第三次设计,成果展示。此过程是由个人进行"基于个人经验的第一次备课",然后进行"基于群体经验和同伴互助的第二次备课",最后进行"基于实践反思和必要研究的第三次备课"三部分组成。在两次课堂打磨中,团队成员认真参与研课打磨、观课评课等活动,根据课堂观察分工完成课例报告,进行数据分析及课堂反思。

**(一)第一次设计 + 第一次打磨 —— 集体备课 + 初稿碰撞**

第一次设计依托于集体备课。先由团队成员根据学科课程标准的要求和本门课程的特点,结合学生的具体情况,选择合适的教学策略,设计出一个较完整的教学方案。再由备课组长组织好团队教师,按照已定的集体备课时间,讨论交流教学策略、教师教学活动的设计、学生学习活动的设计等方面。在这个过程中,老师们提出自己在构思这一框架式备课的过程中遇到的问题或成功的体会,接着组员审议、讨论、修改组长提出的框架式教案,并形成必要的文字记录,最后就集体备课内容中的个别重要教学环节进行同课异构式研讨,组员根据自己的教学情况提出具体的教学实施意见,其他老师审议并提出建议和意见供参考。这一次设计鼓励每一位成员细读文本,深研教材,有自己独立思考与实践的机会,以激活成员们的创造性和钻研力。

有了初步的教学方案,我们开始将理念付诸实践,这就是第一次打磨过程 —— 初稿碰撞,一般采取同课异构的形式。同课异构,是指由不同老师根据集体备课中形成的框架式教案,采取不同的教学方法和策略,实施教学过程。一种形式是教学骨干带领教坛新秀。教学经验相对丰富的教学骨干往往能带给教坛新秀一种扎实、沉稳、周全的教学思路,而富有教学激情的教坛新秀则给教学骨干们注入一股新鲜、创新、灵动的教学气息,两者取长补短,共同提高。另一种形式是教学骨干对话教学骨干:这一种模式使得两位教学骨干在实践中相互观摩、相互切磋、相互评论,以达到分享经验、积累生成的目的，不断优化教学方案。这种同课异构的模式，让我们见证了同一教材内容的不同处理方法、不同的教学策略所产生的不同教学效果，由此打开了老师们的教学思路，引发了参与者的智慧碰撞。经过一番交流研讨、长善救失、取长补短，使得教学方案更加优化，更趋完善。

**（二）二次设计 + 第二次打磨 —— 观察分析 + 同伴议课**

教育家叶澜教授曾说过："课堂就是向未知方向推进的旅程，随时都可能发生意外的通道和美丽的图景，而不是一切都必须遵循固定线路而没有激情的行程。"教学常有不可预测的一面，而发现意外生成正是通向课堂精彩无限的必经之路，这就需要我们进行课堂观察。课堂观察，就是通过观察对课堂的运行状况进行记录、分析和研究，并在此基础上谋求学生课堂学习的改善、促进教师发展的专业活动。作为专业活动的观察与一般的观察活动相比，它要求观察者带着明确的目的，凭借自身感官及有关辅助工具（观察表、录音、录像设备），直接（或间接）从课堂上收集资料，并依据资料做相应的分析、研究。经过上一轮的设计与打磨，我们有了初步完善的教学方案，会指定一位老师进行第二轮上课。执教者开始课堂教学时，观课教师会设立几个观察点带着任务开展观察记录反思工作，及时捕捉课堂生成，及时发现教学问题，及时分析研究学生学习情况，及时观察改进之后带来的积极变化，并做好相应的记录。

有了这些真实而具体的数据与现场记录，我们开始进入第二个打磨过程 —— 同伴议课。同伴议课，就是针对课前的几个观察点用课堂事实来说话，尤其是跟上次课堂呈现相比较，发现积极变化的方面，包括学生的学习状态、教材处理、教学方法、教学效果等。如教学《山中访友》这一课我们设定的观察点为：1. 教学目标 有效达成；2. 运用阅读策略关注动笔练习；3. 运用策略 进行语用训练。课中，老师们对照前后两次设计方案在课堂中的真实呈现,观察记录课堂中的一些积极变化,如教学目标达成度提高了,学生的参与率增加了,阅读策略运用得更为合理了。课后,评课教师都能紧扣观察点进行点评。每个人发言时间不长,但意见更为集中,也更具针对性。老师根据现实存在的一些情况提出进一步改进的建议与想法,为执教老师再次修改设计方案提供依据和参考。

这样的课堂观察,使教师的独白式思考转换为对话式思考,将各位教师的教学机智凝聚成一个智囊团,彰显了团队精神和力量,同时这种过程性的观察发现研讨的模式,使教研活动的效果有了质的飞跃,促进团队老师形成反思实践的能力,促进了教师的专业成长;而观察者们提供的这一组真实有效的资料,尤其是将着眼点放于学生,以生为本,使得执教者更为客观立体地审视课堂教学,进而完善教学方案,使之更为扎实、有效,真实地促进学生的发展。

**(三)第三次设计+整理反思——专家引领+反思提升**

我们开展课例研究,探讨课程实施中的困惑与成功,研究教学中的疑难问题,共同寻求解决问题的策略和方法,形成教学实践智慧。但是,形成的实践智慧可能囿于经验,缺乏稳定的知识结构和主体间的认可,这需要研究人员或专家从理论上提出问题,帮助我们将实践与各种知识基础联系起来,从而促进专业水平的提升。所谓"专家引领",就是在课例研究的过程中,教师在专家的帮助指导下梳理专业理念,引领自身的教学行为,激活教师参与教研的内驱力,并逐步形成自我发展、自我提升、自我创新的机制,有效地促进教师专业化发展。[1]它是专业的纵向引领,是理论对实践的指导,是理论与实践之间的对话,是理论与实践关系的重建[2]。

专家的引领和点拨,使得我们重新反思整个课例研究过程。在反思

---

[1] 曾国强. 新课程需要什么样的专家引领 [J]. 新课程研究,2006(6):52—53
[2] 李琳,李雪梅. "专家引领+同伴互助+自我反思"教研模式初探 [J]. 课程教材教学研究,2011(11—12):49—51

中,我们不断思考,不断提升。其一,更新教学理念。从教师的角度来讲,加强理论学习,并自觉接受理论的指导,努力提高教学理论素养,这是教师从教书匠通往教育家的必经之路。所以借助专家的外力,采用不同方式、方法、途径对教师进行深入的理论指导,为我们的实践研究注入新的活力,是十分必要的,同时也是教学研究向纵深可持续发展的关键。其二,获取新的方法。基于真实的课堂研究,我们必然要面对许多意想不到的复杂问题和矛盾,有的甚至是一时无法解决的。专家的现场诊断,改变了过去那种脱离实际、回避矛盾的"象牙塔"式的研究,和我们共同搭建了一座"田野式"的工作平台,一些新方法、新思路打破了教师们的思维局限,打开了新的教学思路。其三,激发后续研究的动力。因为我们的工作性质以及所处的理论层次,决定了相当部分教师无法及时总结自己的实践。我们渴望专业人员的指导和帮助,以更理性、更有效地指导自己今后的实践,并与同伴沟通和分享。[1]在课例研究的过程中,专家帮助教师发现问题并及时反思,促进教师将问题转化为课题,并进行科研方法方面的指导。时间久了,教师就会增强研究的信心,体验到研究的喜悦,教师的研究能力就会逐渐提高。

这种"三次设计两次打磨"循环上升的课例研究方式,研究真实鲜活的课堂教学,对于课题研究具有极其深远的作用。在活动中,团队老师们反思改进,完善课堂教学,使之达到"学"与"教"的和谐统一,确保教学焕发生命活力,充分体现了教研活动的价值。

**二、小学语文课例研究的实施策略**

无论是实施哪一种课例研究模式,最终的落脚点肯定是为了促进教师更好的"教"与学生更好的"学"上。研究策略是双向的,有教师的"引"

---

[1] 曾国强. 新课程需要什么样的专家引领[J]. 新课程研究, 2006（6）: 52—53

与学生的"学",构成的策略研究贯穿整个语文课例研究的全过程。

### (一)"循环改进"式策略

"循环——改进"式策略贯穿于课例研究的整个过程。无论是同课异构,还是同课同构,一个课例研究的开始,首先是进行集体备课,之后交备课组讨论,最后形成一个合作教案,然后由一至两名教师执教。这样,个人构思——集中交流——研究讨论——达成共识——形成教案,然后备课组全体成员组织听课,课后针对教学中存在的问题和不足面对面探讨交流,进行再次修改,反复实践,直至满意,形成"探究——实践——再探究——再实践"螺旋式上升的态势。这种教研活动方式既发挥了个人才智,又强化了合作意识,实现了真正意义上的资源共享,可以快速促进教师的专业成长,有效提高教育教学质量。同时,在研究的过程中,教师共同设计课例、反复修改,通过对自己和他人教学行为的反思与交流,在无形中发展了合作能力。[1]

例如上个学期,三年级语文老师开展了循环实证式的课例研究,围绕"有效阅读策略"这个主题,四人同上《燕子专列》一课,我们先对学生进行课前测试,了解学生阅读中产生的疑点、难点和忽略点,然后运用阅读策略指导学生进行有效阅读。一名老师执教后,团队成员提出存在问题和改进建议,再由第二名老师上课,以此循环,到最后不仅呈现了精彩的课堂展示,更是摸索出了有效阅读策略的一些指导方法,效果显著。

### (二)"学中提高"式策略

课例研究打破了教育理论与教学实践的二元对立,突出教学实践性知识,但这并不意味着教育理论在课例研究中不重要,相反,没有教育理论作为教师行动与思考的支撑,课例研究只能在低水平上重复。在进行课例研究的过程中,执课老师的课堂教学不是常态课的模式,听课教师也

---

[1] 陈艳秋. 提高校本教研有效性策略研究 [J]. 宁夏教育科研, 2013 (3): 21—22

不是泛泛地听课,每一位教师都要事先明确自己的角色定位,从不同层面对课例进行研究分析。在这个过程中,课例研究需要执教者具有对课的设计方案予以解释的能力;听课教师要有课堂观察的技巧、收集数据的方法、分析课的策略、课堂记录的方法以及最后研究成果编写的能力等。因此,在教育理论学习基础上提升教师自身课例研究的能力,是课例研究获得深入发展的内在动力。

每个学校、每个学期确立的研究主题有所不同,因此小学语文活力研修团队的老师们都要认真研读相关的专业书籍,掌握该主题下最新的教学理念。不仅如此,学期初我们都会定期学习《语文课程标准》,明晰年段教学目标,精准课时教学目标,有的放矢地开展课例研究。如一学校研究小学语文"学教式"的阅读教学,为此团队老师们阅读了《静悄悄的革命》、《高效率教学》等书籍,快速提升了自己的专业理论,为开展课例研究打下了扎实的基础。

### (三)"思中提升"式策略

后现代主义提倡教师在行动中反思,对行动进行反思。教师反思的结果是自身认知发生变化,形成教师的个人智慧和实践知识,表现为教师个体专业信念、专业知识、专业能力得到提升。课例研究为教师提供了反思的空间。教师通过合作同伴的眼睛审视自己的教学,在课例研究中提升自我、超越自我。另外,教师在共同进行课例研究的过程中,基于不同视角的思考和分析,互相听取不同意见,这些都促进了教师不断反思。"一个研究课例就像一面镜子,真实地反映出教师在课堂的教学行为",当这面镜子再次出现在教师面前时,这本身就是反思的基石。

美国心理学家波斯纳提出教师成长的公式:经验+反思=成长。他还进一步指出,没有反思的经验是狭隘的经验,至多只能形成肤浅的知识。教学反思对于教师专业教学水平的提升具有一定的意义,也是目前教育专家认可的观点。"课例研究"是一种持续反思，用来改善教学。教师们在研究小组中，不断自我思考，大家共同讨论，识别自身的缺点，虚心接受他人的批评，并在相互交换意见、相互理解、构成意见中深入思考，使得教师的教育实践知识和智慧不断发展和持续增长，从而促进教师专业成长。

比如为了达到某个教学目标，几位老师会采用不同的方法，在观察研究中我们就会发现某一种更利于学生接受。之后遇到同样的问题时，我们就会反思是不是该换一种方法试试，是不是还有更为合理科学的方法。有时同样的教学设计放在不同的班级，会呈现出截然不同的效果，我们也会反思，设计教学方案之前是不是应该深入而细致地了解一下我们的教学对象。就这样，我们在实践中摸索着，在反思中提高着，这使得我们的团队成员有了敏锐的问题意识，找到了研究的行动指南。

### （四）"疑中生研"式策略

亲历课例研究，一线教师既是实践者，也是研究者。在研究的过程中，我们逐渐发现"问题即课题，教学即教研"。一方面，我们在行动中反思，在课例中反思，由表及里，发现自己或他人在教学中的亮点和缺点，取长补短；另一方面，我们在课例研究中秉承一种科学的探索、创新精神，不断地研究新情况，探索新模式，构思新方法。在研讨中，我们学会了质疑，在质疑中不断追求真理。我们不断从教学情境中提炼出具有代表意义的"关键事件"，这些具有典型性、集约性、突出性的小问题、小麻烦，成了我们细细钻研、深入探讨、不断追究的颇有价值的小课题。通过理论学习、专家指导、教学实践与反思，求得问题的解决，并在问题解决的过程中不断积累经验，提高教师自身的教学能力，促进了教师的专业发展。

如四年级胡老师在执教《触摸春天》的时候，其中有一个环节是在初读课文后让学生说说课文大致讲了什么内容。第一次执教时，她没有做任何铺垫,直接抛出问题:谁能说说课文讲了一件什么事?根据观察老师们的发现,学生思考片刻后,举手想表达的仅三四人,而表达流畅的仅一人。第二次执教时,胡老师将问题分解成若干个小问题:A:时间?B:地点?C:人物?D:她做了什么事?E:看到这件事情后,作者的反应?让学生挑几个回答,许多人跃跃欲试。之后再让学生将主要内容串联起来说一说时,观察者发现至少有 3/4 的学生已经达成了这个目标。就是这样一个细小的问题,引发了我们的思考——第二学段的学生在提炼课文主要内容的时候,应该搭建一些支架;再进一步进行研究——针对不同的文体,我们应该搭建怎样的支架。于是,四年级老师研究的航标就有了,课题也渐渐浮出水面了。

## 第六节 小学语文活力型研修课例研究的深化与延伸

小学语文活力研修团队开展主题课例研究两年来,针对学校教研特点,从教师团队实际情况出发,将学校需求与教师需求相统一,梳理出研究主题,充分发挥专家引领、团队合作、集体互动等作用,使全体语文教师从中受益,提高教研活动质量。同时教研团队还建立了活动管理机制与考核机制,激励教师积极进行课例研究。在课例研究的过程中,教师积累了第一手的教学资料,不断提高教学能力和反思能力,课例研究之后又延伸出不少新的课题,值得我们进一步探索研究。

## 一、课例研究的资料运用

小学语文活力研修以典型课例为载体,在集体备课、合作设计教学环节、教师观课、记录教学实录、分析学生学习情况、讨论反思的循环过程中收集到了许多第一手资料。如何利用好这些宝贵的原始资料?

### (一)实践应用,服务教学

课例研究活动分主题进行,历经"三次设计两次打磨",团队教师全员全程参与,研读教材及新课标、分析学情,在一次次地深入文本后明晰教学目标、修改教学设计、打磨教学环节、呈现教学常态、深度探讨反思,最后形成图文材料,以图片、文字形式整理、记录课例教研活动,真实呈现教研全过程,这就是课例研究报告,日积月累,就能慢慢建立学科课例研究资源库。这样的教学资源得来不易,融入了团队教师共同的思考与交流,每位教师都参与其中,研究过、思考过、体验过,才是真正的学有所得。

教师可以借助课例研究资源库进行日常的教学活动:有时是直接使用现成的教学设计、课件进行教学;有时是同主题、同文体文本的借鉴学习;有时是教学片段、教学策略等部分参考运用。这样的课例拿在手上,不再是简单地照搬照抄,而是有思考、有选择地用资源,学以致用,通过实践操作验证课例反思,服务教学。同时教师也可以把自己使用、借鉴课例的收获及困惑补充到原有的课例报告中,让课例资料更丰富、更多元。这样的循环往复才是真正的资源共享。

### (二)理论提升,引领科研

课例研究不单为学校教师建立了教学资源库,每一次主题课例活动都是现成的科研资源,为教师提供科研主题、科研素材、科研方向、科研资料等,值得充分利用。

#### 1. 整理提炼,撰写论文

课堂教学时间有限,教师现场的思考是零散的、点状的,没有经过系统的梳理,教师要在活动结束后花一些时间对教研主题、课例教学、教师发言进行整理,并对自己的思考进行提炼,形成文字。还可以找一些相关的书籍,为自己的思考找到理论依据,在日常教学中探索实践,撰写成案例或论文,真正做到教科研一体。

2. 结合实际,形成专题

在撰写课例报告、教学论文的基础上,教师还可以结合自己的教学实际,选择有价值的主题,如"教师如何在课堂上检查预习情况","教师如何通过有效提问落实教学目标"等进行专题研究,让科研源于教学,为教学服务。

3. 积累资料,申报课题

教师通过小专题研究不断积累资料,同时也不断提升自己的理论水平与科研能力。教师可以根据研究专题,申报相应的课题或学校子课题,进一步进行实践探索,让课例研究引领科研,科研服务教学,做反思型、科研型教师。

(三)发展推广,丰富教研

语文活力研修团队尝试开展主题性课例研究活动后,收到了很好的效果。课例是真实的呈现,是研究的载体和主要内容,是实际的教学例子。教师在共同学习、合作交流、批判反思的过程中共同进步。特别是教师的反思能力得到了很大提升:第一,反思表达由原先的简单语言对事件描述或使用教育学术语给事件贴标签的状态到现在能够使用教育规律、教育理论对现象做出解释,并在解释过程中考虑学情、学科特点。第二,反思内容从原先的关注一个环节、一个片段的"点"到现在能从学习策略运用、学习能力提升等深度分析。

鉴于此,语文活力研修团队面向全校教师开展了课例研究的示范教研活动。课例研究作为一种有效的教育实践模式得到全体教师的认可,其他教研组也加入进来，共同探索、参与课例研究活动，这也为学校校本研修活动注入了新鲜血液，彰显活力。

**二、课例研究的经验辐射**

课例研究的辐射效应是指以一个主题、一门学科、一个学校的课例研究活动为基点，通过其较强的团队、资源优势，带动其他学科、周围学校课例研究的良性发展。小学语文活力研修的课例研究活动从最初的一门学科，辐射到其他学科，从一个学校，慢慢壮大到几校联合，并带动了区域层面各校语文教研的专业发展。

**（一）主题辐射，专业引领**

如语文活力研修团队开展以"小学生阅读策略研究"为主题的课例研究以来，关注不同学段、不同文体的阅读策略运用，关注学生语言运用能力发展，从教学设计、课堂监测、课后反思等多环节入手，真正以生为本，关注学生阅读能力的分层提升和整体提高。活动过程中"阅读策略"的主题辐射到目标制定与达成、教师评价、学生回答、练习设计等各个环节，为教师日常教学工作提供蓝本，从理念更新、环节设计、课堂落实到最后效果反思，这种形式真正地点燃了教师的研究激情，课例研究为日常教学服务。

**（二）团队辐射，校际联动**

课例研究充分利用教师团队力量分工合作，在量上做减法，在质上做加法，以学校为核心，以区域为平台，校际联合，开展跨校教研，如同一主题各校选择课例，进行团队合作研究，再联合开展课堂教学展示，呈现课堂观察分析、点评，汇报课例成果，交流学习。这样区级层面联动辐射，通过多形式的联合，整合区内教育资源，加强校际间教师团队的交流，促进共同发展。

### （三）成果辐射，良性循环

课例展示只是研究成果的一种呈现方式。除此之外，课例报告的撰写、反思性论文的交流、教研模式的呈现等都是课例研究的成果。在此基础上，研究活动开始前，教研组就会根据研究主题从个人规划、书目推荐、阅读交流、教学监测分析多维度关注教师专业成长，每个教师可以根据自己的实际情况、自己的思考角度定位自己的成果展示形式，这也将成为团队共享的资源。从课例、论文到小专题研究；从一个小专题，到专题序列化；从校级课题到省市级大课题、系列子课题，成果辐射，让资源利用最大化，并形成良性循环，为活动的可持续性发展提供保障。

### 三、课例研究的形式变体

课例研究开展以来，形成了多种形式变体，如课例作为研究成果的表达形式，课例作为研究对象，课例作为所研究问题的载体，课例作为研修内容或研修方式等。

### （一）课例作为研究成果的表达形式

这种形式是教师们熟知的，教师团队集体备课、研课，最后以展示课呈现研究成果。教师对教学内容、教学方法乃至教学理念的思考、探索和理解，通过教学录像、教学实录或旁听者的听课笔记等得到固化并比较真实地留存下来。[1]

如一基地学校小学语文活力研修团队开展课例研究活动以来，分年段、分团队，通过"三次设计两次打磨"，呈现出许多有研讨意义的主题课例。如：以文体特色见长的科普短文《蝙蝠和雷达》；以提问阅读策略引领的《为中华之崛起而读书》；以课堂口语表达设计为切入口的《文成公主进藏》等，为教师日常教学提供了范例。

---

[1] 王荣生,高晶.课例研究：本土经验及多种形态（下）[J].教育发展研究.2012(10):44.

### （二）课例作为研究对象

作为研究对象的课例，可以是现场的，也可以是录像课、教学实录；可以是完整的一堂课，也可以是十分钟左右的微课；可以是成功的足以作为范本的"名课"，也可以是有偏颇但有追求的"创意课"，甚至可以是反映较为典型的教学现状的失败的"常态课"。有时教师也可以把同一文体的多堂课例或同一课题的几个课例收集起来，作为群体研究对象，相互比较，寻找其共性与个性，取长补短。这样的课例研究，也可称为课例分析。

如王荣生教授认为：在语文"课例研究"中发展出"从教学内容角度观课评教"的五种样式：1. 名课研习。细致解析优秀语文教师的名课，供语文教师研习。2. 课例探讨。由一堂探索课或实验课延伸到执教者在理论和实践上的某种"主张"，揭示其在课程论上的意义。3. 课例评析。评议较为典型的课例，从学理上分析语文教学中普遍存在的问题。4. 课例兼评。分析语文教学的某种现象，兼及对一些课例的评议。5. 课例综述。收集某一篇课文相当数量的课例，对其教学内容作较全面的扫描并加以专题评议。不同的样式，表明作为研究对象的"课例"有不同的性质，也要采用相应的研究方法。[1]

### （三）课例作为所研究问题的载体

小学语文活力研修团队开展的课例研究活动，以主题目标引导，借助一系列的课例研究来解决主题性问题，并通过教学实践来检验。

比如江东第二实验小学的语文研修团队开展让学生学会预习的课例研究，通过课始的前测检测学生预习情况，并以此为基点展开教学，提高课堂教学时效性。这样主题与具体的教学内容对接，由此，中高段开展"以学定教"阅读教学研修主题，进行长期研究。

---

[1] 王荣生.语文课例研究及其样式[J].语文教学通讯,2007（10）

## （四）课例作为研修内容或研修方式

这样的课例研究又称课例研修,指将课例研究作为研修的内容,或以课例研究的方式来组织教师进行研修活动。[1]此类课例研究侧重在研究的经历和研究方法的掌握,强调"做中学",在课例研修过程中学习课例研究。

课例研究的多种形式变体相互联系又相互区别,学校可根据实际情况加以选择实施,可以单独操作,也可以联合、交叉运用,意在促进教师的专业成长。

---

[1]王荣生,高晶.课例研究:本土经验及多种形态(下)[J].教育发展研究,2012,(10):48

【课例研究报告】

> 　　课例研究是教师成就专业发展的一种实践研究途径,是教师们在做中学习、改进、提高的过程。小学语文活力型校本研修的课例研究一般以"三次设计两次打磨"过程为基本形式。下面《自选商场》课例研究报告就是如此。课例研究为教师提供了集体观察、诊断、分析、交流、改进的研究平台,当活力研修团队的教师们以课例为载体,思考、表达和解决课程实施中的困惑与成功,教学中的疑难问题及解决问题的策略和方法时,便促使了教师之间相互学习、分享经验,反思、探讨与教育教学实践有关的问题,从而提升了研修团队的实践智慧。不过,限于篇幅并顾及大家的阅读感受,我们有的课例研究报告只呈现两次设计(实录)的过程。

## 创设生活情境,在合作中快乐识字
### ——一年级上册《自选商场》第一课时课例研究报告

宁波市江东外国语实验小学　一年级语文组

### 一、研究背景与主题

优化一年级识字教学,引导学生轻松、快乐地识字,提高识字教学的效率。

研讨点之一:如何让枯燥的识字教学鲜活起来?

结合一年级孩子的特点,抓住家长开放日这个契机,我们一年级的老师选择了生活味浓厚的识字课《自选商场》,创设生活的情境,开展游戏识字来激发学生识字的热情。

研讨点之二：如何开展同桌合作？

同桌合作是一年级课堂教学中常用的一种学习方式。这种学习方式既能促进孩子们之间的互相交流又能活跃课堂气氛，调动孩子的学习积极性。结合本课的识字特点，确定用点读词语小卡片的形式进行同桌合作。

## 二、研究过程与发现

### 研究团队

顾晓艳（组长，活动安排）

屠洁（组员，一度备课，第一次磨课）

毛倩晗（组员，二度、三度备课、上课，整理案例报告）

徐奕（组员，课堂观察，整理资料）

**研讨时间**　2013年11月11日—2013年11月28日

**研究过程**

······ 第一次教学 ······

**教学目标**

1. 认识12个生字和两个偏旁，激发在生活中主动识字的乐趣。
2. 了解商品的分类，学习用"有……有……还有……"句式说话。
3. 正确书写"牙"字。

**教学重点**

认识12个生字。

**教学难点**

激发识字热情。

**课堂实录**

(一)导入学习

谈话：小朋友们，你们喜欢逛超市吗？为什么呢？

(预设：我喜欢逛超市是因为超市里可以买到很多我想买的东西。超市里我们可以自己挑选自己想要的东西。)

看来大家都很喜欢逛超市，超市有另外一个名字，你们知道是什么吗？(出示课题：自选商场)

(二)学习课题

1.谁能叫出它的另一个名字？(生读题)

你的声音非常洪亮，而且有两个字的翘舌音读得特别准。当小老师带领大家读一读。

2.认识"商"、"场"

(1)自选商场里藏了两个字宝宝，瞧，是它们。(出示"商")

你能读准它吗？(指生读)

(2)另一个是(出示"场")，请你带大家读。

(3)我们一起来叫叫它的另一个名字。(齐读"自选商场")

(4)你去过哪些"自选商场"？

(预设：我去过"三江"自选商场、"沃尔玛"自选商场。)

(三)创设情境，认读词语

是的，你们都去过很多自选商场。今天，老师也要去自选商场采购东西。去之前，我列了一份购物清单。你能帮我看看上面都有哪些商品吗？

出示(带拼音)

miàn bāo　niú nǎi　huǒ tuǐ cháng　yá gāo　máo jīn
　面　包　　牛　奶　　火　腿　肠　　牙　膏　　毛　巾

xǐ yī fěn　qiān bǐ　chǐ zi　zuò yè běn
洗　衣　粉　　铅　笔　　尺　子　作　业　本

1.自读：先自己读一读，看看你认不认识它们。

2. 读完的请坐端正。你坐得真端正。请你先来读。

小老师带读:请你把你读得最棒的一行读给我们听。

你读得真准,带领大家读一读。

请你来做小老师,自己选一行。指生读。

请你来做小老师,自己选一行。指生读。

3. 你们都会读带拼音的商品了,现在去掉拼音你们还会吗?有没有人能一口气读出来的?

还有没有同学想再来PK一下的?

4. 下面我们来开一开小火车,读读这些词语。

5. 有小朋友还想读的,请你拿出课桌里的小信封,右边的同学随机地从信封里取出商品请左边的同学读,左边的同学读完了,两人交换。

评析:同桌合作的细节不够具体,操作时还会出现预设不到的小问题。因此,在合作的规范上要进一步细化,让合作更有效。

(四)认识生字

1. 购物单上的商品咱们都认识了。但是去掉商品中的其他字,只剩下生字,你还认识吗?

谁来读一读?指生读。

2. 生字中,我们要认识几个偏旁。"奶"的偏旁是什么?

生:女字旁。

还有哪些字带有女字旁?

妈,好,她。

3. 大家说得都很棒。老师给大家带来了一件小礼物,看,它是一支毛笔。你用手摸一摸,上面是什么做的?下面是什么做的?

(预设:上面是竹子,下面是毛做的。)

所以,你能告诉我怎样记住"笔"字吗?

(预设:上面是个竹字头,下面是毛,合起来是笔。)

你还知道什么笔?

圆珠笔,钢笔,水笔。

4.你还能用什么方法记住上面的哪个字?

本:木加一笔。

(五)分类

1.认识了词语和生字宝宝,我们要开始选购了。商品就在老师手中,你读得对,就把商品送给你。

(随机发卡片)

2.我们在商场逛了一圈,找到购物单上的东西了,我想先买食品。

(师生问答——

食品,食品,在哪里?

面包来了,火腿肠来了,牛奶来了。

我还买了学习用品,学习用品你在哪里?

我还买了生活用品,生活用品你在哪里?)

3.买了这么多的东西啊。有食品,有学习用品,有生活用品。

4.请你用"自选商场里的东西真多,有……有……还有……"说一句话。

(六)书写

1.字宝宝现在要回家了。看,巾回到了田字格里。仔细观察,怎样才能把巾字写漂亮呢?

(预设:最长的一竖在竖中线上,是悬针竖。两边要匀称。)

2.(师):我们一起来写巾字,老师示范,(生)我来书空。

3.请你打开课堂作业本,描三个写三个。

## 观察发现与教学建议

针对屠老师的第一稿教学设计和教学实践,团队成员针对主要研讨点进行了热烈的讨论。现将主要问题研讨概括如下。

[问题一]如何丰富识字的形式?

顾晓艳:采用多种识字方法,如组词法、熟字加偏旁、熟字减偏旁。

毛倩晗:可以创设生活识字的情境。

徐奕:可以适当拓展延伸,丰富识字教学。

[问题二]如何让同桌合作有序起来?

顾晓艳:细化合作指令,师做好示范工作。

[问题三]如何评价学生的书写?

顾晓艳:采用星级制。

······第二次教学······

过程实录略。

**观察发现课堂的积极变化**

顾晓艳:这次的试教同桌合作有一定的效果,教师的操作也比较规范,激发了学生的识字兴趣。

徐奕:同桌合作的指令非常清楚,每人一套小卡片使每个孩子都能动起来。

毛倩晗:这次的同桌合作是成功的,课堂上活而不乱。

**基于问题的进一步改进建议**

针对屠老师的第二稿教学设计和教学实践,团队成员针对主要研讨点进行了热烈的讨论。现将主要建议归纳如下。

[问题]要保证几分钟的书写时间?

顾晓艳:一年级的书写时间要保证,留出足够的书写和评价时间。

毛倩晗:教师要有调控能力,至少保证8—10分钟的书写时间。

**上课教师的教学反思与设计新教案**

《自选商场》是一年级上册识字二中的一篇课文。第一课时的目标,我将其设计为通过同桌合作、举卡片等多种方式认识本课中的12个生字。会写"牙"字,让孩子了解自选商场购物的方式,同时教会孩子生活中识字的方法。

在本课时中,我采用了认读商品卡片,用商品卡片将物品归类的形式来达到以上所说的目标。首先,用你点我读的同桌合作形式让学生会读商品,认识生字。其次,采用看图举卡片的方式,对几个难认难记的商品进行复现和巩固。再用读商品发卡片的形式,反复地让学生记忆,同时以期能提高孩子的课堂学习积极性。

最后在商品分类上,通过送学生卡片的形式,完成这个教学环节。其实,从整个过程上来说,教学内容不多,认识商品,能够叫出商品名称,就是这些活动和形式所要完成的大部分教学内容。

这节课的呈现过程让我从中明白和领悟了以下几点:

第一,要组织有序的课堂,特别是在采用卡片活动的形式下,必须做到教师语言的明确化、指令的清晰化,同时符合一年级孩子语言接受的心理,简短化,生动化。只有这样,才能做到不乱,有条不紊。

第二,节奏需紧凑,过渡要有趣自然。节奏紧凑不仅能提高课堂教学的效率,而且能有效激发学生的学习兴趣,在短短的一节课内达到教学容量的最大化。

第三,语言上富有故事性,语音上抑扬顿挫,有高低起伏,才能有效吸引孩子的注意力。

第四,有效的评价让活动能高效进行,及时的小组激励才能使得课堂活动富有秩序,动静结合,显示出秩序中的活力。这些是我在课堂教学过程中所要继续努力和改进的。

(屠洁老师)

······ 第 三 次 教 学 ······

**教学目标**
　　不变
**教学重难点**
　　不变
**教学流程**
　　(一)看图谈,话导入课题
　　(二)创设情境读词语
　　1. 请帮玲玲小朋友买商品。因为她的妈妈生病了,她想帮妈妈去自选商场买东西。你愿意吗?玲玲妈妈给了她一份购物清单,上面是要买的商品。你都认识吗?
　　借助拼音,先自己读一读,读得最认真的请他做小老师带大家读。
　　谁当小老师带大家读第一行?(指名读)
　　谁当小老师带大家读第二行?(注意"巾"是前鼻音,再来叫叫这个商品的名字——毛巾)
　　最后一行谁当小老师?(注意"尺子"都是整体认读音节,"尺"翘舌,"子"是平舌音,轻声,这件商品谁再来读一读?)(指名读,齐读)
　　2. 认读词语
　　(1)你们都会读带拼音的商品,有信心来读一读不带拼音的吗?这么有信心,请一列小火车来开一开——小小火车哪里开?开到这里来。
　　(2)还有很多同学也想读一读,别着急。老师这有个大信封,信封里藏着这9件商品的名称,我把它们取出来,排成三行三列。(板贴词卡)
　　现在请你轻轻地从课桌里拿出小信封,照着老师的样子,将小信封里的9件商品整齐地在桌上排成三行三列。排完的请坐端正。看谁又快又安静。
　　(3)你点我读:现在右边的同学手点着自己桌上的商品,请左边的同学读。读对了,夸夸他(她);读错了,帮帮他(她)。

左边同学读完了,换右边同学读,左边同学点。(随机评价)

(4)小伙伴们合作真守规则。商品娃娃很喜欢大家,决定跳出来和你们见面了。第一件商品是——牙膏。牙膏牙膏在哪里?

(和学生一起举起牙膏卡片)牙膏牙膏在这里。

学着老师样,轻轻将它放回原位。(老师在词卡黑板上取和放)

第二件商品是——洗衣粉。洗衣粉洗衣粉在哪里?

(生举卡片)洗衣粉洗衣粉在这里。

第三件商品是——火腿肠。火腿肠火腿肠在哪里?

(生举卡片)火腿肠火腿肠在这里。

(训练学生学会坐在座位上举卡片)(随机小组评价)

大家玩得真开心。把商品卡片收起来放进信封里,看谁又快又安静。(老师快速收卡片)(随机评价)

3. 巩固识字

4. 商品分类

(1)认识了购物清单,购物就要开始了。玲玲想买的商品,老师刚才已经送到了九位小朋友的手里,现在玲玲想买吃的。吃的吃的在哪里?(生:吃的吃的在这里。)一起读词语。这三件商品都属于——食品。

(2)她还是爱学习的孩子,想买点学习用品。学习用品在哪儿?(生:学习用品在这里。)

(3)还有三件商品,也请送上来。想一想,它们属于哪一类?(生活用品)(指名说。)

(4)练习说话

①范例引导:自选商场里的食品真多,有面包,有牛奶,还有火腿肠。

②指名说话

自选商场里的生活用品真多,有(　　),有(　　),还有(　　)。

自选商场里的学习用品真多,有(　　),有(　　),还有(　　)。

③每人选一句和同桌小伙伴互相说一说。

5. 书写指导

6. 拓展生活识字

今天我们认识了那么多的商品名称,平时,我们还会经常去商场购物,可以认认包装上的字宝宝哦!

板书:

自选商场

面包　牛奶　火腿肠

牙膏　毛巾　洗衣粉

铅笔　尺子　作业本

(三)研究结论与反思

在这次活动中,我们在顾老师的引领下,群策群力,收获颇丰。

收获一:让枯燥的识字教学鲜活起来!

识字教学是低段语文教学的重要任务。由于每篇课文的识字量大、学生的识字基础参差不齐就使一部分孩子"吃不下",一部分孩子"没兴趣吃"。再加上识字是枯燥的,枯燥的事情是不会引起孩子的有意注意的。

家长开放日选课时,我们几个老师不约而同地选择了识字课。我和屠老师选的是《自选商场》。本课的内容贴近生活实际,很容易引起学生的共鸣。屠老师设计了同桌合作读卡片、举卡片的游戏,受到学生的喜欢。我创设了"购物清单"的生活情境和"词语迷宫"的小游戏也激发了学生的识字热情。顾老师把我们两个的识字方法结合在一起,进行优化,适量拓展。上课时,我和家长们都感受到了课堂上活而不乱的气氛,孩子们学得很开心。

收获二:让同桌合作有序起来!

同桌合作是一年级课堂教学中常用的一种学习方式,这种学习方式既能促进孩子们之间的互相交流又能活跃课堂气氛,调动孩子的学习积极性。为了不让同桌合作流于形式,我和屠老师试教了三次。在第一次和第二次的试教后发现最难的环节是"同桌合作点读卡片"和"师生交流举卡片问答"这两个环节,课堂氛围太活跃了,教师很难控制纪律。幸好教研员黄老师给我们指点了迷津,顾老师又把操作的环节细化,从教师示范贴卡片、学生学着摆卡片,到先由右边的孩子点,左边的孩子读,再交换读,同桌评价,最后听教师的口令举卡片、放卡片等一系列环节紧紧相扣,有条不紊。第三次试教的效果明显出来了,同桌合作原来也可以这么好玩,这么有序。

> 《守株待兔》这一课例研究报告清楚地呈现了课例研究以一篇课文为基础,研究一类课文——第一学段寓言类课文的教学策略。在这样的研究过程中,教师们对寓言教学的目标确定逐步清晰,教学板块的设计逐渐走向简约明朗,由此提升了对小学阶段寓言这一类课型的教学认识与教学能力。

# 第一学段寓言教学策略研究
## ——二年级下册《寓言两则》之《守株待兔》课例研究报告
宁波市江东实验小学  季佳赟

### 一、研究背景与主题

寓言的教学往往"得意而忘言",以人文教化为价值取向,以从文本中获取人文内涵为核心目标。但是 2011 版《语文课程标准》中明确指出,语文课程应着力引导学生丰富语言积累、培养语感、发展思维,初步掌握学习语文的基本方法,养成良好的学习习惯。因此,我们将研究重点放在准确地把握语文课程基本特点,从语言文字入手,加强基础训练,拓展语言实践,让学生在多次实践中获得言语智慧,同时也得到人文精神的滋养,力求人文性与工具性同生同构,相得益彰。

《寓言两则》选自二年级下册第七单元第三篇课文。这个单元的课文围绕"要正确看待问题,善于思考"专题展开,学习者又是第一学段的学生,第一次接触寓言,对理解蕴涵在其中的道理显然存在难度。于是在课堂教学中,我尝试引领学生真切地感受生动的人物形象,让原本简单的故事轮廓变得细腻丰满。只有真正体会寓言故事的生动有趣，才能真正领悟其深刻的寓意。

## 二、研究过程与发现

本次研究基于第一学段寓言教学过程中的难点和困惑，查阅了相关文章，前后经历了多次教案设计及修改。其间，凝聚了教研组多位名师、骨干教师的思考，在特级教师周步新老师的指导下，进行同课多轮执教，发现问题，寻求最佳途径，不断修改教学设计。本次课例研究报告，是基于教研组的课堂观察，依据课堂实录、自我剖析，最后呈现三篇完整的教学设计，一篇完整的教学反思。

······第一次教学······

**教学目标**

1. 结合生活体验、形声字等方法学习"寓"等10个生字，正确认读生字所在的词语和句子，正确书写"守"等9个字。

2. 正确、流利地朗读课文，联系上下文理解词语意思，体会作者用词的准确性。

3. 在读中悟出故事的寓意，尝试讲故事。

**教学过程**

（一）揭题，认识寓言

1. 今天我们要学习一个寓言故事——守株待兔。

师：用短小的故事告诉人们一个做人做事的道理的文章就是寓言，小小的故事里藏着大大的道理，就是寓意。

评析：教学前，设计第一环节，希望出示寓言的定义帮助学生对这种文体有一个初步的了解。但发现第一学段的学生，他们的认知还是以感性认知为主，因此对抽象的概念不能马上理解。

2.指名读题目。

3.看老师板书,伸出手书写。注意守字的写法:一个人寸步不离地待在一个地方,就是守。学生在练习纸上写一写"守"字。

指导写"株"、"待"、"兔",简单地说说"株"和"待"的意思。

评析:写字的教学有些拖沓,有些字可以利用孩子已有的书写经验加快教学速度。而对课题中字义的理解,脱离了文本,应该在具体的语境中,联系上下文加以理解,直接让学生看题目来解释增加了难度,同时,无法让学生习得理解词义的方法。

4.我们把这四个字的意思连起来,就是题目的意思了。请一个同学说一说。

评析:解题的过程脱离了文本,其实,寓言的题目往往高度概括了这则寓言的内容,因此,让学生充分阅读、理解故事的内容,题目的意思就可以迎刃而解了。

5.齐读课题。

(二)初读课文,检查字词

1.自读课文,把课文读正确、读通顺。

2.学习词语和句子

(1)指名读,齐读:忽然　窜出来

读句子:种田人忽然看见一只野兔,从树林里窜出来。

(2)读一读,对于这个"桩"字,你有什么发现?(形声字)

撞　树桩

读句子:不知怎么了,它一头撞在田边的树桩上,死了。

评析:这个环节,引导孩子利用形声字的特点识记"桩"字。这篇课文的形声字很多,可以进行方法的迁移,提高识字效率。

(3)读一读词语:

又肥又大　乐滋滋

再分组轮流读句子:

他白捡了一只又肥又大的野兔,乐滋滋地走回家去。

(4)指名读,注意平舌音和轻声:

从此　锄头

读句子:从此,他丢下锄头,整天坐在树桩旁边等着。

(5)去掉拼音读这些词语。每个词语读一遍。

评析:识字环节从词到句,彰显扎实,但是比较费时,且方法单一。学生经历了几个从词到句的回合,而没有真正进入文本故事情节中,会渐渐失去对学习寓言故事的兴趣。

3.生字宝宝和大家见面了。

守　撞　锄　桩(都是翘舌音)

窜　此(平舌音)

指导写字:肥　桩(打开书,各写两个,不要用橡皮,写好一个想一想,争取把第二个写得更漂亮。)

(三)学习课文,抓住关键词理解故事内容

1.关注故事发生的"偶然"。

(1)故事就这样发生了。示范读课文第一段。请同学们找出一个关键字,告诉我们兔子撞死的原因。(撞)指导朗读。

忽然,看见一只野兔从树林里窜出来。

指名读,齐读。

(2)怪不得它一头撞在田边的树桩上,死了。兔子撞死在树桩上,又恰好被种田人捡到,事情发生的这一切,有点儿——

(奇怪、意外、偶然……)板书:偶然

(3)把你们的感受放在心里,读读这段话。

评析:了解守株待兔的起因,关注兔子撞树的偶然性,教师在教学中牵着学生走的痕迹明显,学生更多的困惑在于兔子为什么会撞到树上。这里,教师还要放时间让学生品读关键词句来理解事发的偶然。

2.关注种田人不劳而获的心情

(1)种田人是什么感受呢?找出一个词,赶紧加上点。(乐滋滋)

(2)请你找出他开心的原因,画出来,读一读。(又肥又大,白捡,没费一点儿力气)

评析:让学生读句子,画关键词找出种田人开心的理由,让学生从不同层面感受种田人的心情。

(3)种田人乐滋滋地想什么呢?在课文中画一画。指导朗读。

要是每天能捡到一只野兔,那该多好啊。

(4)他只想捡一只野兔吗?你怎么知道?(他每天都想捡到一只。)

你觉得他的想法有点儿——(自私,贪心……)

他的想法能成真吗?(不能,哪会每天都有钱掉到我们手里啊!)

是呀,这是一件非常非常偶然的事呀!可是种田人明白吗?他还乐滋滋地想——再读想法。

(5)于是,从此他丢下了锄头,整天坐在树桩旁边等着,看有没有野兔再跑来撞死在树桩上。教师出示四幅图,请学生加时间词。

(早晨,中午,下午,傍晚)他坐在树桩旁边等着,看有没有野兔再跑来撞死在树桩上。

原来"整天"就是从早到晚。再读这个句子。女生读,男生读。

评析:通过出示四幅图,为每幅图加上时间,以此来理解"整天"一词。

(6)他在等兔子的时候,别的种田人在干什么呢?

说话练习:

当人们(　　　)时,他守株待兔;

当人们(　　　)时,他也守株待兔;

当人们(　　　)时,他还守株待兔;

当人们(　　　)时,他仍旧守株待兔。

(7)一分耕耘一分收获。当别人在劳动时,他却在守株待兔,这样的想法就是——不劳而获,痴心妄想。板书:不劳而获。

评析：通过其他农夫和这个种田人的对比，让学生体会到种田人不想劳动，就想白白有所收获，为下一个环节揭示寓言的寓意起到了铺垫作用。学生通过一系列的想象说话，将原本短小精悍的寓言文本进行想象扩充，使种田人的形象也更加丰满。

(8)请你来劝劝这个种田人好吗？拿出练习纸。

我想劝劝（　　　）下锄头的种田人。

★我想对种田人说："你别再＿＿＿＿＿＿，赶快去＿＿＿＿＿＿！"

★★我想告诉种田人一个道理：＿＿＿＿＿＿＿＿＿＿＿＿＿。

评价：揭示寓意，语句通顺。

评析：以小练笔的形式，通过劝说种田人这一形式让学生体会寓言中蕴含的道理，贴合学生的年龄特点，激发学生思考、探究的兴趣。

3. 聚焦一无所获的结果

(1)可是——出示最后一段，齐读。

日子一天一天过去了，再也没有野兔来过，他的田里已经长满了野草，庄稼全完了。

(2)让我们把这个故事刻在心里，回家说给爸爸妈妈听，让大家别再做守株待兔的傻事了。齐读课文。

(四)小结

寓言故事用非常有趣的故事告诉我们一个个道理，小朋友们可以去看看《中国寓言故事》，如《井底之蛙》《刻舟求剑》；还有外国的寓言故事，如《伊索寓言》里有《龟兔赛跑》等。

**观察及反思**

在第一次试教中，我尝试将这篇课文中一些典型的词语现象单独呈现，比如形声字、平翘舌、轻声等。但经过试教，发现词语的教学费时费力，却收效不大。刚刚进入寓言情境中的学生又被硬生生拉出情境，等到学完词语，读好句子，很多孩子对寓言的阅读期待已经减半，不利于后半段课堂气氛的调控。因此，我思考在教学流程中把字词的教学放在故事情境中。通过组内老师的点评，这一课的字词教学还有很重要的一点让我深思，就是如何做到割舍。我们都知道字词是第一学段的教学重点，特别是初读课文，更要落实识字学词的任务，但是否每一个语言现象都要面面俱到，都要孩子扩展积累呢？通过这次教研，我感觉课堂教学一定要从孩子真实的学情出发，学生不会的老师来教，学生易错的课堂进行巩固，省时又省力。40分钟的课堂时间非常有限，除了认读本课生字，授之以鱼，更重要的还是帮学生提炼一些造字规律、识字方法，让教学成为授之以渔的过程。

### 第二次教学

过程实录略。

**观察及反思**

在这一次试教中，我尝试将识字、解词与故事的理解融合在一起，而不再将它们割离开，教学过程更为活泼，学生的学习兴趣也更加浓厚。在理解题目的环节，我尝试让学生寻找课文中表达题意的句子，使学生通过生动的语言形象来理解题目，更是通过圈词的形式，让学生对题目的意思有了准确的了解，化解了解题的难度。

教材选编这篇课文的一个重要目的是通过研读文字使学生了解寓言中蕴涵的道理，提高认识能力。因此在教学中又尝试让学生解读"窜"、感受"美滋滋"等词来一步步探寻寓言隐藏的寓意。但是整个阅读的环节比较琐碎，学生的学习过程还是在教师的规划下摸索着前行，教学目标比较分散。因此，要思考是否结合课后讲故事的任务，在任务驱动下进行教学，提升学生的能力。

······················································ 第三次教学······

**教学目标**

1. 结合生活体验、运用形声字的规律识记六个生字,重点指导书写"守""丢"两个字。

2. 通过进一步朗读、想象说话、交流讨论、写话等形式理解寓意:不能把偶然当成必然,要脚踏实地去做事。

3. 借助图画复述大意,通过小组合作尝试完整地讲述寓言故事。

**教学流程**

(一)揭示课题,学写"守"字

1. 请一位同学读读课题。

一生读《寓言两则》(表扬:字正腔圆)

2. 今天我们要来学习《寓言两则》的第二则,守株待兔,范写"守"字。

3. 一起读读故事名称。

(二)初读课文

1. 理解题意,随文认字

师:这个故事讲什么呢,请同学们轻轻地打开课本翻到第123页,按老师的要求读读课文吧!

1. 认真读课文,注意读准字音,读通句子。

2. 文中有一句话明明白白地写出了守株待兔的意思,用直线画出来。

(1)生自由读课文,师巡视。

课文中哪一句话明明白白写出了守株待兔的意思?(生回答,出示图片和句子)读好句子,强调"从此"的读音。

从此他丢下了锄头,整天坐在树桩旁边等着,看有没有野兔再跑来撞死在树桩上。

(2)是啊,小朋友,"守、株、待、兔"这四个字的意思就躲在这个句子中,轻声地读读,把它们的意思一个一个圈出来。

整天坐——守；树桩——株；等着——待；野兔——兔。

(3)谁能连起来说说题目的意思？小朋友们真会读书。看,树桩(课件图片),大家看看图,记一记这个"桩"字。是呀,"桩"是形声字,左边"木"表意,右边"庄"表音。能用这种方法认认另外两个字吗？(识记：锄头、撞死)

(4)生字词语躲到句子里,还能读好吗？个别读,齐读。

评析：将读准字音、读通句子的检测和识字、解题融合在一起,提高学习的效率。

2.了解故事大意,简单复述故事梗概

(1)读到这儿,对于这个故事你又想知道什么？(这个人为什么要守株待兔？他有没有等到兔子呢？)带着问题再读读课文。

评析：由老师提问转变为学生设疑,彰显了自主、探究的学习方式。

(2)(出示四幅画)老师这里有四幅画,你看懂画的意思了吗？(依次讲四幅画的意思)

(3)请你帮他们排排序,完成学习单上的第一题。学生完成排序,说排序理由,总结：这就是故事发展的经过。

(4)现在你能简单说说这个故事吗？(要求：说清楚)

生个别说,点评要求：说得完整、明白。若有出现关联词等,利用生成资源大力表扬。

生同桌说,点评要求：说得好,为他鼓鼓掌；也可以帮他提点小建议。

评析：增加了将四幅图的内容讲清楚这个环节,在练习的过程中自然而然地了解故事按照事情发展的顺序展开,为下一步将故事讲具体设置了台阶。先将故事按顺序讲得清楚、明白,照顾到大多数学生的学习起点。

(三)研读课文,读懂寓意

1.学习第一段,聚焦"偶然"。

(1)看来这个故事还得从兔子撞死讲起,那么课文哪一自然段写了第一幅图?(第一自然段)就请你来读一读,其他同学听一听,他读得准确吗?(学习"窜"字)

①指导"窜"的读音。读好"窜",读好词语"窜出来"。

②什么是"窜"?(飞快地、慌慌张张地)

出示图,什么原因使野兔会这么慌张地从树林里窜出来?(背后有猛兽追捕)这兔子慌张得(乱跑,乱窜),对啊,像这样飞快地乱跑就是"窜"。

(2)想一想这段我们该怎么读呢,自己先读一读。谁来试着读一读?(指名读)

这窜出来的兔子恰好一头撞死在树桩上,又恰好被种田人捡到,发生的这一切,有点儿——(奇怪,意外,偶然……)板书:偶然

评析:对"窜"字的教学进行了简化,只要理解速度快、乱跑这两个特点就可以。其目的还是让学生总结出事发的偶然性。

2. 学习第二自然段,聚焦"不劳而获"。

(1)就这样,这种田人没花一点儿力气,白捡了一只又肥又大的野兔,他的心情——?文中用了一个词——乐滋滋,你能给"乐滋滋"换一个词吗?(乐呵呵,喜滋滋)

(2)请你找出他开心的原因,画出来,读一读。(又肥又大,白捡,没费一点儿力气)

(3)同学们,这个种田人不但脸上乐滋滋,心里有个更美的想法呢。(生个别读。)

**要是每天能捡到一只野兔,那该多好啊!**

你觉得他的想法怎么样?他的想法能成真吗?(不可能,天上怎么可能掉馅饼啊!)

是呀,这是一件非常非常偶然的事呀!可是种田人明白吗?他还乐滋滋地想——齐读想法。

(4)其实,他就是想——不劳而获(板书:不劳而获)

3. 学习第三自然段,感受"不劳而获"。

(1)是啊,种田人就是这样想的,也是这样做的。

**从此他丢下了锄头,整天坐在树桩旁边等着,看有没有野兔再跑来撞死在树桩上。**

(2)教师引导说话:

一整天过去了,兔子没有来,种田人心想……

第二天,兔子还是没有来,他心里想……

第三天、第四天过去了,他还是坐在那里想……

引读:日子一天一天过去了,再也没有野兔来过。可是种田人还是整天坐在树桩旁边等着,看有没有野兔再跑来撞死在树桩上。

(3)可结果是——齐读:

**他的田里已经长满了野草,庄稼全完了。**

他本想着不劳而获,最后却——(板书:一无所获)

(四)深化明理,拓展延伸

1. 此时,如果你是一位邻家老农,你想对这个年轻的种田人说什么?把你想说的话写下来。(随文教学"丢"字的书写)

我想劝劝(　　)下锄头的种田人:

我想对种田人说:"_____。"

评析:设计了开放式的写话。部分学生停留在劝告种田人不要傻等,赶快去种田的层面上。有些同学在第一层次基础上,更进一步劝告种田人不要想着不劳而获,要通过自己的劳动去收获成果。通过教师的点评,一方面解释了寓意,另外,针对学情,让一部分同学进行再次修改,有了提升的空间。

2. 反馈,师生合作点评,修改。

3. 小结:是啊,做事不能靠运气,不能有不劳而获的思想,不然最后终将一无所获。只有实实在在去做,才能有收获!像这样通过一个生动有趣的小故事,告诉人们一个深刻道理的文章,就叫作寓言。寓言里蕴含的道理叫作寓意。

（五）故事接龙

1. 同学们，《守株待兔》这个故事从两千多年前一直流传至今，今天，我们一起来讲讲这个故事。四人小组合作，每人讲一幅，想一想，怎么讲故事更有趣，合作完成这个故事。也可以选择老师给你的这些词语。

忽然、窜、撞、白捡、乐滋滋、丢下、锄头

2. 小组合作上台讲故事，师生合作点评。

评析：在抓住重点词语研读课文的基础上，有了第一次的练习，这一次学生基本能够根据课文的表达顺序具体地讲述故事，在读懂寓言的基础上，进一步训练了学生有序表达的能力，积累了语言。

### 三、研究结论与反思

寓言是孩子们喜闻乐见的一种文章体裁，常常是以一个假托的故事来隐喻，说明一个深刻的道理。寓言的语言简洁明快，内容生动有趣，还常常采用夸张、拟人化的手法。寓言比任何文本更能促进人类的思维发展，童年期正是儿童从具体形象思维到抽象逻辑思维的发展时期，寓言文本给儿童的思维发展提供了温床。它就如一枚橄榄，越咂摸越能品尝出其中的滋味。经过反复磨课和名师引领，在学生学习过程中把握年段目标，力求体现语文课程工具性和人文性的统一。

（一）以生为本确定目标，选取恰当的教学内容

《守株待兔》选自二年级下册第七单元的课文《寓言两则》。对于还处于第一学段的孩子，通过试教，我发现孩子对于故事内容的理解并不困难，学习的困难在于理解、提炼抽象的道理。如何让孩子读懂寓言中蕴含的寓意，还要从学情出发，这一学段的孩子学习寓言重在故事教化，故事本身的情节给予孩子深层次的心理观照。因此在教学时，我力求让故事靠近学生，让学生走进主人公的内心世界，以此作为理解寓意的重要突破口。比如第一自然段，通过对"窜"字的聚焦，让学生理解兔子撞死在树

桩上实属偶然;接下来,通过对种田人的角色体验,对文本中关键词、句的解读,把握其做法背后的心理世界,进一步感受其想要不劳而获的真实想法;通过结果的揭示了解种田人一无所获的后果,最后让学生以老农的身份来劝诫种田人,学生在情境中有感而发,自然道出故事真谛。钱锺书老先生曾说:"盐化入水中,看不到盐,却尝到盐味。"学习寓言亦如此。只有从学情出发设计教学,才能让寓意的揭示水到渠成,也只有这样的寓意才是孩子心中的寓意。

(二)明确课程性质,注重语言文字的理解和运用

《语文课程标准》(2011版)指出:语文课程是一门学习语言文字运用的综合性、实践性课程。在教学过程中,我以关键字词为突破口,把握内容,体会情感。比如抓住"窜"字体会兔子撞树桩的偶然性;抓住"整天,一天一天"等词的理解,感悟、体会种田人想要不劳而获的内心想法。整篇课文的学习中,都紧扣重点词句,分析人物的言谈举止和心理活动,从而读懂课文内容。在复述故事环节,出示一组课文中的词语,让学生再次对这些词语进行语言的实践运用,在这样的实践过程中,课文的语言也渐渐内化为学生自己的语言。

(三)根据年段特点,夯实识字、写字、词语教学

识字写字教学是第一学段语文教学的重中之重。通过几次试教,我舍弃学生会的,聚焦学生识字的难点,采取由扶到放的形式,鼓励学生自主学习,同时提高课堂效率。比如:"窜"字的教学,经过试教,发现这个字的读音和意思均是学生学习的难点,因此在教学该字时,首先强调读音,读准字到读好词,然后借助情境、图片让学生说说什么是"窜",学生一般理解为"快、慌张"。我又追问:"什么原因让兔子这么慌张地窜出来?"根据学生的推测,引导学生进一步想象兔子慌张得到处乱跑,从而真正理解"窜"字本意,即逃跑、飞快地乱跑,也为学生理解寓意埋下伏笔。另外,"桩、锄、撞"这几个生字的识记,由扶到放,"桩"字采用图文结合方法识字,同时发现形声字的构字规律,学生自主识记另两个生字。在教学中,

注重学生的方法习得,学习独立识字。

(四)从学情出发,倡导自主、合作、探究的学习方式

《语文课程标准》(2011版)指出,积极倡导自主、合作、探究的学习方式是语文课程的基本理念之一。教学内容的确定、教学方法的选择、评价方式的设计都应有助于这种学习方式的形成。在解题环节,我通过让学生读文寻找表示题目意思的句子,然后在句子中圈出"守、株、待、兔"四个字的意思,使学生在自主探究中读懂题意。在复述大意的环节,我首先出示学习单上的四幅画,让学生个别用简单的句子说说画上的内容,然后每个学生根据故事发展的顺序为四幅画进行排序,根据正确的顺序简单说清楚故事大意,在个别指导说清楚的前提下,同桌互相说一说,借助同学间的合作学习夯实目标。再比如在课文最后复述故事,在讲清楚故事大意的前提下,采用小组合作进行故事接龙的学习形式,借助小组合作中的生成资源,将故事讲清楚、讲完整。

(五)关注学习心理,让每个孩子在学习中体验成功

兴趣是最好的老师。如何激发学生的学习兴趣,关键之一就是让学生在学习过程中体验到成功。这也有助于培养学生表达的自信心,使学生更加乐于表达自己的感受和想法。这些都要求我们在评价过程中发现学生的闪光点,以表扬、激励等形式从正面加以引导。同时,针对学习水平不高的孩子,也应在教学过程中给他们一些进步、改进的契机。比如:在写话环节,经过试教,发现很多孩子已经能用自己的话说出寓意,但也有个别孩子还停留在寓言的内容上。所以,在个别反馈结束后,给孩子一些修改的时间,写好了,读一读,给自己鼓鼓掌。这样的设计不但使孩子的知识水平有所提升,还让孩子在过程中体验到成功。在最后的复述反馈环节,在一组孩子讲完故事后,老师引导学生发现每一位同学的优点先夸一夸,再提些建议。这样的细节处理,不但注重方法,同时关注到学习的过程、个体的进步,使每个孩子在语文课上体验到成功。

> 小学语文活力型校本研修的课例研究因人而异。活力研修团员们有的围绕当前小学语文教学中的热点聚焦关键，有的着力解决日常教学中存在的困惑、疑难等，这极大地促进一线教师提高发现问题、解决问题的创新实践能力。
>
> 《一次成功的实验》的课例研究报告即体现了小学语文活力型校本研修把研究的主动权交给教师，让一线教师对课例研究活动的形式和内容也有选择权，由此提高参与研讨的意识和热情，加强思考的力度。

## 从关注内容转向凸显语用

### ——三年级上册《一次成功的实验》课例研究报告

宁波市江东实验小学　方　芳

### 一、研究背景与主题

《语文课程标准》(2011年版)提出：语文课程是一门学习语言文字运用的综合性、实践性课程。这一表述鲜明地提出了"学习语言文字运用"是语文课程的核心理念和主要任务，"语用"这一关键词也应运而生。因此，教师在教学中应引导学生学语言、用语言，将理解课文内容转化为学生个性语言的练习，将分析文章情节转化为学生独特表达的拓展，将感悟文字片段转化为学生内化语言的提升，让学生在多读多写，日积月累的语文实践中体会、把握运用语文的规律,发展语文综合素养。

## 二、研究过程与发现

《一次成功的实验》是人教版义务教育课程标准实验教材三年级上册第八单元中的一篇精读课文。课文讲了一位教育家在一所小学让三个小学生做"逃生"游戏,三个小学生尤其是小女孩,经受住了教育家对他们品行的考查,从而使游戏取得成功的故事。整篇文章通过记叙一次实验表现人物品质,段式特征不明显,语言训练点不清晰,人文味道却很浓郁,大部分教师在教学设计时容易把"讨论感悟实验成功的原因"作为主导目标,卷入"情节分析、人物赏析"的架构中,而把语文的主体性目标依附在情节分析上。为此,我们围绕"凸显语用"这一主题,对这一课的教学展开研究。

·············· 第一次教学 ······

### 一次成功的实验

**教学目标**

1. 读准"锤、获"这两个生字,能写"顺、系、绳、瓶、育、获"等6个生字,通过生活经验理解"不假思索"的意思。

2. 通过串联关键词,初步把握课文的主要内容。正确、流利地朗读第4—10自然段,通过关键词句寻找实验成功的原因。

3. 通过分层练习,复述实验成功的原因,感受成功的快乐。

**教学重点**

通过关键词句寻找实验成功的原因。

**教学难点**

通过分层练习,复述实验成功的原因。

**教学过程**

(一)导入课文

出示词语"实验"。(通过教师评价,初步感知"不假思索"的意思。)

今天，我们学习的课文就和"实验"有关。举起手，和方老师一起把课题写完整。齐读课题。

设计意图："不假思索"是本课要求理解的重要词语，通过导入环节进行自然渗透，让孩子对它有初步的感受。

（二）初步感知

自读要求：(1)给自然段标上序号。(2)读准字音，读通课文。

检查生字：

(1)铅锤　瓶子　（借助图片理解"铅锤"）

(2)获得　顺利　（给"获"扩词，积累好词）

(3)系着绳子　不假思索　（理解"不假思索"的意思，并能拓展造句。）
学生选择部分词语，说一说课文的主要内容。

完成《学习单》第一题：选择词语，填写句子，初步把握课文的主要内容。

同学们□□地将□□□□的铅锤从□□里拉出来，□□的实验□□成功了。

1. 反馈交流，再次练写。

2. 齐读这句话。

设计意图：《语文课程标准》(2011版)在第二学段的"目标与内容"中指出：能初步把握文章的主要内容。因此，在词语学习板块，教师首先引导学生利用关键词自主尝试概括课文主要内容；随后结合写字环节，引导学生进一步感受教师概括得比较精炼的课文主要内容，感知并提升概括能力。

（三）感受实验的规则，寻找实验成功的原因

1. 学习第3自然段，感受实验规则

(1)默读课文，用横线画出实验规则。

他对三个学生说："这个瓶子是一口井，不过现在井里没有水。你们手里拿着的铅锤代表你们自己。井口很窄，一次只能上来一个人。"说完，

他又问："记住了吗?"三个学生齐声回答："记住了。"

（2）教育家是用几句话把实验的规则介绍清楚的？

（3）请三位学生读这三句话，其他同学边听边思考：每句话说清了什么实验规则？

（4）教育家用三句话清晰地介绍了实验规则，让我们一起再来读读它们。

（5）学生借助板书，介绍实验规则。

2. 默读第4—10自然段，寻找实验成功的原因。

（1）师：为什么实验能取得成功呢？请你默读课文第4—10自然段，用波浪线画出关键语句。

（2）随机出示句子，感受实验成功的原因。

预设1：第5自然段。感受女孩的指挥得当，随机进行朗读指导。

预设2：第6自然段。感受同伴的配合，随机进行朗读指导。

预设3：第10自然段。感受女孩的谦让，随机进行朗读指导。

（3）合作读课文第4—10自然段。

设计意图：学生通过找句子、标序号理解内容，逐步体会句段表达的有序；通过圈画关键词句，寻找实验成功的原因，为分层练习奠定基础。

（四）分层练习，说清实验成功的原因

1. 一个实验的成功绝不会只源于一个原因。请你结合板书，或者语文书中的内容，任意选择其中的一个星级题目来挑战一下吧。

2. 当教育家看到这个情景时会是怎样的心情？我们的生活中是否有类似的事情？我们下节课再来学习。

我敢来挑战

★ 我能说出1—2个实验成功的原因。

我认为实验成功的原因是：（　　　　　　）。

★★ 我能说出实验成功的原因，并能用1—2句话讲述自己印象最深刻的一个画面。

我认为实验成功的原因是:(　　　　　　　　)。令我印象最深刻的是(　　　　　　　)。

★★★ 我能选择任意一个角色,向大家说清实验成功的原因,并在讲述之前加上几句介绍自己角色的话。

设计意图:面对有差异的学生,教师需要进行有差异的教学,促进他们有差异的发展。针对课后"我们讨论讨论:为什么实验能取得成功呢?"这一问题,在学完关键语段后,教师让学生自主选择挑战题,一来能对全文进行梳理,二来也让优生资源得到辐射,促进每个孩子在原有基础上不断提高。

## 《一次成功的实验》教学反思

在第一次试教之后,教研组的老师们齐聚一堂,针对"凸显语用"这一主题,提出了各自的想法和意见,为第二次教学奠定了良好的基础。

(一)按步骤,初步把握课文主要内容

在这个环节中,词语的学习是一个亮点。通过看图理解"铅锤"的含义,通过学生先自主对"获"组词,然后教师出示系列词卡,让学生有效识得"不劳而获、一无所获、如获至宝、一分耕耘一分收获"等好词及时积累;通过联系生活理解"不假思索"并学以致用,无不体现着语用的痕迹。

针对"语用"目标,教学中有值得商榷的地方:首先,在理解"不假思索"中,教研组老师提出可以针对三年级以上学生对于字典中"假"词义的辨析,让学生选择"假"在这个词语中正确的意思,精确词义后再拓展说话;其次,对于"结合写字,提升学生概括课文主要内容"这个环节,教研组老师普遍认为学生学习的增量不大,环节设计的意图无法最终落实,语用功能没有真实体现,因此可以在学生借助关键词自主尝试概括主要内容时,加大教师引导力度、规范说法,最后创设同桌互说的优势辐射资源。

(二)理关系,清晰知晓句群关系

在第二学段教学中,教师可以依托句群关系,凭借教材中的典型语例引领学生感知句子与句子之间的承接关系。因此,针对课文第三自然段有关"实验规则"的描述,教师通过引导学生找句子、标序号、理解内容,逐步体会句子的有序。

在这个环节中,教研组老师们提出:学生找、标、理解这三个步骤是教师牵引下的成果,老师引导学生在此朗读这个自然段中的句子是深入感受的过程,"语用"理念应该体现在学生的运用之上,可以让学生借助黑板上的关键词说清实验的规则,并通过同桌互说环节加大练习的面,真实体现语用。

(三)分层次,逐步探寻实验成功的原因

本环节中,教师通过引导学生圈画关键词句,寻找实验成功的原因,为分层练习奠定基础;结合课后"我们讨论讨论:为什么实验能取得成功呢?"这个问题,出示三个挑战题,让学生自主选择完成,进行差异教学。看似教师在课堂中能面对有差异的学生,教师需要进行有差异的教学,促进他们有差异的发展,但在研读文本的过程,教师将"讨论感悟实验成功的原因"作为主导目标,卷入"情节分析、人物赏析"的架构中,从而把语文的主体性目标依附在情节分析上,与"凸显语用"这一主题相背而驰。

教研组老师们深入探讨,提出了一个大胆的建议:将课堂的架构和目标集中指向"学习语言文字的运用"——教给孩子"把人物对话的不同语气读出来"的策略,达到"教一篇,会一类"。首先,教师选择第4—5自然段,让学生熟悉对话内容,通过提示语和标点学习第一组对话,具体指导学法;随后,通过同桌合作,利用第二组对话运用学法,真实展示"把人物对话的不同语气读出来"的学习成果;最后,通过小组合作填写"意见椅",交流实验成功的原因,进而有效地凸显语文的主体性目标——语用。

基于这样的思考,我们大胆突破,再次进行了教学尝试。

······第三次教学······

## 《一次成功的实验》第三次教学

**教学目标**

1.读准"锤、获"这两个生字,能写"顺、系、绳、瓶、获、索、危、险"等8个生字,通过联系上下文理解"不假思索"的意思。

2.通过串联关键词,初步把握课文的主要内容。关注标点和提示语,练习小女孩与教育家的对话,在读中感悟实验成功的原因。

**教学过程**

(一)导入课文,初读感知

这节课,让我们来经历一次成功的实验。(出示课题,齐读。)

出示自读要求:(1)给自然段标上序号。(2)读准字音,读通课文。

1.检查生字

(1)铅锤　瓶子(通过图片理解"铅锤")

(2)获得　顺利(给"获"扩词,积累好词)

(3)系着绳子　不假思索(关注"系、假"多音字)

2.概括课文主要内容

(1)学生选择部分词语,说一说课文的主要内容。

(2)完成《学习单》第一题:选择词语,填写句子,初步把握课文的主要内容。

同学们□□地将□□□□□的铅锤从□□里拉出来,教育家的实验□□了成功。

(3)齐读课文主要内容。

设计意图:《语文课程标准》(2011版)在第二学段的"目标与内容"

中指出：能初步把握文章的主要内容。因此，在词语学习板块，教师首先引导学生利用关键词自主尝试概括课文主要内容；随后结合写字环节，引导学生进一步感受教师概括的比较精炼的课文主要内容，感知并提升概括能力。

（二）默读全文，学习"实验的规则"

1. 默读课文，用横线画出实验规则。

他对三个学生说："这个瓶子是一口井，不过现在井里没有水。你们手里拿着的铅锤代表你们自己。井口很窄，一次只能上来一个人。"说完，他又问："记住了吗？"三个学生齐声回答："记住了。"

2. 教育家是用几句话把实验的规则介绍清楚的？每句话说清了什么实验规则？

3. 教育家用三句话清晰地介绍了实验规则，让我们一起再来读读它们。

4. 学生借助板书，介绍实验规则。

设计意图：学生通过找句子、标序号、理解内容，逐步体会句段表达的有序。

（三）小组合作，寻找"实验成功的原因"

1. 师：为什么实验能取得成功呢？请你默读课文第4—10自然段，用波浪线画出关键语句。

2. 交流句子

（1）一个女孩低声对两个同伴说："你第一，你第二。我最后。"

（2）"三"字刚出口，三个学生就顺利地把小铅锤一个一个提了出来。

（3）女孩不假思索地说："有了危险，应该让别人先出去。"

3. 学习第一组对话，指导学法。

教育家拿起茶杯向"井"里灌水，他一边灌，一边喊："危险！快上来！一……二……"

一个女孩低声对两个同伴说："你第一，你第二。我最后。"

学生读、评。随机关注"感叹号"和"省略号"。

多种形式朗读。

总结练读对话的方法:分角色读——互相点评——再次合作练读。用这种方法来学习第二组对话。

4.利用第二组对话,运用学法。

教育家问这个女孩:"你刚才跟他俩说了什么?"

女孩如实地告诉了他。

"你为什么要这样做呢?"教育家又问。

女孩不假思索地说:"有了危险,应该让别人先出去。"

(1)小组合作要求:

分配角色,合作练读。

互相点评,取长补短。

再次练读,读出语气。

(2)学生合作练习、展示。

(3)联系上下文,理解并运用"不假思索"。

教育家拿起茶杯向"井"里灌水,他一边灌,一边喊:"危险!快上来!一……二……"

一个女孩低声对两个同伴说:"你第一,你第二。我最后。"

听了小女孩的话,一个小男孩不假思索地……另一个小男孩也不假思索地……

5.小组合作填写"意见椅",交流实验成功的原因。

设计意图:《语文课程标准》(2011版)在"课程基本理念"中提到:教师要关注学生的个体差异和不同的学习需求,积极倡导自主、合作、探究的学习方式。因此,教师首先引导学生利用标点和提示语读好人物对话,指导学法;接着,鼓励学生通过小组合作,借助第二组对话,运用学法,在读中感悟实验成功的原因。

（四）抄写积累，延伸学习

1.再次出现实验成功原因的三句话，学生抄写、积累。

2.当教育家看到这个情景时会是怎样的心情？我们的生活中是否有类似的事情？我们下节课再来学习。

设计意图：《语文课程标准》（2011版）提到：应引导学生注重积累和感悟。因此，教师通过再现实验成功原因的三句话，引导学生在抄写中积累。

## 《一次成功的实验》教学反思

围绕着"凸显语用"这一主题的课堂教学研究，让教研组老师们收获颇多，我们见证着学生在朗读、理解、感悟、运用、积累等环节中学习和运用语言文字，我们再一次理解了"语文教学不能只停留在对语言内容的理解、感悟上，还必须凭借语言内容去体会作者语言表达的形式"这一重要理念。

我围绕本堂课中"凸显语用"这一主题，来阐述如何通过自主、合作、探究的方式，教给孩子"把人物对话的不同语气读出来"的策略，达到"教一篇，会一类"的学习效果。

（一）利用第一组对话，注重教师引领，关注语用

文本即范本。因此教师选择具有代表性的第4—5自然段中的第一组对话，让学生先熟悉对话内容，然后通过提示语和标点，教给孩子"把人物对话的不同语气读出来"的策略，指导学法，最后总结练读对话的方法：分角色读——互相点评——再次合作练读，为语用奠定了基础。

（二）借助第二组对话，鼓励同桌合作，体现语用

有了先行的学法指导，教师鼓励学生通过自主、合作、探究的方式，利用同桌合作学习第二组对话，运用学法真实展示"把人物对话的不同语气读出来"的学习成果。在这个过程中，学生对语言文字的感知、理解、品味、

欣赏转化为运用,展开与文本个性化的对话,为直觉感悟开启一扇思考之门,使语言学习落到实处。

(三)通过小组合作,结合背诵积累,深化语用

基于"抓住提示语和重要标点——印证中求同——以篇带类——合作展现"等学习过程,教师鼓励学生通过小组合作填写"意见椅",交流实验成功的原因,在真实的合作与探究中突破了本课教学重难点,进而有效地凸显语文的主体性目标——语用。最后环节中,教师通过再现实验成功原因的三句话,引导学生在抄写中积累,也符合《语文课程标准》(2011版)提到的"应引导学生注重积累和感悟"这一教学理念,将语用不断深入。

在实践、反思、探索的过程中,我们深刻地感受着:凸显语用必须使教师引领学生在深入文本的过程中,学习语言、构思和布局,学习表达、运用与实践,把读中的体会转化为语言文字和实践成果,真实体现语用功能,提高和发展语文综合素养。

进行一个阶段课例研究后，老师们有了许多感受和想法，对此进行理性的梳理和加工，就可以提炼出一个焦点主题，从而赋予课例研究以更高的价值意义，研究成果便得以呈现。这既是一次课例研究活动的总结和提升，也是每个参与研究活动的教师将实践经验提升到理论的一次过程。有人把课例研究注重实践理解为设计好一个方案，然后进行教学，如达到目的，就大功告成了。这样的理解是片面的。课例研究要求教师对课堂呈现材料部分进行课堂实践，并尝试从内部方案语言向外部课堂教学语言转换。在实现这一转换的过程中，教师的知识结构、能力结构就会有新的变化，促使教师积极调整课堂实践方案，搜集和充实其他支持性材料。

何凌老师《为中华之崛起而读书》课例研究报告便体现了课例研究的内容聚焦研究主题的理念，语文活力研修团队成员分工合作，围绕专题研究内容，梳理研究过程，理清观点，提出基于专题内容研究的观点与思考。最后，根据对专题研究的思考，形成文字，完成一份课例研究报告，既有实践层面的提高，也有必要的理论分析与提升。这样的课例研究报告，便体现了教师已有结构图式的变化是渐变的，一次尝试不可能全部实现。从课例研究层面来看，除了要尝试性地实践之外，还要不断使课例研究材料系统化，并不断升级。一个课例研究材料的完善不是一次或一年就能做到的，它是无数次实践的结果，有的也许要我们付出终生努力，一个研究周期一个研究周期地延续下去。

# 运用提问策略探寻阅读新高度
## —— 四年级上册《为中华之崛起而读书》课例研究报告

宁波市江东第二实验小学　何　凌

### 一、研究背景与主题

小学语文课堂教学中的提问是一种非常普遍的教学方式。在传统教学方式中，大家普遍认为提问就是老师向学生发出指令或动作的过程，是考量学生掌握知识的工具，所以提问策略并没有受到充分重视。然而随着新课标越来越重视调动学生获取知识的积极主动性，阅读策略（包括提问策略）的教学逐渐成为课堂教学中的一个重要组成部分。结合学校有关小学语文阅读策略的课题研究，我执教了人教版四上的《为中华之崛起而读书》一课。在教学中，我大胆运用了有效的提问策略：借助学生提出的问题，通过体验和感悟，自主获得解决问题的方法，经历了"提问——质疑——阅读——解疑"等循环式上升的阅读过程，使学生在不断发现问题、解决问题的过程中获得了学习成功的快乐，在课堂教学过程展开了教师、文本与学生的三维对话。

### 二、研究过程与发现

本次课例研究主要经历了多次教案设计及修改，三次执教，三次教后评议，以及最后的教后整理反思，最后呈现了三篇完整的教学设计、一篇完整的教学反思，并在区优质课比赛中获得一等奖。本次课例研究由我进行同课多轮执教，区教研室特级教师周步新老师、区骨干陈跃旭和施翼玲老师、教研组长张玲初老师进行指导、评价，最后由我基于视频和实录进行自我观课，现选取其中的两次撰写课例研究报告。

······第一次教学······

**教学目标**

　　1. 认识8个生字,指导书写"惩"字,正确认读"帝国主义列强、租界、焦点、衣衫褴褛、铿锵有力、耀武扬威、得意扬扬、惩处"等词语,读准多音字"惩处、一通"。

　　2. 结合社会背景和重点研读租借地中国亲人无辜被压死的事件,理解"中华不振"的含义,体会并感受周恩来立下"为中华之崛起而读书"的原因。

　　3. 学习掌握抓住关键词语分析体会人物特点的阅读方法。

**教学重难点**

　　教学重点:学习掌握抓住关键词语分析体会人物特点的阅读方法。

　　教学难点:了解文章历史背景,理解"中华不振"的含义,并感受周恩来立下"为中华之崛起而读书"的原因。

**教学过程**

　　(一)介绍主人公,揭题

　　导入:有这样一个人,他活着的时候为人民鞠躬尽瘁地工作,为国家呕心沥血地奋斗;当他离开这个世界时,成千上万的群众为他落泪送行,联合国为他下半旗志哀;他没有留下一分财产,骨灰也撒向大海,但是,直到今天,他都活在老百姓的心头。你们知道,他是谁吗?他就是中华人民共和国第一任总理——周恩来(图片)。

　　评析:以感性的导语将主人公引出,既是为引出课文做铺垫,又让学生了解了周恩来是怎样的一个人,但略感冗长,介绍与课文脱离。

　　1. 揭题:在12岁时,周恩来因为家境所迫来到了东北大伯家寄读。也就是这段生活在东北的日子,让少年恩来从此立下了他为之奋斗一生的志向,那就是——"为中华之崛起而读书"。今天,我们就来学习这篇课文。

2.面对课题,你有什么疑问吗?(预设:崛起、之)

3.谁能回答他们的疑问?崛起:(1山峰等突起。2.兴起)。之:是"的"的意思。

4.解决了这两个疑问,就能将课题说明白,谁来试一试?

5.让我们也怀着对祖国的热爱,重读课题。(齐读)

评析:单单一个课题的引入就用时7分钟,不但没有内容的引领,也缺少学法的指导。

(二)初读课文,质疑解惑

1.出示读书要求

(1)自由朗读课文,读准字音,读通句子。在不理解的词句旁打上"?"。

(2)思考:周恩来为什么会立下"为中华之崛起而读书"的志向?

2.理解难懂的词句

(1)第一组:租界 帝国主义列强 焦点

租界:就是帝国主义国家在中国大地上自行划出的属于自己的一块领土,他们在这块土地上升起自己国家的国旗,建立国中之国。

那么当时的东北也因为人口稀少而资源丰富成为很多帝国主义强国争抢的地盘,所以课文中说:(出示)当时的东北,是帝国主义列强在华争夺的焦点。

评析:有必要介绍相关的历史背景,但是仍显拖沓,在出示顺序上也感觉不合理。可考虑先看资料、找相关内容理解词义,再直接整合周恩来来到租界感到的疑惑的句子。

(2)第二组:衣衫褴褛的妇女 铿锵有力地回答(强调字形)

衣衫褴褛的妇女:看到这个词,你的眼前会浮现出怎样一个妇女的形象?(生)

铿锵有力地回答:(出示字典解释)声音响亮而有节奏。我们也铿锵有力地读读。

评析：仅仅是词语的解释，没有学法的指导。

（3）第三组：**耀武扬威的巡警　得意扬扬的洋人**

评析：词语层次过多，可以和第二组词语整合，也可引出周恩来的疑惑。

（4）第四组：**惩处　一通**（不必要出示）

再出示句子：谁知中国巡警不但不惩处肇事的洋人，反而把她训斥了一通。

评析：有学生虽然读准了词语，但是读句子仍然错误，所以不必要出示词语，可以直接读句子，在句子中正音，效果会更好。

3. 积累

请同学们把这两个多音字的音节标注在课堂练习纸上，并完成词语的积累。（出示练习）

（三）感受"中华不振"，积郁忧愤

回答初读时的问题：究竟是什么原因促使周恩来立下了这样的志向？

评析：这个问题我自认为比较简单，但是因为提问的指向性不明确，学生的回答五花八门，迂回次数多，既浪费了课堂时间又让学生有了挫败感。

1. 读第1—8小节，找到"不振"的原因

课文中的哪些描写让我们看到、听到、感受到了中华不振呢？

（1）交流"不振"的原因

A. 从伯父的话语中看出中华不振（师生对读对话）

此刻，伯父说这番话的时候，会是什么心情？可是，国人的哀伤却只能化为四个字"中华不振"啊！

评析：伯父的叹息和与周恩来的对话，正是促使周恩来闯进租界的前因，但在教学中却一带而过，错过了带领学生了解背景、感受人物内心的绝好机会。

(2)继续交流朗读

从周恩来一连串的问题中看出中华不振；

从灯红酒绿、热闹非凡的租界里却看不出一个中国老百姓的影子看出中华不振；

从妇女的哭诉声中看出中华不振；

从洋人趾高气扬、得意扬扬的神情中看出中华不振；

从中国巡警狗仗人势、耀武扬威的丑恶嘴脸中看出中华不振；

从围观的中国人紧握的拳头中看出中华不振。

评析：学生的回答烦琐而凌乱，老师也没有将学生"点"的思维穿成一条"线"，看起来是学生的回答从文本中来，实际上对文字的理解并没有深入。

2. 学习第7小节，运用对比感受"不振"

出示：一条条街道灯红酒绿、热闹非凡，街道两旁行走的大多是黄头发、白皮肤、大鼻子的外国人和耀武扬威的巡警。

谈感受，出示租界外的图片，让学生通过对比感受"中华不振"。

评析：在这段教学中，学生因为对历史的不了解，再加上教师对学生的交流没有及时引导，使得个别学生觉得租界外的中国是非常脏的，没有达到最初预设的效果。

3. 学习第8小节，升华情感，找到"不振"的根源。

(1)先讲清事件：出示"衣衫褴褛 得意扬扬 撑腰 惩处 训斥 紧握拳头"

(2)将心比心谈感受：同学们，这本来就是一个可怜的妇人啊！

那被轧死的亲人也许是她宝贝的孩子，可是从此，她就失去了——

那被轧死的亲人可能就是她相依为命的丈夫，从此，她就失去了——

那被轧死的亲人可能是她白发苍苍的母亲，从此，她就失去了亲人的——

还原那时那刻,那情那景:

此刻的你就是那个肇事的洋人,你明明在杀人,却为什么仍然敢得意扬扬?如果这是在你们的国家呢?

此刻的你就是那租界的巡警,看到同胞的血肉之躯被碾压在车轮之下,你为什么不惩治恶人?

此刻的你就是围观的爷爷、叔叔、大哥哥,你们为什么不能挥舞拳头,将恶人赶出我们的国土?

评析:本应借助"关键词句"来理解"中华不振",此刻却变成了主导性极强的师问生答脱离文本的对话,背离了"阅读是教给学生策略和方法,而不是单一的灌输"这一重要的阅读教学的原则。

(3)播放视频片段,并解说:徐徐推开百年中国的历史大门……

评析:无论是抒情的音乐还是震撼人心的图片、影像资料,都是在唤醒学生的情感体验,但是语文教学的课堂却陷入了内容挖掘和人文关怀的怪圈。

(4)出示第8小节,饱含感情再朗读。

(5)顺势而写,并交流感受

少年周恩来站在敢怒不敢言的国人中间,柔弱的身躯不断地颤抖。那受害妇人的凄惨哭诉,那中国巡警的严厉训斥,那肇事洋人的洋洋得意,让他泛起阵阵心潮:＿＿＿＿＿＿＿＿＿＿＿＿＿＿＿＿。

评析:学生看到了中华不振的事实,表示要为中华崛起而读书,但是在交流练笔的时候却总感觉怨气多于志气。

(四)聚集情感,激励"振兴"

1.伟大的文学家鲁迅先生,就曾回忆过自己弃医从文的经历(作业纸也出示)

(出示并指一生读)一次上医学解剖课时……

2.我国近代著名的政治家梁启超更铿锵有力地号召少年们:

（出示并齐读）"今日之责任，不在他人，而全在我少年……"

3.回叩主题：课文的主人公——周恩来，也由此立下这样的誓言

（出示并齐读）为中华之崛起而读书

评析：这里的事例过多，让学生读《鲁迅弃医从文的故事》也花费了3分钟左右的时间，应该考虑将这个事例放到课后补充阅读中。

（五）结束与作业

1.小结：今天这节课，我们和少年周恩来共同走过了一段成长的历程，我们在成长中经历着，在经历中思考着，那么相信同学们也一定会成为中国之栋梁！

2.作业

任选其一：

（1）读读周恩来小时候的故事，并讲给同学听。

（2）搜集读书的名言，选择一条作为自己的座右铭。

评析：结课部分应该对本课的学法做一梳理，让学生带着阅读的策略和方法继续学习、阅读其他的文章。此处却没有起到画龙点睛的指导。

## 观察发现与教学建议

据观察，本堂课用时55分钟，在处理字词和对于课文历史背景的介绍中，用时30分钟。在教学过程中，老师对于每个教学环节都牵引过渡，主导地位过强，既没有放手让学生去提问、探究，也没有让学生畅谈自己的感受。对于四年级的孩子来说，借助课文的文脉梳理文本，感受作者语言的精到才是最重要的。同时，这篇文章不但是四年级上册第七单元"成长的故事"专题中的第一篇课文，也承担着引领单元主题："在成长的过程中体验成长的快乐，思考成长中的问题"的任务，在本次教学过程中也没有得以体现。

## 教学反思与改进计划

四年级的阅读怎么教？教什么？毋庸置疑，应该借助文本教会学生阅读的方法，应该让学生得"一"而知"十"。而我的这次教学恰恰是本末倒置，教了内容，谈了感情，却忽视了策略和方法的指导。这是其一。其二，从教学内容的取舍上，忽略了伯父和周恩来的对话，这也是文章三件事情中的一件。错过了精彩的教学环节。其次，我在教学中过于强调了教师的主导作用，忽视了学生已有的知识基础、生活经验和情感态度。在"以学定教"方面没有做足，做好。

在老师们的指导下，我对自己接下来的教学有了一个比较清晰的认识：

设计上应该有意识构建"生本"的原则，只有这样才能将"以学定教"落到实处；

在目标达成的过程中要引导学生理解感悟，掌握学习方法——抓关键词句理解，要优化教学过程，培养学生自主学习的能力；

借助文本中体现的人物的特点——周恩来有"打破砂锅问到底"的精神，运用阅读方法中的"提问策略"将文本内容与阅读方法合二为一，让孩子在习得语言的同时学会阅读的方法。

························ 第二次教学 ······

过程实录略。

### 观察发现课堂的积极变化

在第二次的教学中，时间的分配比第一次合理许多。每一个环节我都根据第一次教学情况进行估计，调整之后用以指导这一次的教学时间安排。在教学设计上，本次的教学设计更注重学习方法的指导。比如，有意识提醒学生找出"关键的词句"来理解文本，同时将阅读"提问策略"运用到教学中，恰当的质疑问难抓住文章的主要内容和重难点，让有价值的问题激励学生带着疑惑进入阅读的深层次。课堂上学生呈现出来的是披文入境,思考的半径扩大了,也更深化了。

### 基于问题的进一步改进建议

帮助学生梳理文本是有效的阅读手段之一,切不可敷衍了事,要实事求是。

运用提问策略既是基于文本的需要,又是开拓学生思维的良方,老师要将问的权利还给学生。

既然是本单元有提纲挈领作用的第一篇文章,应该将单元主题落实到位。

### 上课教师的教学反思与设计新教案

目标的确立直接决定了课堂的导向,提问策略引领学生提出开放式问题,让学生成为新的认知系统的承载者,这是要当成一项教学目标来落实的。

以生为本,以读代讲,读中感悟,读中运用……就在这阅读、回顾、朗读的过程中,让学生感悟大胆提问、自主学习的快乐。

······ 第三次教学 ······

### 教学目标

1. 读准"惩处"、"一通"等多音字组成的词语,运用多种方法理解"崛起"、"褴褛"、"中华不振"等词义,选用有关词语说清课文大致内容。

2. 能正确、流利地朗读课文,分角色朗读第2—6自然段,有感情地朗读第8自然段。

3. 阅读中不断提出问题,学习运用抓住关键词语体会等方法自主解疑,从中了解少年周恩来树立"为中华之崛起而读书"的远大志向的原因,激发打破砂锅问到底的学习兴趣和爱国之情。

**教学重难点**

根据学生的情况、教材的安排及 2011 版《语文课程标准》的要求，目标 3 既是教学的重点，也是教学的难点。

**教学过程**

(一)揭示课题，大胆质疑中运用提问策略

1. 了解周恩来

教师补充周恩来资料。

评析：考虑到课文离学生距离较远，学生对周恩来了解不够清晰完整等现状，因此教师有必要做些补充，"以学定教"。

2. 揭题理解

读题（谁能铿锵有力地读准课题？）

评析：看似简单地请学生"铿锵有力"读课题，其实也蕴含着在实际运用中启发学生自然理解课文中的新词"铿锵"的想法。

(1)理解"崛起"

读准生字字音。

理解"崛起"的意思：通过查找工具书、联系课题、据词定义选择正确的解释。

完整理解课题。

师生铿锵有力地读好课题。

(2)读着课题，同学们有什么疑问？（板书"?"）

为什么？（板书"为什么?"）

(出示阅读策略——大胆提问)

读书就要像刚才这位同学一样，不懂，就要大胆地提问。

评析：在引导学生自主质疑课题后，进行随机评价，自然引出阅读提问策略，并以此作为主线贯穿整节课的教学，体现了 2011 版《语文课程标准》的理念——教学目标的集中指向及系统整合的思想：《语文课程标准》第二学段阅读目标第 4 条要求学生"能对课文中不理解的地方提出疑问",本组单元学习的目标则要求学生"在成长的故事中体验成长的快乐,思考成长中的问题",且课文也是以周恩来的疑问展开叙述的。学生经历着这样自主质疑、大胆提问的阅读、学习过程,也自然体验到提问——思考——自主学习的快乐。

什么事?——什么事让他立下了这个志向?(板书"什么事?")

评析:几次试教,学生在读了课文之后一般都集中提出这两个问题,其中一个也是课后提示的问题,即本课教学的重点及难点。因此,教师以此为线索展开教学,正是以生为本、顺学而教的自然呈现与巧妙落实。

有了问题怎么办?——生接:读书。是啊,你们真会学习。

(二)检查预习,正确理解与学习运用词语相结合

1.检查自己的读书情况。

读准多音字:惩处　训斥了一通

读准句子:谁知中国巡警不但不惩处肇事的洋人,反而把她训斥了一通。

2.读课文中词语及短语

灯红酒绿的租界　衣衫褴褛的妇女

耀武扬威的巡警　肇事的洋人

得意扬扬　中华不振　铿锵有力

3.选用词语说清课文内容

先解决"什么事":请同桌之间轮着读,一人读,一人听,读对了给同桌鼓鼓掌,错了一起纠正。课文读完了,可选用投影上的这些词语或短语,说说"课文写了周恩来哪些事"。

评析:读课文应对全文有整体的了解把握。但课文篇幅比较长,且不止写了一件事,要清楚完整地概括课文内容对四年级学生来说有一定难度。基于对文本、对学生的理解,教师提供词语让学生选用,适当降低难度,又让他们有了概括内容的凭借。

指名说,随机评价(出示:抓关键词句体会)

引导同学知道，阅读时抓住关键词语体会、理解是一种读书的好方法。

评析：此处设计再次体现了 2011 版《语文课程标准》整合的理念：词语不仅能读准音，还供学生了解、概括课文大致内容，在选用的过程中加以理解、运用，自然落实课标第二学段阅读目标第 3 条：体会课文中关键词句的作用。

(三) 凸显重点，自主解疑中促进不断提问激励阅读

1. 解决了(什么事)，接下来该解决(为什么)

2. 找到立下志向的原因，用横线在书上画出。(交流后，板书：中华不振)

3. 紧扣"中华不振"

(1) 理解字面意思

从字面上理解："振"是 —— 生……；"中华不振"就是 ——

(2) 鼓励继续质疑 —— 激发理解中华不振的深层含义

读着这个词语，同学们又产生了什么新的问题？

你们的问题，也是少年周恩来的疑问啊！

评析：正所谓"英雄所见略同"，同学的疑问也是少年周恩来的疑问，又是此课的文脉。教学中以此为线索自然推进，学生一而再，再而三地自主大胆提问，经历着学习思考的过程，也享受着自主学习的快乐。

(3) 读中体会第 2—6 小节周恩来的疑问：

①用波浪线画出写周恩来疑问的句子。

②出示课文的第 2—6 小节语段，学生校对。

③回忆老师读好对话的好方法：

(预设借助提示语、专注疑问词、读好标点符号等)

④引导观察提示语都在描写周恩来的疑问。指导读词语(打破砂锅问到底)。

⑤同桌分角色练习读好这些对话，读时可以先省略这些提示语。

⑥师生对读。

评析：以读代讲，读中感悟，读中运用，就在这阅读、回顾、朗读的过程中，再次感悟大胆提问、自主学习的快乐，可谓"一石三鸟"。

（4）学第7、8小节进一步体会"中华不振"

①周恩来有了疑问，除了"打破砂锅问到底"，好奇心还驱使他——走进租界去。

②再认真读读课文的第7、8自然段，画下写出"中华不振"的关键词语交流。

（第7小节）预设："这一带果真和别处大不相同……"

想象一下，别处会是怎样大不相同的呢？租借的外面果然大不相同：一条条街道……，街道两旁的中国人大多……

小结：是啊，外国人生活在天堂，而中国人是生活在（地狱啊），这强烈的对比让我们感受到（指）"中华不振"！

（第8小节）预设：衣衫褴褛，得意扬扬，不但不……反而（训斥），紧握着拳头……

衣衫褴褛（词卡）——读准，两遍，发现什么——猜猜看，"褴褛"会是什么意思——（汉字中有些词语可以根据偏旁来推测意思）

从"衣衫褴褛"中我们还体会到什么——

随机点评。

评析：《语文课程标准》要求第二学段的学生能联系上下文，理解词句的意思，能借助字典、词典和生活积累，理解生词的意义。本课教学中，教师多处适时引导学生运用多种方法理解词语，学以致用。

③再次激问

面对此情此景，大家心中肯定也有许多问题，我们也学学少年周恩来，打破砂锅问到底。你们想质问谁，就大胆地来质问吧——

评析：自然激发情感与自主运用提问的策略巧妙结合，使三维目标得到有机融合。

④激情朗读

(教师运用排比句,反复叩问)

明明是洋人肇事,汽车轧死人,他为什么还得意扬扬?这是因为:中华不振!

明明是中国的巡警,为什么不帮自己,反而要训斥妇女?这是因为:中华不振!!

明明有这么多围观的中国民众,为什么不帮妇人伸张正义?这还是因为:中华不振!!!

同学们,这究竟是为什么,为什么啊?中华不振!!!

⑤即时采访

⑥指导感情朗读

⑦激情练笔

此时此刻,少年周恩来也站在人群中,看着灯红酒绿的租界,看着得意扬扬的洋人,听到不幸受害的妇女的哭诉,听到耀武扬威的巡警的训斥,他心潮起伏……

评析:学生在自主的大胆提问中,在教师的反复叩问中,对"中华不振"含义的理解逐渐深入,情感得以逐步升华,这时提笔练写片段,使他们的理解与情感得以宣泄,正是水到渠成。

⑧指名交流,随机点评

(5)解疑扣题

周恩来这才真正体会到伯父所说的(中华不振)的真正含义。因此,他立下了伟大的读书志向——再次读题。

(6)拓展延伸

在当时的中国,像周恩来这样立志要改变中国命运的人还有不少,比如作业单上的《鲁迅弃医从文的故事》就是其中的一个,我国近代著名的政治家梁启超先生也曾铿锵有力地号召少年们——

> 故今日之责任,不在他人,而全在我少年。少年智则国智,少年富则国富,少年强则国强,少年独立则国独立,少年自由则国自由,少年进步则国进步,少年胜于欧洲,则国胜于欧洲,少年雄于地球,则国雄于地球。

评析:恰当补充资料,启迪延伸阅读,有效拓展课程资源。

(四)回顾小结,联系提示进一步学习运用

1. 回顾学习过程

同学们,今天这节课,大家大胆提出问题,又通过抓关键词句体会的方法自主解决阅读中的问题,不断地发现问题,不断地解决问题,和少年周恩来一起走过了一段难忘的学习、成长的历程,还在周恩来成长的故事中收获了学习的快乐。

2. 提示学习运用

这也是这一单元学习的主题,后面的综合性学习也让我们这么做(点击出示),我们可以选择完成。布置自选作业。

| 星级 | 自选作业 |
|---|---|
| ☆ | 摘抄积累课文中的四字词语:<br>风和日丽 _____ _____ _____<br>_____ _____ |
| ☆☆ | 继续运用大胆提问、抓关键词句体会等方法,自主阅读《鲁迅弃医从文的故事》《周恩来故事选编》等名人故事、书籍 |

续上表

| 星级 | 自选作业 |
|---|---|
| ☆☆☆ | 了解亲人、伙伴的成长经历，同学间互相讲故事 |
| | 回顾自己的成长过程，写一篇文章 |
| | 搜集并整理这个单元的资料，编一份以"成长快乐"为主题的手抄报，进行主题展览 |

3. 第三项三星作业，我们可以在今后一星期中选择一至两项完成，还有什么问题吗？……

4. 下课！

评析：鉴于本课是本单元第一篇课文，也是第一课时的学习，有必要对整个单元的学习进行总的引领。一般教师可能大多会在课始安排小半节课进行指导，这未尝不可；本课教学我们安排在结课时进行，考虑到在学生亲历了学习过程，更自然体会到单元学习提示中讲到的体会成长故事的快乐、思考问题的快乐，对本单元及综合性学习的要求自然就会更明确，这样更符合教学规律及小学生学习心理。

### 三、研究结论与反思

《语文课程标准》（2011版）的核心理念指向正确理解和运用祖国语言文字，这需要对学生进行阅读策略的引领和学习能力的培养。在教学中，要切实贯彻"以生为本，以学定教"的教学原则。学习中的问题来自学生，解决问题的方法也应该经由学生体验、感悟获得，老师在阅读教学中要承担穿针引线的作用，变"教课文"为"教语文"、"教阅读"，根据单元及课后提示的关于本组课文学习要求，鼓励学生大胆提出阅读课题及课文时产生的问题，引导学生通过关键词句的体会，自主阅读，经历"提问——质疑——阅读——解疑"的循环式上升的阅读过程，习得阅读提问、解疑等策略，让学生享受不断发现问题、解决问题，获得学习成功的快乐。

　　实践证明，有了大胆尝试，学生思维的火花不断地迸发出来，纷纷随情而问、随感而问，次次叩问都成了学生个性阅读的展示，也成了文与情联结的突破口。随着学生的叩问，问出了侵略者的狂妄，问出了国人的委顿，也问出了民族的衰败！学生带着疑惑穿越百年的历史时空看到了不堪的一幕一幕，透过文字的无限的想象远比图片的呈现更有力量，爱国情、强国志就随着这声声掷地有声的叩问响彻文里文外，学生落笔成文的质量也就水涨船高。可见，这种自然激发情感与自主运用提问策略的巧妙结合，使三维目标再次得到了有机的融合。这样，学生在亲历了学习过程后，摘取了自主提问、自主解决疑难的硕果，也便自然体会了单元学习提示中讲到的体会成长故事的快乐、思考问题的快乐，对本单元及综合性学习的要求自然就会更明确，这样的作业设计更符合教学规律及小学生学习心理。

　　把思考的权力交还给学生，同时在阅读教学中大胆地运用提问的策略，让课堂真正开放起来，不但是语文教学改革的需要，更是创新教育的呼唤。希望我们的每一节课都做到：疑问由学生自己提出，问题由学生自己解决，知识由学生自己获取，规律由学生自己概括，那么，掌握质疑方法并形成质疑能力的学生才能进行真正的自主学习，进而能够终身学习。

> 教师的教学应该是一个创造性的过程，也只有创造性的教学才可以体现教师个性化的专业发展。"非连续性文本"这一教学内容，为小学语文活力型校本研修提供了一个新平台。
>
> 为此，江东实验小学语文活力团队的老师们围绕这一主题开展了一系列课例研究。老师们通过收集、整理、阐述文献、日常观察等，从教学实际和学生身心特点出发，明确小学生阅读的特征、规律，确定符合小学生年龄特点及身心发展规律的非连续文本的阅读策略，同时也打通连续性文本与非连续性文本间的联系，为阅读策略的优化寻找一条切实有效的途径，促进学生语文素养的全面提高，有效地提升教师的教学专业水平。下面这则课例研究报告便是老师们针对教材中的连续性文本，结合非连续性文本相关内容及因素，落实适性阅读策略的实践研究和探索。

## 非连续性文本在说明文中的有效运用
——五年级上册《太空"清洁工"》课例研究报告

宁波市江东实验小学　刘二丽

### 一、研究背景与主题

"非连续性文本"是一种图文结合式的阅读材料，与"连续性文本"的呈现方式不同，这也决定了其阅读策略与"连续性文本"有所区别。说明文知识性、科学性、生活适用性都比较强，与我们的生活息息相关。在进行"说明文"的教学中，如果能够与"非连续性文本"有机地转化融通，不仅能提高"非连续性文本"阅读的能力，同时也能大大提高"说明文"的阅读教学效率。基于这项研究,我执教了人教版五年级上册的《太空"清洁工"》一课,充分调动了学生的各种感官,将图与文、文学体验与信息提取、形象思维与抽象思维等都有机地融合在一起,学生的多种阅读能力和语文素养得到了快速提升,使语文课堂更加有效。

## 二、研究过程与发现

························ 第一次教学 ·······

**教学目标**

1. 能正确流利地朗读课文,了解太空"清洁工"的作用。
2. 体会说明文用词的严谨,能正确运用合适的关联词和说明方法。
3. 培养学生对航天知识的兴趣,激发学生的想象力。

**教学重难点**

教学重点:体会说明文用词的严谨。

教学难点:能正确运用合适的关联词复述。

**课堂实录**

(一)导入质疑

1. 出示"清洁工":哪里见过?今天课文里出现的"清洁工"可不一般,它在太空工作。出示"太空"。一起读题:读了课题,你脑中瞬间闪过哪些问题?

(1)太空"清洁工"是什么样的?

(2)太空"清洁工"需要清洁什么?

(3)太空"清洁工"是怎么清洁垃圾的?

……

2. 太空"清洁工"是什么样的呢?课文有几句话直接告诉我们了,请同学们快速地浏览课文,把这几句话找出来。

出示:太空"清洁工"的质量只有6千克,制造和发射的全部费用不到100万美元。它装有4台摄像机,能够搜索上下、左右、前后的情况。

我们一起来读一读。回忆一下,我们第三单元学过的说明方法,这句话运用了怎样的说明方法?

(二)整体概览,粗知大意

1. 刚才,我们通过浏览课文解决了第一个问题,可见这是阅读的一个好方法。

你能不能快速地锁定第二个和第三个问题的答案。

你是怎么找到的?有什么发现?(引出设问句)

2. 能不能动一动脑筋,把第一自然段的第一句话修改一下,成为自问自答的设问方式。

出示:两个问题。

3. 汇报解决问题。

解决问题二:现在谁能告诉大家太空"清洁工"需要清洁什么。出示:第三段前部分。)是啊,课文向我们列举了那么多太空垃圾,可是,你知道吗?太空垃圾远远不止这些呢!(出示:补充资料。)

(1)看补充资料。

(2)这些太空垃圾有什么危害?

(三)理解重点,积累语言

1. 运用关联词。

(1)解决问题三:那太空"清洁工"是怎么清洁垃圾的?请你再仔细地去读读第四自然段,找一找有关句子,想想它工作的过程,再用自己的话说一说。

(2)谁来试着说一说。

(3)请一名学生复述"清洁工"清洁垃圾的过程。

2. 在你复述的过程中,有没有发现,什么地方写得特别有趣?文章其他地方有没有也用了这样的方式?(发现"打比方")

3. 谈感受,思维延伸,小练笔。

课文学到这里,我们已经解决了课前提出的三个问题,了解了太空

"清洁工"的工作过程,你觉得这项发明伟大吗?为什么?可老师觉得有小小的遗憾,想知道我的遗憾吗?请你读读第五自然段。

"同归于尽"的方式太惨烈啦!损失惨重啊!所以我们要改良!依照这个科学设想,未来更高级的太空"清洁工"会怎样处理垃圾呢?请你把你的设想写下来。

实物投影:让学生介绍自己的"清洁工"(投影点评一份,多读几份)

(四)总结

同学们,想象是美好的,但要变成现实,还需要我们不断地努力学习,不断地储备知识,老师希望在座的孩子们中间,能有未来的航天学家。

## 教学反思与改进计划

《太空"清洁工"》是一篇科普说明文,我的教学目标是让学生能了解太空"清洁工"的作用,并能体会说明文用词的严谨,能正确运用合适的关联词和说明方法。在教学中,我让学生比照探究,进行写法的指导,在运用关联词让学生复述的环节花的时间较多。由于缺少了老师方法的指导,学生复述的难度有些大。在最后小练笔的环节,学生想象的空间太少,以至于很难写对未来"清洁工"的设想。

在听课老师的指导下,我对自己的教学有了以下的改进。

有效地利用非连续性文本中的教学策略,比如在理解太空"清洁工"的样子时,就可以利用"双色柱形图"让学生来体会用词的准确性。在第二个环节中,采用"图文结合"的形式让学生了解太空垃圾的危害。在了解太空"清洁工"的作用时,可以利用思维导图的形式讲解这个过程,这样就有效地将非连续性文本中的教学策略运用到了连续性文本中。

...... 第二次教学 ......

过程实录略。

### 观察发现课堂的积极变化

第二次教学中,利用非连续性文本一些策略,与连续性文本有机地转化融通,提高了阅读教学效率。比如在解决"太空清洁工是怎样的?"这一问题时,学生已经找到了相应的段落 ——"太空清洁工的质量只有6千克,制造和发射的全部费用不到100万美元。……"教师随即提供了一张"彩色柱形图",请学生们比较阅读,从中你获得了哪些信息?学生通过交流反馈,得出了以下的结论:(1)太空"清洁工"质量非常轻,轻便小巧。(2)太空"清洁工"的费用非常小,称得上是物美价廉。同时,大家也对文本中的"只有"、"不到"等词有了更深层次的理解,体会到了说明文用词之准确。这里的非连续性文本的适时介入,及时解决了学生思考中的盲点,实现了思维的无缝对接。

而在感受太空垃圾的危害时,教师又出示了一张图文对照的"太空垃圾图"。通过直观的图片,学生已经有了感性的认识 —— 哇,垃圾好多、好乱,就像高速公路上不守交通规则的车辆!再读图中的文字和课文中的文字,太空垃圾的危害就不难发现了。

### 上课教师的教学反思与设计新教案

在课堂上,老师讲解的部分还是有些偏多,没有大胆地放手让学生去发现、去研究。作为科普性的说明文,齐读太多,学生个体读得太少,要通过快速锁定、简要地提取学习方法来培养学生快速阅读的能力。

······ 第三次教学 ······

**教学目标**

1. 能正确流利地朗读课文,了解太空"清洁工"的作用。
2. 体会说明文用词的严谨,能正确运用合适的关联词和说明方法。
3. 培养对航天知识的兴趣,激发想象力。

**教学重难点**

教学重点:体会说明文用词的严谨。

教学难点:能正确运用合适的关联词复述。

**教学过程**

**(一)揭示课题,质疑激趣**

1. 出示"清洁工":哪里见过?今天课文里出现的"清洁工"可不一般,它在太空工作。出示"太空"。一起读题:读了课题,你脑中瞬间闪过哪些问题?

师:同学们很会提问,抓住了事物的特点。相信这节课围绕这些问题展开学习,我们会真正了解太空"清洁工",还会学到其他的本领。

2. 解决问题一

太空"清洁工"是什么样的呢?课文有几句话直接告诉我们了,请同学们快速地浏览课文,把这几句话找出来。

出示:太空"清洁工"的质量只有6千克,制造和发射的全部费用不到100万美元。它装有4台摄像机,能够搜索上下、左右、前后的情况。

你们都很能干!能快速浏览文章,找到需要的信息,这可是一种本领呢!

出示柱形图:你发现了什么?

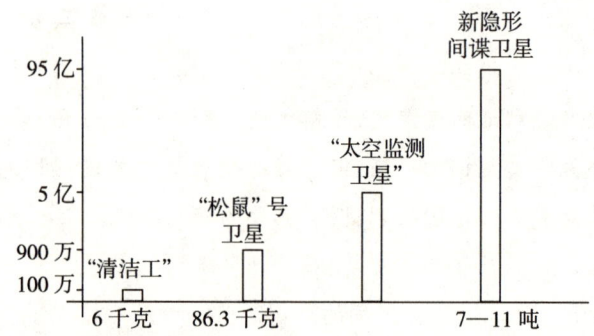

### (二)整体概览,粗知大意

1.快速锁定

(1)刚才,我们通过浏览课文解决了第一个问题,可见这是阅读的一个好方法。

现在能不能挑战一下自己,能不能快速锁定第二个和第三个问题的答案。(出示问题:太空"清洁工"需要清洁什么?太空"清洁工"是怎么清洁垃圾的?)

找到了吗?在哪两个自然段?你们这么快速就能找到答案,有什么诀窍吗?

(板书:快速锁定)

(出示:第三段、第四段。)

这是很有价值的发现!这种"自问自答"的方法叫什么?

(2)能不能动一动脑筋,把第一自然段的第一句话修改一下,成为自问自答的设问方式。

2.汇报解决问题

解决问题二:现在谁能告诉大家太空"清洁工"需要清洁什么。(出示:第三段前部分。)是啊,课文向我们列举了那么多太空垃圾,可是,你知道吗?太空垃圾远远不止这些呢!请看——(出示:补充图文资料)

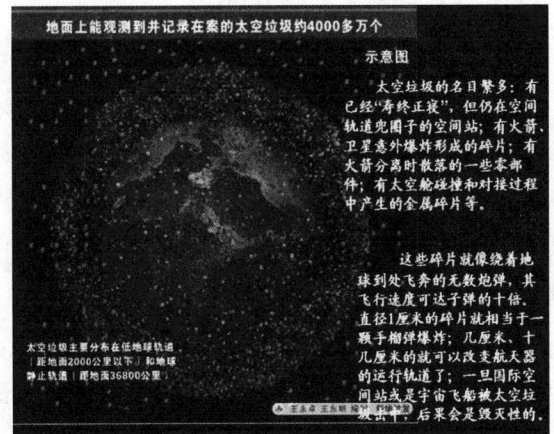

读了课文,看了资料,你有什么话想说吗?

的确,太空"清洁工"的出现真是刻不容缓。

**(三)简要提取,图文结合**

1.抓关键词

(1)解决问题三:那太空"清洁工"是怎么清洁垃圾的?请你再仔细地去读读第四自然段,找一找有关句子,想想它工作的过程。

(2)老师看到有的孩子读得很认真,你能不能给"清洁工"的工作过程画一张示意图呢?可以标上关联词和动词等关键词。(板书:简要提取)

(3)先小组讨论,再推荐一名学生结合示意图复述"清洁工"清洁垃圾的过程。

师评价:抓住动词和关联词。

2.发现"打比方"

在你复述的过程中,有没有发现,什么地方写得特别有趣?文章其他地方有没有也用了这样的方式?其实这也是"打比方"。

3.设计未来"清洁工"

课文学到这里,我们已经解决了课前提出的三个问题,了解了太空"清洁工"的工作过程,你觉得这项发明伟大吗?为什么?可老师觉得有小小的遗憾,想知道我的遗憾吗?请你读读第五自然段。

"同归于尽"的方式太惨烈啦!损失惨重啊!所以我们要改良!依照这个科学设想,未来更高级的太空"清洁工"会怎样处理垃圾呢?请把你的设想画下来,并能配上简单的文字介绍。出示"试一试、来挑战"。

实物投影:让学生介绍自己的"清洁工"(投影点评一份,多读几份)。

(板书:图文结合)

### (四)总结回顾,激发兴趣

同学们,想象是美好的,但要变成现实,还需要我们不断地努力学习,不断地储备知识。老师希望在座的孩子们中间,能有未来的航天学家。

### 三、研究结论与反思

本次教学,培养了学生"快速锁定、简要提取、图文结合"的学习能力,解决了教学重难点。通过连续性文本与非连续文本的相互转换、相互作用、相互借力,利用不同的阅读形式、多角度的思考,深层次、全方面地发展学生的思维,培养学生多方面的阅读能力。比如"非连续性文本"图文结合的形式,适当地降低难度,给学生以更为自由的空间,激发他们的想象力,而简单的文字辅助又能帮助他们更好地表达和解释自己的想法。

请看在解决太空"清洁工"是如何工作时,学生画的示意图:

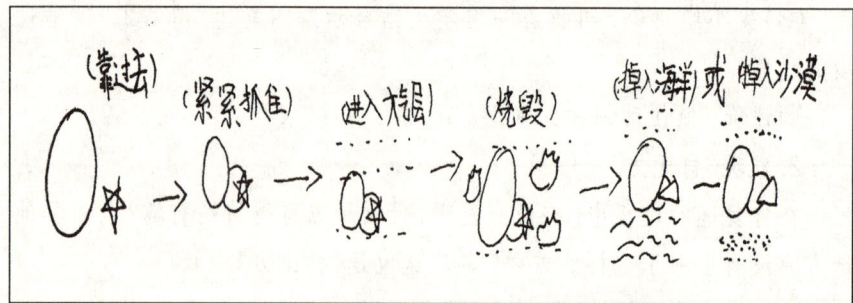

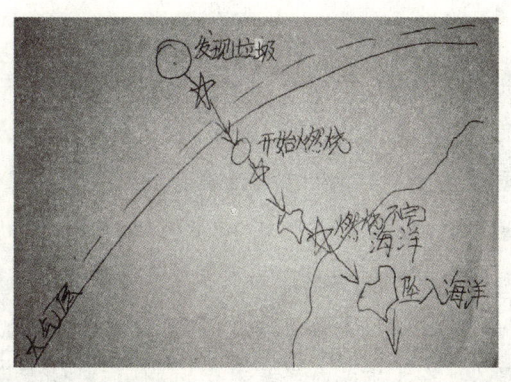

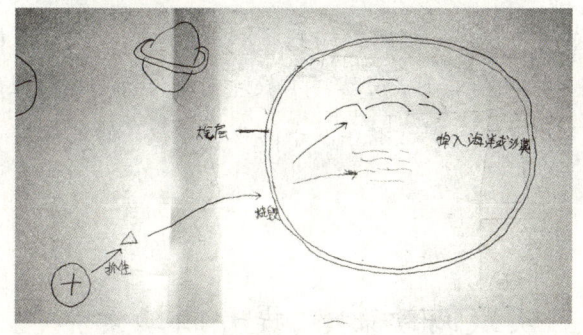

再看孩子们对未来"清洁工"的设想:

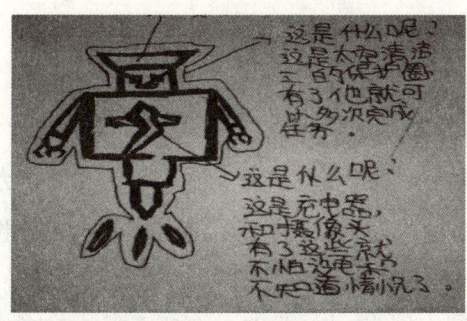
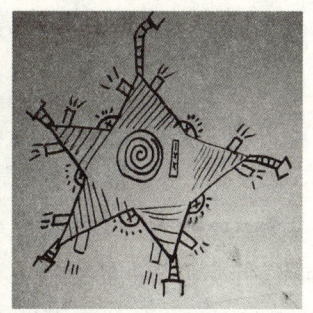

在教学"连续性文本"的语文课堂中引入"非连续性文本",起到的不仅仅是一石二鸟的作用,它充分调动了学生的各种感官,将图与文、文学体验与信息提取、形象思维与抽象思维等都有机地融合在一起,学生的多种阅读能力和语文素养得到了快速提升,我们的语文课堂将更加有效。

> 课例研究不是教案。教案是具体一堂课的教学方案，是发生在一定范畴里的，包括具体的时间、范围、特定的区域、人群等。课例研究活动还要研究支持性的材料，结果具有普适性。课例研究是指向课堂实践的研究工作，使教师从不切实际的研究回归立足于本职岗位的研究，这解决了教师研究"做什么"的问题。
>
> 做好课例研究工作，能解决好教师研究"怎么做"的问题。因为教育面对的是人，其本质或内涵是不变的，任何时候有意识的积累、有价值的思考和实践，对课堂教学都会有积极意义。刘婷老师在进行《桥》这一课例研究时，便落实了教师要成为研究者的理念，让课例研究成为提升教师课堂教学水平的分析与积累的过程。

## 实践阅读策略，提升阅读素养
——五年级下册《桥》课例研究报告

宁波市江东第二实验小学　刘　婷

### 一、研究背景与主题

近年来，各国基础教育课程改革达成了这样的共识：读写算能力和信息素养是未来公民所不可或缺的，阅读能力对于学生的未来发展和终身教育有着非同一般的意义。阅读能力是指阅读者运用自己已有的知识经验，顺利而有效地完成阅读活动的能力。这自然离不开阅读策略的运用。对此，国内外教育界也形成了一定的共识。香港、台湾等地的小语同仁也十分关注阅读策略的研究。我国《语文课程标准》（2011版）确定语文学习总体目标之一：具有独立阅读的能力，学会运用多种阅读方法。

这其实就是掌握阅读策略形成阅读能力。

本学期,我校迎来了特级教师周步新老师,她带领我们,组建了活力团队,联合新城实验学校、江东外国语小学等,致力于阅读策略的研究。

这种课题研究的氛围,深深感染着我们,影响着我们。在此基础上,我作为活力团队的成员,引发了对阅读策略研究的强烈兴趣。基于以上原因,我选择了人教版五年级下册第四单元《桥》的第一课时教学作为课例研究的蓝本,目的在于结合理论和实践探索阅读策略,提高学生的阅读能力。

## 二、研究过程与发现

本次课例研究主要经历了多次教案设计及修改,三次执教,三次教后评议,以及最后的教后整理反思,最后呈现了两篇完整的教学设计、一篇完整的教学反思,并在三个校区教研活动及活力团队课题组中进行了课堂展示。本次课例研究由我进行同课多轮执教,陈跃旭校长和特级教师周步新老师、前市教研员徐晓鸣老师进行指导、评价,最后由我基于实录进行自我观课,撰写课例研究报告。

······ 第一次教学 ······

**教学目标**

1. 认识6个生字,正确、流利、有感情地朗读课文。

2. 通过领悟人物描写、对比衬托、环境描写等表达方法感悟党支部书记舍己为人、无私无畏的优秀党员形象。

3. 通过运用各种阅读理解策略初步认识微型小说的特点。

**教学重难点**

1. 领悟作者的表达方法,感知人物形象。

2. 运用阅读理解策略初步认识微型小说的特点。

**教学过程**

**(一)回忆旧课,导入新课**

1.板书"桥",齐读。今天要学的课文题目叫"桥"。回忆以往学过的有关"桥"的课文,有了哪些内容?(《赵州桥》、《跨越海峡的生命桥》、《兰兰过桥》……)

2.想一下,今天这篇以"桥"为题目的课文,会写些什么内容呢?(学生预测)

3.大家想的是否跟课文一样呢?就让我们走进这篇课文,去验证一下吧!(这次提供的课文省略结尾)

**(二)初读课文,整体感知**

1.请同学们拿出课文纸,自由朗读这篇课文,要求读准字音,读通句子,并思考:你感受到了什么?

2.大家读得很快,因为课文篇幅非常短小精悍,不到600字(板书:篇幅短小精悍),但是大家一定感受到很多东西吧!谁来说说?

3.交流(当时情形非常危急;老支书舍己为人、沉着冷静,小伙子知错能改,人们非常惊慌)(你能读出故事的起因,不错!你能找到主要人物,并能发现他的品质,真能干!你还知道了事情的结果,很好!你能感受到那个场面,真棒!)

4.短短的时间里,短短的一篇课文中,大家竟能读出这么多的信息,那么谁能围绕主要人物抓住事情的起因、经过、结果,来说说这篇课文的主要内容呢?

5.是啊,这篇课文讲述在一个时间段、一个地点发生的这一个事件,情节是单一的。(板书:情节单一)

6.这节课,我们将从这样一个事件中去感知一个主要人物——党支部书记。(擦去其他人物)

## (三)领悟方法,感知形象

1. 刚才同学们都感受到了党支部书记沉着指挥、舍己为人的党员形象,那么作者是通过什么方法让大家如此清晰地感受到这种形象呢?请同学们默读课文,画出描写党支部书记的句子,圈出关键词语,说说自己的发现,并做好简单的批注。

(1)出示描写党支部书记的句子。同学们校对一下,你们画完全了吗?如果没有画完全的,请画好。

(2)你们对哪一句话最有感受?谈谈你们的发现吧!

(允许学生有个性多元的解读。)

(3)是啊,作者正是借助了动作、语言、神态、外貌等,描写出党支部书记舍己为人、沉着冷静的优秀党员形象,将人物形象刻画得如此立体丰满。(板书:人物描写　形象立体丰满)而抓住关键词句进行推论,并做好批注,是阅读的一个好策略。

(4)指导朗读,读出党支部书记的形象来。

2. 除了具体的人物描写,作者还用了什么方法刻画出人物形象的?你这是从哪些句子中感受到的?请同学们再次快速阅读课文,找一找。(刚才同学们也提到了人们的惊慌表现与老支书的沉着冷静形成对比,是啊,这个对比衬托的方法也能刻画人物的形象,这样类似描写人们惊慌表现的句子还有吗?快速阅读课文,找出来,体会体会吧!)

(1)交流句子(板书:对比衬托)

(2)师生合作朗读。师读"人们",生读"党支部书记"(出示红——人们,蓝——党支部书记)

(3)从"你拥我挤"到"疯了似的",从"跌跌撞撞"到"乱哄哄",最后变成"依次",老汉的沉着指挥从人们的表现中衬托出来。

3. 除了人物描写、除了对比衬托,作者还有一个精彩的表达方法能体现人物的形象,你们发现了吗?(环境描写。在如此危急的时刻,可是我们的党支部书记,却沉着冷静地指挥,让自己最后一个走,更体现了他的精神。)

(1)交流句子

(2)合作配乐朗读

小结：作者正是抓住了人物描写、环境描写和对比衬托的方式来刻画立体丰满的人物形象。而故事的情节虽然单一，却不单调，起起伏伏，扣人心弦。(板书：起伏)

出示句子：老汉似乎要喊什么，猛然间，一个浪头也吞没了他。

师：党支部书记就这样牺牲了，读着这句话，你有什么问题想问吗？(老汉要喊什么？)文章的留白处是值得提问思考的，你很会提问题。提问是一种非常重要的阅读策略，可以帮助我们展开想象，更走进作者的内心。是啊，老汉究竟要喊什么呢？其实，课文的结局，老师没有给大家，现在来看看结局，读一读，你或许会明白了。

(四)学习结局，丰满形象

1.课件展示结局，快速阅读。

2.读完后，你对刚才的疑问有了答案吗？或者你有什么新的感受？可以选择一个方面写下来。

(1)想象一下，老汉会喊什么？

(2)读完结局，你有了什么感受？

(板书：大公无私　结局新奇震撼)

(五)总结全文，延伸阅读

1.同学们，像这样，篇幅短小精悍、形象立体丰满、情节单一起伏、结局新奇震撼的文章，我们称为"微型小说"，又叫"小小说"。齐读。

同时，我们今天运用了哪些阅读策略，大家还有印象吗？(预测、推论、做批注、提问等)

希望大家课后也能运用这样的阅读策略去阅读文章。

2.今天的课文就学到这里，推荐几篇微型小说。

## 观察发现与教学建议

这堂课是初次试教,由陈跃旭校长作为听课指导。在教学中,运用的几个阅读策略凸显的作用还是非常明显的。

如导入中运用的"预测"和"联系"的阅读策略运用,利用原有的阅读经验和阅读期待,激发了学生阅读的兴趣。又如对故事空白处"老汉会喊什么"的"提问"策略,学生在阅读中自然而然提出疑问,并带着疑问回顾整篇课文,自己做出解答,实现自问自答的反刍过程。再如对课文结局的"推论"策略,再到揭开谜底,对心灵的震撼、对人物形象的感知更加丰满有层次。这些都是阅读策略所带来的影响。

但整堂课中,除了以上阅读策略,最大的阅读策略在于推论与批注,抓住关键词语,感悟人物的形象,做出批注。整堂课由于模式统一单调,学生兴趣索然,课堂气氛沉闷;没有教学层次,引发学生的阅读倦怠。这是本堂课最大的问题。

而且对于运用批注策略,教师毫无指导,流于形式,没有实质的效果。

## 教学反思与改进计划

鉴于以上的问题,建议保留有效的阅读策略,改善无效的阅读策略,重点在于感知人物形象。可以先由学生自由阅读初步感知,再圈圈画画,抓住关键词语谈自己的感受,然后抓住感触最深的内容,教师示范做批注,教给学生做批注的方法。

这样一来,重点放在教给学生学法,而不是停留在内容的感知理解上,这也是基于学生的基础和原有发展层所做的教学探索。

...... 第二次教学 ......

过程实录略。

### 观察发现课堂的积极变化

首先,这堂课相比前一堂课,学生学习的兴趣明显增强,课堂气氛明显高涨,学生阅读的时间更多了,动笔的时间更多了,感悟人物形象的层次更深了。

但人物形象的感知,其实不需要花这么多时间,学生都能感受,都能发现,学生稍微读一读就能读出来的东西,教师却花了这么多的时间,我们不禁要问:有效性在哪里?以生为本在哪里?以学定教在哪里?值得深思!

### 基于问题的进一步改进建议

在试教过程中,经过周老师的指导,我发现目标的定位没有体现以生为本、以学定教的理念。具体的人物描写,在五年级上册第六单元中,学生已经学习与掌握,这个训练点,对学生来说,已经不是难点与重点。做批注这个阅读策略,学生在中段学习中,也已有所掌握,也实在不是一个训练的重点。学生已经会的,不必多花时间,这就是以学定教,所以这个目标定位是错误的。

那么究竟以什么为教学目标呢?在周老师的指导下,我发现这篇课文作为微型小说,有着微型小说特有的写法,以人物、情节、环境为三要素,篇幅的简短、语言的精炼、结局的震撼为表达手法,而微型小说的这些特点是需要学生去发现与体会的。教师在试教中,没有有意识地让学生体会微型小说的特点,直接灌输给学生,不是学生自己发现的,并没有体现以生为本的教学理念。所以,以环境描写为切入点,发现作者语言、写法的特点来体会微型小说的特点,应成为主要的教学目标。

那么如何发现微型小说的特点,如何体会环境描写的作用,如何发现作者语言写法上的特点？我以学法指导为线索，以阅读策略为教学手段，运用联结（回忆以往学过的有关桥的课文）、预测（根据课题预测课文的内容）、验证（通过阅读验证自己的预测）、提取信息（验证课文到底写了什么）、比较（通过比较阅读，发现写法上、语言上的特点），再次预测结局，出示结局，发表自己的感受。利用阅读期待，激起学生的阅读兴趣，利用学生自读自悟，感受文本的特点。

这样的教学设计更体现了以学为本、以学定教的新课程理念。

······ 第 三 次 教 学 ······

**教学目标**

1. 认识6个生字，正确、流利、有感情地朗读课文。
2. 能够运用阅读策略说出微型小说的特点。
3. 领悟作者独特的表达方法，体会环境描写的作用。

**教学重难点**

1. 运用阅读策略初步认识微型小说的特点。
2. 领悟作者独特的表达方法，体会环境描写的作用。

**教学过程**

（一）回忆旧课，导入新课

1. 板书"桥"，齐读。今天要学的课文题目叫"桥"。回忆以往学过的有关"桥"的课文，写了哪些内容？（《赵州桥》、《跨越海峡的生命桥》、《兰兰过桥》，内容略）

2. 今天这篇以"桥"为题目的课文，会写些什么内容呢？大家大胆地预测一下。（学生预测）（板书：预测）

3. 大家的预测是否正确呢？课文到底写了什么，是怎么写的呢？想不想知道，想不想去看看？好，老师就把课文纸发下来（因为提前一学期教，大家没有书本，所以老师印在纸上了）（课文结尾省略）。

**(二)初读课文,整体感知**

1. 拿到纸,大家就迫不及待地看起来了。很好,这篇文章篇幅非常短小,只有500多字。五年级的孩子,默读速度每分钟应不少于300字,所以给大家两分钟时间默读这篇课文。边读边验证一下:课文写了什么?与你的预测有哪些吻合之处或者不同之处?(板书:验证)

2. 课文写了什么?与你的预测一样吗?(可以叫原本预测的那些同学)

预设1:原来这篇课文不是在介绍桥的外形,不是一篇状物的文章,而是一篇记叙文。

你能根据事情的发展顺序,抓住事情的起因、经过、结果来说说这篇课文的主要内容吗?(生答,略)

一篇记叙文,可以抓住事情的起因、经过、结果来概括课文的主要内容。

大家发现了文中所写到的三个人物,你们能围绕这三个人物说说这篇课文的主要内容吗?

我们发现围绕着主要人物,也可以概括课文的主要内容。(板书:人物)

我还发现,这篇课文主要赞扬了老汉舍己为人的精神。你能说说老汉舍己为人的精神体现在哪里吗?

现在大家能围绕课题"桥"来说说这篇课文的主要内容吗?

围绕课题,有时也能概括课文的主要内容。

**(三)再读课文,体会写法**

1. 刚才有同学说到,这篇课文有很多描写洪水的句子,与别的课文有所不同,能找出来读一读吗?快速浏览课文,画出描写洪水的句子,读一读。

2. 交流。读读这些句子,你能发现这些句子在写法上有什么特点吗?

3. 小结:(指着板书)同学们,像这样以环境、人物、情节作为三要素,以扣人心弦的情节来吸引人,以鲜明的人物形象来感染人的称为"小说"。同时,课文的语言很精炼,篇幅很短小,像这样的小说,又称为"微型小说",又叫"小小说"。微型小说还有一个很重要的特点,那就是结尾非常震撼。(课件展示)(板书:小说　微型)

**(四)推理结局,升华情感**

1. 对照微型小说的特点,你们发现这篇课文还有什么地方不符合的?(结尾没有悬念,不震撼)

2. 如果这篇课文还有结局,你觉得结局会是怎样的?根据课文的内容来推理一下。(学生推理)(板书:推理)

3. 其实,课文的结局,老师没有给大家,现在来看看结局,读一读,看看跟自己推理的是否一样?(出示结局)

4. 课件展示结局,快速浏览

5. 读完后,再回想联系前面的课文,你一定有很多的感受想要表达,那就把你的感受写在课文纸的最后吧!

6. 交流

7. 这样的结局是震撼的。这样的结局让我们对老汉的形象又有了新的认识,这就是微型小说的一大特点:结局震撼。(板书:结局震撼)

**(五)监控过程,延伸阅读**

1. 这篇小小说我们今天先学到这里,回顾整堂课的阅读过程,我们又是怎样来学这篇微型小说的呢?(先回顾以往学过的课文——根据课题预测课文的内容——验证自己的预测——发现不同的写法,并体会作用——推理结局——发表读后感受)齐读(板书:阅读)。

2. 今天的课文就学到这里,希望大家课后去搜索一些微型小说,或者订阅《微型小说选刊》,运用今天所学到的阅读策略去阅读这些微型小说。

## 研究结论与反思

在这一堂课的反反复复的设计中，感受最深的就是目标该如何确定。通过几位专家的指导，我认为，目标的确定，最主要的就是以生为本、以学定教。教学内容的确立在于学生不会的、学生感兴趣的，教学手段的选择在于激发学生兴趣、促进学生读写，最后的教学目的在于提高学生的语文素养。

最后的教学设计中，正因为体现了以生为本，以学定教，以促进学生阅读能力、培养学生阅读策略为目标，课堂呈现了学生多思乐思的现象，处处豁然开朗，处处有所收获。教学再也不是停留在对文本内容的理解上，而是重在对文本语言的探索，体会文本语言的特点，从写什么到为什么这样写，深入文本，层层剥茧。

当然，这堂课的设计还有一个很大的不足点，那就是没有立足于学生的认知规律，人文性和工具性还没有实现统一。对于学生来说，人物的形象虽然容易懂，却也要先看懂。学生在阅读文本的时候，他们的阅读层面首先会停留在人物形象上，而不是语言现象上，而教师跳过人物形象，直接剖析语言现象，脱离了学生的认知规律。工具性是体现了，人文性却丢弃了，若能两者协调统一，就更好了。比如说，在语言现象的感知中，再往里走一走，再到人物的形象上绕一圈，剖析语言现象的目的在于体会人物形象，那么，工具性和人文性就是统一的。

在周老师的引领下，我呼吸到了最新鲜的空气，经受了一次头脑风暴，感觉自己脱胎换骨了。这就是专家的魅力吧！

# 第四章 小学语文活力型校本研修的课堂观察

# 第一节 什么是课堂观察

## 一、课堂观察的含义

我们知道,"课堂观察"是课堂研究广为使用的一种研究方法。课堂观察就是指研究者或观察者带着明确的目的,凭借自身感官(如眼、耳等)以及有关辅助工具(观察表、录音录像设备等)直接或间接(主要是直接)地从课堂情境中收集资料,并依据资料作相应研究的一种教育科学研究方法。

也有专家这样阐述:课堂观察,顾名思义,就是通过观察对课堂的运行状况进行记录、分析和研究,并在此基础上谋求学生课堂学习的改善、促进教师发展的专业活动。[1]

据现有资料,我们知道目前中国教育理论界对课堂观察本质的阐述主要有以上两种:一是认为课堂观察是一种教育科学研究的方法,持这种观点的多为教育理论工作者;第二是认为课堂观察是一种改进课堂的实践方法,或是一种有根据的"听课"和"评课",持这种观点的多为教育实践者。[2]

我们认为,课堂观察同时具备上述两种性质,它既是教育理论的研究方法,也是改进课堂的实践方法。

---

[1] 沈毅,崔允漷.课堂观察——走向专业的听评课[M].上海:华东师范大学出版社,2008(10):73—74
[2] 孙剑飞.课堂观察手把手[J].福州:福建教育出版社,2013(10):3—5

## 二、课堂观察的基本特点

课堂观察作为一种科学的教育研究方法与改进课堂的实践方法，它具有一些基本特点：目的性、系统性、理论性、选择性、情境性、合作性等。笔者选取其中重要的三个特点，做简单说明。

### （一）目的性

在课堂观察中，研究者通常要根据自己的研究目的来从事观察活动，无论是观察对象和场所的选择、观察内容的设定、观察方法的设计等都要围绕着研究的目的。[1]

### （二）系统性

课堂观察的系统性就在于它有明确的目的，研究者通常根据自己的研究目的来选择课堂观察的策略，对观察的整个过程做出系统的规划。课堂观察一般包括课前会议、课中观察与课后会议三个阶段。从课前会议的讨论与界定、课堂中的观察与记录，到课后会议的分析与反馈，构成了"确定问题——收集信息——解决问题"的工作流程。

### （三）合作性

课堂观察是一种团队合作，它由彼此分工又相互合作的团队进行。在课堂观察的整个过程中，每一个阶段都是教师之间多项互动的过程。教师借助于课堂观察共同体观察、研讨、学习，开展自我反思和专业对话，在改进课堂教学的同时，促进该合作体的每一位成员都得到应有的发展。[2]

## 三、课堂观察的意义

近年来，随着课堂观察技术在国内的研究和运用，人们对课堂观察的

---

[1] 陈瑶. 课堂观察指导 [M]. 北京：教育科学出版社，2002（10）：4—5
[2] 沈毅，崔允漷. 课堂观察——走向专业的听评课 [M]. 上海：华东师范大学出版社，2008（10）：73—74

意义的研究不断深化,也不断具体化。华东师范大学崔允漷、沈毅等学者认为,课堂观察的起点和归宿都是指向学生课堂学习的改善,是促进教师专业发展的重要途径之一,同时也有助于形成学校的合作文化。甘肃平凉台小学的薛惠萍认为,课堂观察是适应于课堂情境的重要研究方法,课堂观察是课堂研究最常态最基本的方法之一,是促进教师专业化发展的重要途径,能为教育决策与评价提供较为客观的依据。也有学者认为,进行课堂观察是提高教学有效性的需要等等。[1]

案例:小学二年级"学生课堂动笔"观察

《语文新课程标准》(2011版)明确指出:第一、第二、第三学段的语文课上,要在每天的语文课中安排10分钟教师指导下的随堂练习,做到天天练。为落实这一精神,宁波市江东区外国语实验小学活力语文研修团队开展"学生课堂动笔"专题教研。

表4—1 "学生课堂动笔"观察评价(小班化课堂教学调研表)

(　　)学年第(　　)学期　　(　　)学科　　调研者:＿＿＿＿＿＿

| 调研对象 | | 时间 | | 地点 | |
|---|---|---|---|---|---|
| 教学内容 | | | | 等级 | |
| 动笔起止时间 | | 动笔内容 | | 合计时间及评述 | |
| | | | | | |
| | | | | | |
| | | | | | |
| | | | | | |
| 课堂教学调研阵地<br>□学校听课小组随堂听课　□教研组研讨课<br>□教研组示范课　□师徒结对课　□小班化专项课 | | | | | |

---

[1] 孙剑飞.课堂观察手把手[J].福州:福建教育出版社,2013(10):10—11

在语文研修活动中,注重两个方面的关注:一是动笔时间,二是作业质量。前期侧重动笔时间的研讨,后期侧重作业设计的分层有效与学生作业质量的研究。通过两学期的课堂观察相结合的语文活力专题研修,课堂动笔时间发生如下转变。

表4—2　二年级走课"学生动笔时间"统计表

| 班级 | 第一学期 | 第二学期 |
| --- | --- | --- |
| 201班 | 5分钟 | 9分钟 |
| 202班 | 8分钟 | 10分钟 |
| 203班 | 9分钟 | 11分钟 |
| 204班 | 5分钟 | 9分钟 |

随着课堂观察与专题教研的深入开展,老师们针对课堂上动笔时间不够充分的情况,及时调整了自己的教学设计。在第二次走课活动中,全都达到课堂动笔10分钟左右,提高了课堂效率。教研员老师听了周萍萍老师执教的《画鸡蛋》一课后,这样评价:你精当的课堂小练笔不仅改变了课堂一问一答的模式,而且充分发挥学生主体作用,让学生真正成为学习的主人。

因此,结合课堂观察实践,我们强调课堂观察以下三方面的重要意义:

(一)运用课堂观察,促进课堂教学改革,提高学生课堂学习效率。

(二)运用课堂观察,促进教师教学水平提升、专业技能成长。

(三)运用课堂观察,促进教研活动实效、增进学校活力。

教师从事课堂观察研究,促进了教师专业发展,促进科研一体,提升教研活动实效。与此同时,课堂观察研究还增进了教师对学校的归属感,提高教师的工作士气、工作满足感、成就感和责任感,从而形成一种比较积极的、充满活力的学校氛围,促进整个学校的发展。

**四、课堂观察的分类**

根据不同的分类标准,我们对课堂观察进行分类。

第一,根据观察者与被观察课堂的关系,可以分为自我的课堂观察和他人的课堂观察。

第二,根据观察者之间的合作关系可分为合作的课堂观察与独立的课堂观察。

第三,根据对观察对象或内容的选择来分,可分为集中观察和分散观察。

第四,根据观察作用的不同,可分为诊断性观察、提炼性观察、专题性观察。

第五,根据资料收集的方式以及资料本身的属性来划分,课堂观察可分为定量观察和定性观察等等。[1]

结合小学语文课堂观察实践,我们侧重简介定量观察和定性观察。"定量观察"指观察者运用一套定量的、结构化的记录方式进行观察,一般有一定的分类体系或具体的观察工具,对预先设置的分类下的行为进行记录。这种观察记录的结果一般是一些规范的数据。"定性观察"指观察者依据粗线条的观察纲要,搜集对课堂事件进行细节描述的信息材料。资料收集的规则是灵活的,是基于需要在观察的过程中形成的。在观察后,根据回忆加以追溯性的补充和完善,并通过描述性和评价性的文字记录现场感受和领悟。

表4—3 课堂观察类型

| 课堂观察分类 | 观察工具 | 记录时间 | 记录方式 | 优势与局限 |
| --- | --- | --- | --- | --- |
| 定量课堂观察 | 定量的、结构化的观察表 | 课堂及时记录 | 规范的数据 | 科学、客观研究的信度较高,视角单一,相对片面。 |
| 定性课堂观察 | 粗线条的观察纲要 | 课堂及时记录或课后回忆补充 | 描述性和评价性文字 | 视角整体、全面,主观性和个别性较强等。 |

[1] 孙剑飞. 课堂观察手把手[J]. 福州:福建教育出版社,2013(10):22—23

## 第二节　小学语文课堂观察点的确立

　　开展小学语文课堂观察，观察点的选择十分重要。在课堂教学的现场，可以从无数种角度观察课堂，所以，也就有无数个观察点可以让我们去选择。浙江省余杭高级中学在华东师范大学崔允漷教授的指导下提出了"课堂观察框架"，该框架包括了"4个维度，20个视角，68个观察点"。余杭的课堂观察框架是很值得我们研读与借鉴的，同时，我们也可以根据自己的需求，设计独特的观察视点。

　　小学语文活力研修团队根据学校实际需求，主要从以下四个方面确定观察点：

**一、"小语特色"——根据课程性质，确定小学语文课堂观察点**

　　《语文课程标准》（2011版）指出，语文课程是一门学习语言文字运用的综合性、实践性课程。工具性与人文性的统一是语文课程的基本特点。学段目标与内容从"识字与写字"、"阅读"、"写作"、"口语交际"、"综合实践"这几方面提出了要求。综合起来看，小学语文教学重点在培养学生听、说、读、写、思维等各方面的语文能力。据此，语文活力研修团队根据不同年段、不同的课型确定了不同的观察点。如：

表4—4　课程性质确定课堂观察点

| 年段 | 课型 | 观察视角 | 课堂观察点（举例） |
|---|---|---|---|
| 第一学段 | 拼音课 | 听（一层）：静心倾听，姿势规范。 | "学生倾听姿势"课堂观察1 |
| | | 说（一层）：大胆发言，说话完整。 | "学生发言"课堂观察1 |
| | 识字课 | 读（一层）：姿势规范，朗读正确。 | "学生读书姿势"课堂观察1 |
| | | 写（一层）：姿势正确，书写工整。 | "学生写字姿势"课堂观察1 |
| 第二学段 | 阅读课 | 读（二层）：朗读正确、流利。 | "学生朗读"课堂观察2 |
| | | 写（二层）：练笔10分钟，书写工整。 | "课堂练笔10分钟"课堂观察2 |
| | 口语交际与习作 | 听（二层）：认真倾听，把握主旨。 | "学生听取主旨"课堂观察2 |
| | | 说（二层）：说话清楚，能简要转述。 | "学生转述"课堂观察2 |
| | | 表达（一层）：乐于表达，内容清楚。 | "学生有效练笔"课堂观察2 |
| 第三学段 | 阅读课 | 读（三层）：朗读正确、流利、有感情。 | "学生朗读"课堂观察3 |
| | | 写（三层）：练笔10分钟，书写美观。 | "课堂练笔10分钟"课堂观察3 |
| | 综合实践与习作 | 听（三层）：边听边想，提取要点。 | "学生听取要点"课堂观察3 |
| | | 说（三层）：发言得体，有条理。 | "学生即兴发言"课堂观察3 |
| | | 表达（二层）：内容具体，感情真实。 | "学生有效练笔"课堂观察2 |

《语文课程标准》（2011版）的阶段性目标，就根据不同年龄段学生的特点，将小学阶段口语交际教学的目标分为三个阶段：

第一学段（1—2年级）：能认真听别人讲话，努力了解讲话的主要内容。

第二学段（3—4年级）：1.在交谈中能认真倾听、领会要点，并能就不理解的地方向对方请教，就不同的意见与人商讨。2.听人说话能把握主要内容，并能简要转述。

第三学段（5—6年级）：听他人说话认真耐心，能抓住要点，并能简要转述。

因此，我们在不同年段，设计了不同的倾听观察点。第一学段：静心倾听，姿势规范；第二学段：边听边想，提取要点；第三学段：边听边想，提取要点。

如此确定观察点，让每种课型、每个年段都有不同的观察重点。而这些观察点紧扣小学语文教学本体目标，体现小学语文课程特色。这样的课堂观察能循序渐进地促进学生语文能力、语文素养的提高。

### 二、"以生为本"——立足学生发展，设计小学语文课堂观察点

以往的听评课，侧重于评教师的"教"，而今的课堂以生为本、以学定教，学生的成长发展才是课堂观察的最终归宿。所以，小学语文活力型校本研修的课堂评价侧重于从学的角度设计课堂观察点。如下表"从课程性质确定课堂观察点"，既是从学科的特点确定观察点，也是从学生发展的角度确定观察点。比如第一学段"写字姿势"观察点的确立由来。近年来，学校一年级新生，有近三分之一的同学写字姿势、执笔方法不正确、不规范，问题相当严重。我们知道，写字姿势是否正确，不仅关系到学生能否把字写好，还关系到儿童的身体健康和正常发育。故而，我们团队从学生成长需要出发，确定一年级上学期的课堂观察点是学生写字姿势，还根据这一观察点制定出相应的课堂观察表。

表4—5（　　）学年第（　　）学期一年级学生"写字姿势"课堂观察表
（　　）学科　　　调研者：_____

| 调研对象 | | 时间 | | 地点 | |
|---|---|---|---|---|---|
| 教学内容 | | | | 等级 | |

先在下面空白处根据班级实际画出座位表，然后用画"△"表示写字姿势不正确；用"√"表示执笔姿势不正确。听课结束后，对学生"写字姿势"、"执笔姿势"正确率进行统计和分析。

写字姿势正确：头正，肩平，背直，足安；

执笔姿势正确："三指虎口法"，三指是指用拇指、食指的指肚和中指第一节的上侧同点（笔尖留一寸为宜）三面握笔，虎口是指笔杆要斜靠在虎口上（食指根稍往后）。

续表

| 调研对象 | | 时间 | | 地点 | |
|---|---|---|---|---|---|
| 教学内容 | | | | 等级 | |
| | | | | | |
| 总体统计及评价 | | | | | |
| | | | | | |

课堂教学调研阵地：□学校听课小组随堂听课　　□教研组研讨课　　□教研组示范课　　□师徒结对课　　□小班化专项课

【说明】
　　优秀：全体学生中写字姿势正确率为85%—100%；
　　良好：全体学生写字姿势正确率为75%—85%；
　　合格：全体学生写字姿势正确率为60%—75%。

### 三、"教学相长"——根据教师成长，确定小学课堂观察点

教育学的理想是：在师生共同生活的世界中教学相长，学生在教师的发展中成长，教师在学生的成长中发展。新课程也极为强调师生要结成"学习共同体"。《基础教育课程改革纲要（试行）》指出：要"建立促进教师不断提高的评价体系。强调教师对自己教学行为的分析与反思，建立以教师自评为主，校长、教师、学生、家长共同参与的评价制度，使教师从多种渠道获得信息，不断提高教学水平"。在教师的发展过程中，其中心是教师的专业成长。处于从教经验和年限不同发展期的教师其成长需求不同，关心的问题不同，因而促进其专业发展的课堂观察点也不同。

表4—6　从教师成长角度确定课堂观察点

| 成长阶段 | 发展需求 | 课堂观察点 |
| --- | --- | --- |
| 新教师（1—5年） | 课堂基本架构 | 教学目标达成是否有效 |
| | | 课堂教学设计是否合理 |
| 一级教师 | 课堂细节处理 | 教学策略（方法）是否有效 |
| | | 课堂理答是否有效 |
| 高级教师 | 课堂特色展现 | 小练笔是否有效 |
| | | 学生活动是否有效 |

新教师上课常照搬教案，走教学流程，缺乏课堂掌控能力。为促进年轻教师发展，确定"教学目标达成是否有效"、"课堂教学设计是否合理"等为观察点。一级教师经过一段时间的经验积累，虽有新教师所缺失的学科宏观掌控能力，但缺少高级教师的微观教学能力，出现的教学瓶颈主要表现在对细节的把握和处理能力上。结合教者自身需求，我们确定"教学策略是否有效"、"课堂理答是否有效"等作为课堂观察点。高级教师在追求个人教学特色上提出了新的要求，有的教师关注小组活动，有的教师注重读写结合等，我们确定"学生活动是否有效"、"小练笔是否有效"等作为高级教师的课堂观察点。

当然，每位教师在成长的道路上，都有自己发展的不同轨迹，有自己不同的需求。所以，我们的课堂观察点也会有所不同。例如有的教师觉得自己课堂评价能力方面比较欠缺，就确定"课堂评价是否有效"作为观察点，并制定"课堂评价观察表"跟进课堂观察。有的教师发觉自己在教材处理方面还有待提高，就确定"课堂教学资源的整合如何促进教学目标的有效达成"为课堂观察点，制定"课堂教学资源的整合课堂观察表"。

表 4—7 （　　　）学年第（　　）学期（　　　）学科　调研者：_____

| 调研对象 | | 时间 | | 地点 | |
|---|---|---|---|---|---|
| 教学内容 | | | | 等级 | |
| 观察内容＼教学目标 | | | | | |
| 教材已有资源 | | | | | |
| 教材取舍调整 | | | | | |
| 教师增加资源 | | | | | |
| 课堂生成 | 教学机智 | | | | |
| | 学生疑问 | | | | |
| | 学生应答 | | | | |
| 学习目标达成情况分析 | | | | | |
| 课堂教学调研阵地：□学校听课小组随堂听课　□教研组研讨课　□教研组示范课<br>□师徒结对课　□小班化专项课 | | | | | |

### 四、"学校特色"—— 凭借学校、团队研究专题，确定课堂观察点

小学语文活力研修团队每一次开展活动都有共同的目标，或是研究的主题，形成研究合作体。研修团队在观察点的选择和确定上，要思考本学科教研组近三年的课堂教学追求是什么。为达成这些目标，在进行课堂观察时就应当根据教研专题活动的需要确定观察点。

比如宁波市江东外国语实验小学根据学校"小班化"的办学特色，确定近三年的语文教研目标是：小班化有效课堂教学研讨。据此目标，结合各年段教学目标、学生需求、教师要求确定了不同的主题，确定不同的课堂观察点。

表 4—8  不同年级的研讨重点和课堂观察表

| 年级 | 研讨重点 | 课堂观察表 |
|---|---|---|
| 一年级 | 研写字姿势,促书写规范 | "写字姿势"课堂评价表 |
| 二年级 | 研课堂动笔,促课堂高效 | "学生动笔"课堂评价表 |
| 三年级 | 研阅读策略,促儿童文学有效阅读 | "小组合作学习的有效性" |
| 四年级 | 研"预习单",促进学生掌握"抓住课文主要内容"的阅读方法 | "师生活动时间"观察表 |
| 五年级 | 研"练习单",促进学生初步领悟文章的基本表达方法 | "学生课堂参与"观察表 |
| 六年级 | 研"学习单",促进学生初步领会、运用基本表达方法 | "作业分析"观察表 |
| 备注 | 各年级都要关注的:"六个一"课堂观察表,"关注全体及个别指导"观察表 | |

活力研修团队围绕教研主题,紧扣课堂观察点,按"设计——观察——反思——改进"的流程有序开展教研活动,提高了教研活动质量,促进了团队教师的成长,打造了富有外国语实验小学特色的"六基"幸福课堂。("六基"幸福课堂内涵:课前 1 分钟经典诵读;课中 100% 学生获得表现;课中偶发事故处理少于 30 秒;课中 10+X 合作实践;延课 0 分钟;课间 10 分钟与学生沟通。)

## 第三节  小学语文课堂观察表的制订

### 一、课堂观察的框架

课堂观察,言下之意,就是观察课堂。在课堂教学的现场,可以从无数角度观察课堂,所以,也就有无数个观察点可以让我们去选择。

华东师范大学崔允漷教授认为课堂的解构一般有四个维度(如图):学生学习、教师教学、课程性质和课堂文化。

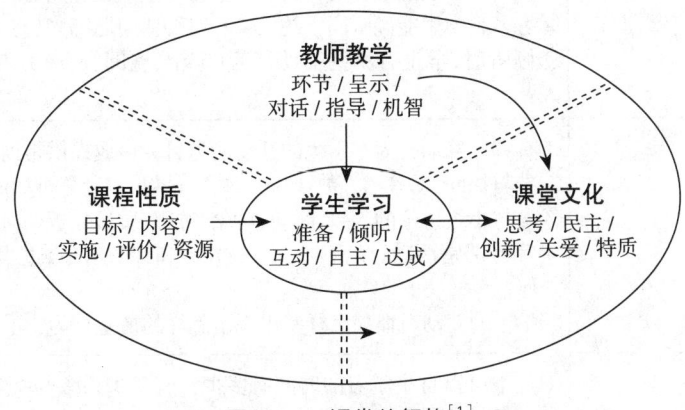

图4—1 课堂的解构[1]

为此,他提出了"课堂观察框架",该框架包括了"4个维度,20个视角,68个观察点"(见下面课堂观察框架表[2])。课堂观察框架为我们理解课堂、确定研究问题、明确观察任务提供了一张清晰的认知地图和一个实用的研究框架。[3]

表4—9 课堂的4维度20视角68观察点

| 维度 | 视角 | 观 察 点 |
|---|---|---|
| 学生学习 | (1)准备 | ①学生课前准备了什么?是怎样准备的?<br>②准备得怎么样?有多少学生做了准备?<br>③学优生、学困生的准备习惯怎么样? |

---

[1]崔允漷,沈毅.课堂观察Ⅱ——走向专业的听评课[M].上海:华东师范大学出版社,2013:28

[2]崔允漷,沈毅.课堂观察Ⅱ——走向专业的听评课[M].上海:华东师范大学出版社,2013:29

[3]崔允漷.论指向教学改进的课堂观察LICC范式[J].教育测量与评价(理论版),2010(3)

续表

| 维度 | 视角 | 观察点 |
| --- | --- | --- |
| 学生学习 | （2）倾听 | ①有多少学生能倾听老师的讲课？对哪些问题感兴趣？<br>②有多少学生能倾听同学的发言？对哪些问题感兴趣？<br>③倾听时，学生有哪些辅助行为（笔记、查阅、回应）？有多少人？ |
| | （3）互动 | ①有哪些互动行为？学生的互动能为目标达成提供帮助吗？<br>②参与提问、回答的人数、时间、对象、过程、质量分析如何？<br>③参与小组讨论的人数、时间、对象、过程、质量分析如何？<br>④参与课堂活动（个人、小组）的人数、时间、对象、过程、质量如何？<br>⑤学生的互动习惯怎么样？出现了怎样的情感行为？ |
| | （4）自主 | ①学生可以自主学习的时间有多少？有多少人参与？学困生参与情况怎样？<br>②学生自主学习形式（探究、记笔记、阅读、思考）有哪些？各有多少人？<br>③学生的自主学习有序吗？学生有无自主探究活动？学优生、学困生情况怎样？<br>④学生自主学习的质量如何？ |
| | （5）达成 | ①学生清楚这节课的学习目标吗？<br>②预设的目标达成有什么证据吗（观点、作业、表情、检测、成果展示）？有多少人达成？<br>③这堂课生成了什么目标？效果如何？ |
| 教师教学 | （1）环节 | ①本节课由哪些环节构成？是否围绕教学目标展开？<br>②这些环节是否面向全体学生？<br>③不同环节/行为/内容的时间是怎么分配的？ |
| | （2）呈示 | ①怎样讲解？讲解是否有效（清晰、结构、契合主题、简洁、语速、音量、节奏）？<br>②板书怎样呈现的？是否为学生提供了帮助？<br>③媒体怎样呈现的？是否适当？是否有效？<br>④教师在课堂中的行为和动作（如走动、指导）是怎样呈现的？是否规范？是否有利于教学？ |

续表

| 维度 | 视角 | 观察点 |
|---|---|---|
| 教师教学 | （3）对话 | ①提问的学生分布、次数、知识的认知难度、候答时间怎样？是否有效？<br>②教师的回答方式和内容如何？是否有效？<br>③对话围绕哪些话题？话题与学习目标的关系如何？ |
| 教师教学 | （4）指导 | ①怎样指导学生自主学习（阅读、作业）？是否有效？<br>②怎样指导学生合作学习（讨论、活动、作业）？是否有效？<br>③怎样指导学生探究学习（教师命制探究题目、指导学生围绕学习内容自命题目并自主探究）？是否有效？ |
| 教师教学 | （5）机智 | ①教学设计与预设的有哪些调整？为什么？效果怎样？<br>②如何处理来自学生或情景的突发事件？效果怎么样？<br>③呈现了哪些非言语行为（表情、移动、体态语）？效果怎样？<br>④有哪些具有特色的课堂行为（语言、教态、学识、技能、思想）？ |
| 课程性质 | （1）目标 | ①预设的学生学习目标是什么？学习目标的表达是否规范和清晰？<br>②目标是根据什么（课程标准、学生、教材）预设的？是否符合该班学生？<br>③在课堂中是否生成新的学习目标？是否合理？ |
| 课程性质 | （2）内容 | ①教材是如何处理的（增、删、合、立、换）？是否合理？<br>②课堂中生成了哪些内容？怎样处理？<br>③是否凸显了学科的特点、思想、核心技能以及逻辑关系？<br>④容量是否适合该班学生？如何满足不同学生的需求？ |
| 课程性质 | （3）实施 | ①预设的教学方法（讲授、讨论、活动、探究、互动）有哪些？与学习目标的适合度怎样？<br>②是否体现了学科特点？有没有关注学习方法的指导？<br>③创设了什么样的情境？是否有效？ |
| 课程性质 | （4）评价 | ①检测学习目标所采用的主要评价方式是什么？是否有效？<br>②是否关注在教学过程中获取相关的评价信息（回答、作业、表情）？<br>③如何利用所获得的评价信息（解释、反馈、改进建议）？ |

续表

| 维度 | 视角 | 观 察 点 |
|---|---|---|
| | （5）资源 | ①预设了哪些资源（师生、文本、实物与模型、多媒体）？<br>②预设资源的利用是否有助于学习目标的达成？<br>③生成了哪些资源（错误、回答、作业、作品）？与学习目标达成的关系怎样？<br>④向学生推荐了哪些课外资源？可得到程度如何？ |
| 课堂文化 | （1）思考 | ①学习目标是否关注高级认知技能（解释、解决、迁移、综合、评价）？<br>②教学是否由问题驱动？问题链与学生认知水平、知识结构的关系如何？<br>③怎样指导学生开展独立思考？怎样对待或处理学生思考中的错误？<br>④学生思考的人数、时间、水平怎样？课堂气氛怎样？ |
| | （2）民主 | ①课堂话语（数量、时间、对象、措辞、插话）是怎么样的？<br>②学生参与课堂教学活动的人数、时间怎样？课堂气氛怎样？<br>③师生行为（情境设置、叫答机会、座位安排）如何？学生间的关系如何？ |
| | （3）创新 | ①教学设计、情境创设与资源利用有何新意？<br>②教学设计、课堂气氛是否有助于学生表达自己的创新性思维？如何处理？<br>③课堂生成了哪些目标、资源？教师是如何处理的？ |
| | （4）关爱 | ①学习目标是否面向全体学生？是否关注不同学生的需求？<br>②特殊（学习困难、疾病）学生的学习是否得到关注？座位安排是否得当？<br>③课堂话语（数量、时间、对象、措辞、插话）、行为（叫答机会、座位安排）如何？ |
| | （5）特质 | ①该课体现了教师哪些优势（语言风格、行为特点、思维品质）？<br>②整堂课设计是否有特色（环节安排、教材处理、导入、教学策略、学习指导、对话）？<br>③学生对该教师教学特色的评价如何？ |

崔允漷教授的课堂观察框架很值得我们研读与借鉴。同时,我们也可以根据语文学科的特点、自己的需求设计独特的观察点。小学语文学科重在培养学生的听、说、读、写、思维等各方面的语文能力。据此,可以根据不同年段语文能力需要达成的要求设计不同的观察点。

**二、小学语文课堂观察的步骤**

小学语文课堂观察的步骤与其他学科的课堂观察步骤基本相似,大致需要经历三个阶段。

**(一)课前准备阶段**

课前准备阶段涉及环节和任务众多,是课堂观察研究的重点之一。准备阶段的研究重点在于观察提纲的制订、观察点的确定、观察量表的设计、记录方式的选择等。我们认为关键要思考五个问题:观察谁?为什么观察?什么时间观察?观察什么?怎样观察?[1]

例如,在开展小学语文活力课堂观察前,我们预先准备好观察学生的座位表。

表 4—10　学生座位表

| 讲台 | | | | | | | | | |
|---|---|---|---|---|---|---|---|---|---|
|  |  |  |  | △ |  |  |  | ☆ |  |
| △ |  |  | ☆ |  |  |  |  |  |  |
|  |  |  |  |  |  | ☆ |  | △ |  |
|  |  |  |  | △ |  |  |  |  | ☆ |
|  |  |  |  |  |  |  |  |  |  |
|  | ☆ |  |  |  |  | ☆ | △ |  |  |

注:△为学困生　☆为学优生

同时,上课教师进行简单陈述,介绍上什么课,此课在单元或学期中

---

[1] 黄忠敬.课堂观察 让教师拥有一双"慧眼"[J].基础教育,2008(4):15

地位怎样,本班学生的情况,包括学优生与学困生座位在哪里,教学目标是什么,难点在哪里,准备如何解决,针对教学目标,如何安排具体的教学环节,怎么知道已达成了教学目标等基本情况。

参与听评课的教师与上课教师就上述问题商议,确定观察点。

小学语文活力研修准备阶段侧重评价成员的参与准备,以强化团队合作参与意识。有了参与的意识,才能有合作的愿望。我们是这样做的:注意梯度,让各层面的老师都能参与;组织得当,使每个活力团队成员都有机会参与;激励反馈,使每个成员尝到乐趣。如在刚刚组建小组的时候,从组员分工是否明确,合作分工是否合理等方面进行评价。

### (二)课中观察阶段

这个阶段指观察者进入小学语文课堂进行观察,按照一定的观察技术要求,根据制定的观察量表,选择恰当的观察位置和角度,迅速进入观察状态,通过不同的记录方式,对所观察到的内容进行记录。

本阶段重视活力研修团队成员合理分工、职责明确,从而保证团队教师自主、合作、探究的课堂观察活动能规范、有序地进行。实践证明,要提高语文观察的效率,就必须强调课中阶段的观察实施。只有这样,才能使

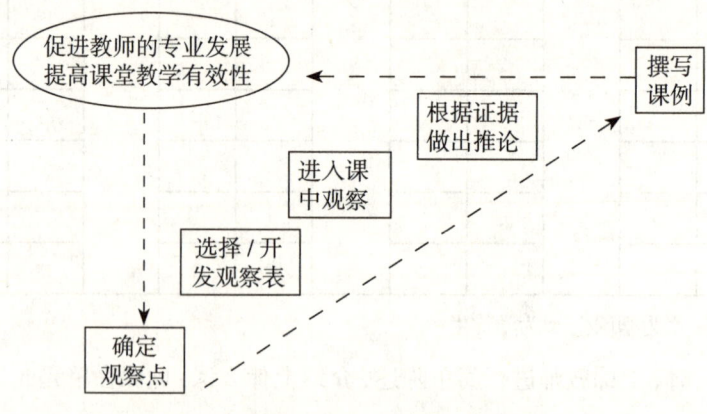

图 4—2　课堂提问有效性观察研究流程

团队成员明确语文学习探究的目标、分工、任务,为提高课堂教学效率打下坚实的基础。

小学语文活力研修要求团员们在实施课堂观察时做到:提前进入现场,明确观察任务,选择观察位置,如实做好记录,避免影响教学。

**(三)课后分析阶段**

这个阶段指观察结束后,观察者和被观察者在平等对话中进行探讨、分析、总结,对所收集到的资料进行分析整理,提出改进建议等内容。

课后,小学语文活力研修团队的上课老师再次陈述:这节课是怎样获得成功的?预设的语文学习目标达成了吗?各种主要教学行为(如活动或情景创设、讲解、对话、指导和资源利用等)是否有效?有无偏离原有的教学设计?如有,请继续说说有何不同,为什么等。

随后,团队观察者从不同的角度报告并交流课堂观察的结果及简要结论,协商得出本次小学语文课堂观察结论和行为改进的具体建议,包括成功之处、个人特色、改进建议等。

小学语文课堂观察在实践中遵循基本步骤的同时,有时根据观察的需要,在课堂观察前或后会进行前测或后测。例如为了研究识字教学的有效性问题,会对学生进行课前的识字前测。在课堂观察后会进行识字的后测,通过前后数据的比照、课中识字教学策略的观测等分析,形成一份有研究价值的课堂观察报告。

**三、小学语文课堂观察量表的制定**

进行小学语文课堂观察,量表要先行。开发量表是整个课堂观察的核心技术,是突破口。要观察课堂必须理解课堂,要理解课堂则需要有一种分析视角来审视我们的课堂,也就是观察课堂必须明确具体的观察点(观察任务),所以,每次观课、议课时我们要先确定观课的主题视角,然后再根据观课的主题这一视角设计观课、议课的量表。因此,观察量表的制定就显得尤为重要了。

那如何制定小学语文课堂观察量表?课堂是错综复杂且变化多端的,要观察到课堂里发生的每一件事情是不可能的,我们可以从崔允漷教授"4维度20视角68观察点"的课堂观察框架入手,从小学语文学科的本体目标、教学重点、难点及具体分析观察对象(内容)的要素下手,寻找出清晰的目标指向来设计课堂观察量表。

(一)从观察课的目标、重难点入手

小学语文课堂观察真正主旨归于何处?我们认为无论是小学语文课堂教学的改进、教师的专业发展、教育研究还是合作文化建设,最终目的都是促进学生的语文学习。观察者必须重点观察学科课程目标的达成水平,立足"三个视点"——双基目标、过程目标、情感目标,"两条视线"——学生参与状态、教师调控策略。例如在小学语文课堂教学常规中的观察量表可以就以下几个观察点进行量表的设计:1.基于分析教学环节时间分配、教师提问的观察;2.基于分析课堂书面练习层次、时间的观察;3.基于分析学生参与回答问题的观察;4.基于分析学生个案的观察(定点观察);5.基于小组合作学习的观察等。尤其要从量表中明显地感受到,量表的开发都是以学科课程目标的达成水平而设定的。比如宁波大学教师教育学院郑东辉博士设计的《教学目标的达成课堂观察记录表》。

表4—11 小学语文教学目标的达成课堂观察记录表

量表设计:郑东辉
观察维度:课程性质·目标/学生学习·达成
研究问题:语文教学目标是如何落实的? 学生是否达成?

| 教学目标 | 教学环节 | 教学活动 | 学习活动 | 课堂反馈与结果 |
|---|---|---|---|---|
|  |  |  |  |  |
|  |  |  |  |  |
|  |  |  |  |  |

### (二)从观察对象(内容)的要素入手

不同的观察对象或内容,量表开发就有不同的要素。想观察语文课堂提问,其要素就可以从"提问的数量"、"提问的认知层次"、"问题的目的指向"、"提问的方式"、"学生回答的方式"、"学生回答的类型"、"教师理答的方式"等方面分析。想观察语文课堂学生"提问的数量",则应采用定量的观察量表(具体到数值的观察量表,一般比较精确。它的制定一定要精简,方便观察者记录数据);想观察"提问的认知层次"、"问题的目的指向",就应该采用定性的观察量表(相对定量观察量表,它模糊许多,仅仅涉及性质。它的制定逻辑关系要妥善处理,尽量不要有歧义);想观察语文课堂练习,其要素就可以从"练习的层次"、"练习的时间"等方面分析,也就是借助于定量与定性相结合的量表(这是课堂观察量表中运用最广的一种量表。它要求观察者在记录现象时先进行定性,同时也定量)。想观察语文课堂"情境创设的效度"应该采用定性观察量表。想观察语文课堂"学生活动创设与开展有效性",若想从学生参与活动的人数和态度来判断,那么在界定不同态度表现行为的基础上,采用定量的观察量表较为合适。例如就小学语文课堂提问这个观察点设计的观察表。

### 表 4—12 小学语文课堂师生问答的课堂观察量表

观察目的:强化教师问题设计的合理性;提高学生课堂回答问题的积极性。

| 执教人 | | 课题 | | 课时 | |
|---|---|---|---|---|---|
| 班级 | | 观察时间 | | 观测人 | |
| 教师问题类型 | 次数 | 学生回答方式 | 提问后停顿时间 | | 教师理答方式 |
| 1.记忆性问题（了解） | | 1.提问前先点名（　　）<br>2.提问后让学生齐答（　　）<br>3.提问后让举手者答（　　）<br>4.提问后让未举手者答（　　）<br>5.提问后改问其他同学（　　） | 1.提问后没有停顿或不足3秒（　　）<br>2.提问后停顿6秒以上（　　）<br>3.提问后停顿3—5秒（　　）<br>4.学生答不出而耐心等待几秒（　　）<br>5.对特殊需要的学生适当多等几秒（　　） | | 1.打断学生,或自己代答（　　）<br>2.不理睬或消极批评（　　）<br>3.重复自己的问题或学生答案（　　）<br>4.对学生回答鼓励、称赞（　　）<br>5.鼓励学生自己提出问题（　　） |
| 2.理解性问题 | | 1.提问前先点名（　　）<br>2.提问后让学生齐答（　　）<br>3.提问后让举手者答（　　）<br>4.提问后让未举手者答（　　）<br>5.提问后改问其他同学（　　） | 1.提问后没有停顿或不足3秒（　　）<br>2.提问后停顿6秒以上（　　）<br>3.提问后停顿3—5秒（　　）<br>4.学生答不出而耐心等待几秒（　　）<br>5.对特殊需要的学生适当多等几秒（　　） | | 1.打断学生,或自己代答（　　）<br>2.不理睬或消极批评（　　）<br>3.重复自己的问题或学生答案（　　）<br>4.对学生回答鼓励、称赞（　　）<br>5.鼓励学生自己提出问题（　　） |
| 3.创造（综合）性问题 | | 1.提问前先点名（　　）<br>2.提问后让学生齐答（　　）<br>3.提问后让举手者答（　　）<br>4.提问后让未举手者答（　　）<br>5.提问后改问其他同学（　　） | 1.提问后没有停顿或不足3秒（　　）<br>2.提问后停顿6秒以上（　　）<br>3.提问后停顿3—5秒（　　）<br>4.学生答不出而耐心等待几秒（　　）<br>5.对特殊需要的学生适当多等几秒（　　） | | 1.打断学生,或自己代答（　　）<br>2.不理睬或消极批评（　　）<br>3.重复自己的问题或学生答案（　　）<br>4.对学生回答鼓励、称赞（　　）<br>5.鼓励学生自己提出问题（　　） |

备注:教师问题类型的次数在空白处画"正"字方式记录。
学生回答方式在相应括号内画"正"字方式记录。

教师提问后停顿时间在相应括号内画"正"字方式记录。
教师理答方式在相应括号内画"正"字方式记录。

### （三）从观察课的具体情境设计入手

根据观察语文课的具体情境设计选用与调整观察量表。情境的设计带动一节课的优劣，语文课堂观察更要根据情境设计的改变而调整与选用合理可行的观察量表。因此，量表的设计要不停地进行改进，不同的课堂具有不同的情境，普适性太强意味着针对性的弱化，所以，在使用量表前必须根据观察课的具体情境调整原先设计的量表，不能只是简单地为了量表而量表，避免出现舍本逐末的现象。

例如宁波市江东第二实验小学的课堂观察表样本：

表4—13 江东第二实验小学语文课堂观察之学生语言表达质量提升观察评价

被观察教师：　　　　授课内容：《　　　　　》
观察时间：　　　观察地点：　　　观察人：

讲台

| | | | | | | | |
|---|---|---|---|---|---|---|---|
| ☺傅* | ☆励* | 1顾* | 张* | ☺周* | ☆江* | ☺陈* | ☆黄* |
| 2潘* | 谢* | 2邱* | ☺雷* | 2张* | 孔* | 张* | ☆裴* |
| ☆卫* | ☺叶* | 3虞* | 马* | 3蒋* | ☺王* | 滕* | ☆孔* |
| 4刘* | 徐* | ☺4沃* | ☺王* | 4张* | 钟* | 赵* | 徐* |
| ☆5温* | ☺郑* | ☆5韩* | ☺江* | ☆ | ☺林* | ☺卢* | ☺崔* |
| 6 | | 6 | | 6 | | 6 | |

☺代表优等生　　☆代表学困生

1. 用画"正"字方式记录学生个体发言的参与次数。
2. 学生主动应答打上"○"，被动应答打上"▽"。
3. 经过教师指导后，该学生或者其他学生发言质量有所提升，请打上"★"。

4. 统计

班级总人数（　　），发言人数一次计（　　），占全体学生参与发言率（　　）%，发言人数2次计（　　），3次及以上计（　　），2次及以上发言人数占全体学生参与发言率（　　）%，课堂个别有效指导（　　）人，占班级总人数的（　　）%，主动应答（　　）人，占班级总人数的（　　）%，被动应答的（　　）人，占班级总人数的（　　）%，

5. 在下面表格中记录简评

表 4—14

| 教师典型有效指导： |
| 典型的无效指导： |
| 本课语言质量提升明显亮点： |
| 我们的思考与建议： |

**四、提高小学语文课堂观察量表设计有效性的建议**

如何使观察量表设计得更加合理，更有利于课堂观察活动有效性的提高呢？

首先，要利用好集体备课的力量。将课堂观察法融合到以教研组和备课组为单位的集体备课活动中，教师通过整体感知、分工合作、讨论探究，加深对量表设计的理解，将集体的智慧真正内化。

以集体备课为单元的课堂观察量表设计步骤包括：第一，教研组长或备课组长组织教师进行集体备课，吃透教材，并组织说课活动；第二，在理解课程标准、教材、学生和教师的情况下，抓住课程核心，提炼出支撑教学的关键点，并根据这些关键点选择研讨主题，分配量表设计任务，进

入量表设计环节。

其次,课堂观察量表的设计与检验要基于真实的教学场景。课堂观察量表要来源于课堂教学又要指导课堂教学改进,因此,量表必须紧密联系实际,"好用"、"可用"的量表是课堂观察成功的基石。设计量表前教师要围绕主题开展观测前会议,依据教学设计制作初期观察量表;然后在真实的教学中检验量表是否具有科学性和可操作性,进而根据自我的体会改进量表。如此反复多轮,通过统筹基础上的分工,个人感悟和集体研讨同时发挥长处并形成最终观察量表。

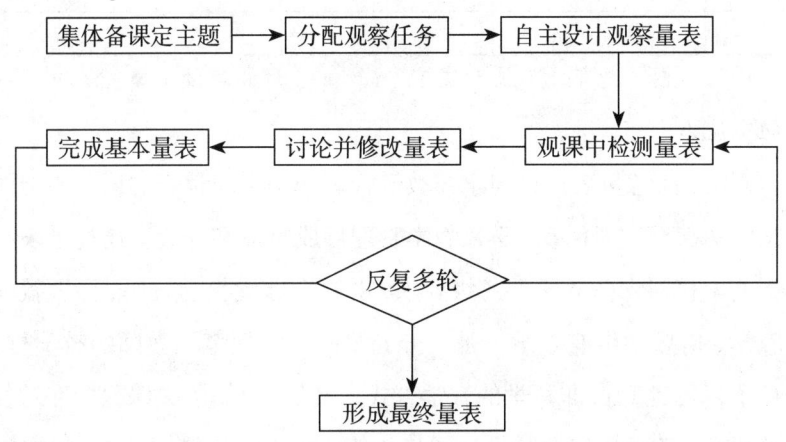

图4—3 课堂观察量表设计流程[1]

例如,宁波大学教师教育学院郑东辉博士设计的教师写作指导观察量表:

[1]陈瑶.课堂观察指导[M].北京:教育科学出版社,2002:4—5

表 4—15  教师指导学生进行写作

量表设计：郑东辉
观察维度：教师教学·指导
研究问题：教师指导写作的步骤、行为及其效果如何？

| 指导步骤 | 教学环节 | 指导行为 | | | | | |
|---|---|---|---|---|---|---|---|
| | | 解释任务 | 提供范文并解释 | 展示学生作品并讲解 | 展示学生作品并让学生点评 | 个别指导 | 集体策略讲解 |
| | | | | | | | |
| | | | | | | | |
| | | | | | | | |
| | | | | | | | |

说明：主动发言 ○ 被动发言 （例如：开火车读） ● 合作作答 √ 小组交流 △

再次，注意量表设计与学校教学管理的关系。量表的设计要与课堂观察活动甚至教研活动、学校教学管理形成整体和呼应。通过量表向教师指明学校对课堂教学的各级要求，对提高课堂教学效率、促进教师改进教学、指导学生有效学习是十分必要的。它规范了教师的教学行为，避免了盲目、随意、非科学的教学方式。例如，根据语文课程标准对各年段的要求，活力研修团队设计了相关的语文知识技能评价表，以二年级为例：

表 4—16  二年级语文知识技能评价表

（满意☺  不满意☹）

| 项目 | 课程标准 | 自我评价 | 小组评价 | 教师评价 | 家长评价 | 总评 |
|---|---|---|---|---|---|---|
| 识字 | 听写生字词正确率高 | | | | | |
| | 扩词 | | | | | |
| | 拼音（多音字） | | | | | |

续表

| 项目 | 课程标准 | 自我评价 | 小组评价 | 教师评价 | 家长评价 | 总评 |
|---|---|---|---|---|---|---|
| 识字 | 查字典：能用音序和部首检字法查 | | | | | |
| | 近、反义词 | | | | | |
| | 形近字、同音字 | | | | | |
| 写字 | 坐姿、握笔姿势正确 | | | | | |
| | 书写有一定速度 | | | | | |
| | 质量：规范、端正、整洁 | | | | | |
| 阅读 | 朗读正确、流利、有一定感情 | | | | | |
| | 能经常阅读课外读物，课外阅读总量不少于5万字 | | | | | |
| | 阅读中，能主动认字、积累好词好句 | | | | | |
| | 初步学习默读，做到不出声、不指读 | | | | | |
| | 能理解文章的大概意思 | | | | | |
| | 背诵优秀诗文50篇（段） | | | | | |
| | 提问与答疑 | | | | | |
| 写话 | 态度 | | | | | |
| | 真情实感 | | | | | |
| | 创意的表达 | | | | | |
| | 习惯（修改） | | | | | |
| | 标点的使用 | | | | | |
| | 语句通顺 | | | | | |
| 口语交际（听话说话） | 态度 | | | | | |
| | 声音 | | | | | |
| | 仪态 | | | | | |
| | 理解能力、表达能力 | | | | | |
| 综合实践 | 搜集信息、资料 | | | | | |
| | 语文主题式实践活动 | | | | | |

续表

| 项目 | 课程标准 | 自我评价 | 小组评价 | 教师评价 | 家长评价 | 总评 |
| --- | --- | --- | --- | --- | --- | --- |
| 师生交往合作 | 自主性 | | | | | |
| | 态度、习惯 | | | | | |
| | 探究性 | | | | | |
| | 服务意识 | | | | | |

注：家长都有望子成龙、望女成凤的心愿，让家长参与评价，一方面使他们能更直观感性地了解自己孩子在学校里的学习情况，为自己孩子哪怕是很小的一点进步感到自豪。另一方面，有利于教师和家长及时发现孩子在学习中的不足，形成学校和家庭的合力，共同提高孩子的学业水平。

这样，学生学业考核评价再也不是一张试卷论英雄，而是更加关注人的发展过程，呈现多元化的趋势。这样的评价公正积极，充分体现了内容的多元性、手段的多样性、评价的互动性，体现了新课程标准强调的"语文课程的评价应能促进语文素养的形成与发展"的精神。

最后，量表还要体现学校的教育理念和办学精髓。以人为本的教育必须在语文课堂教学中体现学生的发展，因此量表的设计必须关注学生语文学习发展性评价；以学生为主体的语文课堂，必须将学生的主动参与作为评价语文课堂效率的重要指标；以和谐为宗旨的教育，要关注课堂中师生、生生互动的平等和整个课堂和谐的氛围。

量表虽小，却是课堂教学的"指南针"，更是设计者教育理念的反映，所以无论是教师还是教学管理者，都要认真研究课堂观察量表的设计，为打造"校本特色"课堂、促进教学质量提高、提高师资水平奠定基础。

# 第四节　小学语文课堂观察分析

课堂观察量表记录的数据等信息，很多都是只有观察者本人才能理解的。在课后要对数据进行补充、整理和统计，一方面使别人能理解所记录的数据，另一方面为下一步的推论做好准备。

**一、对记录的数据进行整理和分析**

如何对记录的数据进行整理和分析？采用不同的记录方式所收集的数据，其处理方式是不一样的。如采用定量观察收集的信息，一般要借助统计的方式对其进行整理与分析。观察者可以通过频率和百分比的计算，绘制出可以说明问题的表格，也可以通过电脑，利用 Excel 等电子制表软件来开发数据表，利用电脑进行数据分析，然后再根据需要由电脑绘制出不同的图表等。而采用定性观察所收集的信息，一般则需经过编码分类、编码和整理、解释等步骤。观察者对大量的记录信息进行简化和梳理，可通过文字说明、图表等方式呈现与观察目的相关的信息，让人们较为清楚地了解观察情境中发生的事情。如果是合作观察同一个内容，统计或整理所记录的信息应在充分交流和讨论的基础上对各自的信息进行必要的合并。在此基础上，梳理与观察主题相关联的问题或观点，建构分析框架，对统计或整理的结果按不同的问题进行归类，把具体的事实与数字集合到相应的问题或观点中去，为下一步的推论作好准备。例如：

表4—17　小学语文课堂师生问答课堂观察统计表

| 类别 | | | 次数 | 百分比 |
|---|---|---|---|---|
| 教师 | 问题类型 | 记忆性问题 | | |
| | | 理解性问题 | | |
| | | 创造性问题 | | |
| | 提问后停顿时间 | 提问后没有停顿或不足3秒 | | |
| | | 提问后停顿6秒以上 | | |
| | | 提问后停顿3—5秒 | | |
| | | 学生答不出而耐心等待几秒 | | |
| | | 对特殊需要的学生适当多等几秒 | | |
| | 理答方式 | 打断学生，或自己代答 | | |
| | | 不理睬或消极批评 | | |
| | | 重复自己的问题或学生答案 | | |
| | | 对学生回答鼓励、称赞 | | |
| | | 鼓励学生自己提出问题 | | |
| 学生 | 回答方式 | 提问前先点名 | | |
| | | 提问后让学生齐答 | | |
| | | 提问后让举手者答 | | |
| | | 提问后让未举手者答 | | |
| | | 提问后改问其他同学 | | |

## 二、对数据进行推论

那么，又如何根据数据作出推论呢？推论的过程就是专业判断的过程，是观察者围绕观察点对观察到的信息进行剖析与反思，对简化了的数字、图表等的具体内涵与现象背后的原因及意义作出解释的过程。

首先，推论必须是基于证据的。课堂观察强调拿证据说话，有多少证据，做多少推论，既不要拔高，也不要低估；而不能像传统的听评课那样所作的判断、建议绝大部分是基于经验和印象的，缺乏足够的证据支撑。

其次，推论要紧扣事先确定的观察点。也就是说，不能用一个点的观察结果来简单地推论课堂的其他方面甚至是整堂课的教学。课堂观察源于课堂，但它只是课堂中的一个点，而非完整的课堂本身，因此，我们在推论的过程中应警惕以偏概全、过度推论等现象，更不能就某一点的观察而对一堂课作出是非或好恶的判断。而是要紧扣观察点，基于教学改进提出有针对性和实效性的建议与对策。

再次，推论要基于情境。课堂观察是在现场进行的研究活动，推论时要充分考虑"此人此课与此境"，不要进行过多的经验类推或假设。我们不能轻易对某一数据下结论，如这堂课学生倾听的时间占20%，我们不能对这个数据说好还是不好，而是要根据这堂课的教学内容、学生和老师的实际情况来展开探讨。如果将观察与情境分割，那么观察者的视角就很可能会在对学生、教师或班级的片面概括中受到限制，作出不确切的推论，从而影响观察的效度。

例如活力研修团队就课堂观察获取的数据这样进行推论：

为了达成第2条教学目标，教师的反馈方式通过一定的统计如下：简单肯定8次、重复学生的回答5次、追问1次、转问13次、描述性肯定3次、直接纠正2次、未作出回答1次；另外，教师通过5次同伴评价，将评价的权利让位于学生，让其他学生来评价学生的回答。因此，我们发现，在课堂的反馈中，教师不但运用了诊断性反馈（简单肯定、重复学生回答、直接纠正），而且采用了发展型反馈（追问、转问）以及同伴评价等手段。总体而言，教师通过采用多种反馈方式，让学生对课文读得更流利和有感情，也通过摘录法归纳出每小节的内容，而且通过分析各小节的主要内容将相同的小节进行了归类,因此,这个学习目标基本达成。

但是,教师简单肯定和重复学生回答的比例较高,反馈缺乏针对性。在达成这个学习目标的过程中,这种反馈方式使得学生并不知道自己处于何种水平,离自己的学习目标有多远等等,例如,"太棒了","嗯,好,更流利了","哇,读得更有感情了,了不起"等。另外,缺乏启发学生深度思考的追问。在达成这个学习目标的过程中,追问的反馈方式教师运用较少,只采用1次。一般而言,对于学生很难回答的问题或不能完整回答的问题,教师应该针对一个或多个回答问题的学生进行追问,启发诱导学生对问题进行更深一步的思考,而不能仅仅提问更多学生以了解他们的不同回答。在"思考课文六个自然段的哪些段落讲的是同一件事情"这个教学活动中,教师一共提问了5个学生段落的划分情况。然而,这些学生对段落划分方式各不相同。这时,教师其实可以把握这个机会追问这些学生"为什么这么划分","这样划分的依据是什么"等等,让他们说出他们的想法和划分依据并让同伴来进行评价或纠正,最终,通过学生之间的互动来解决这个问题。但老师是通过一步一步引导和提问学生每一段的主要内容来展开的,由于第三、四、五自然段讲的是同一个问题,老师又故意询问学生"第三、四、五自然段讲的是什么",用潜台词告诉学生这三段应该归为一部分。

课堂观察不仅仅是方法和技术的问题,它需要教育理论的支撑,需要教学经验的积淀。在课堂观察的过程中遇到这样那样的问题与困惑都是正常的,只要行动了,只要反思了,就说明已经在前进了。这也就是教师进行课堂观察的价值之所在。

## 第五节　小学语文课堂观察评价

**一、小学语文课堂观察评价三原则**

有组织、规范化的课堂观察要求对观察内容进行前期研究,而课堂观察内容与评价内容密不可分,因为观察的目的是更科学、更有针对性、更有实效地开展评价,所以观察视角与具体的观察内容要内在地包含评价的标准,成为深层的教学思想的具体化和现实化。

在小学语文课堂观察评价上,需遵循以下三条原则。

**(一)定量与定性相结合的原则**

课堂观察记录方式有很多,应该根据具体的观察内容、观察类型,选择自己擅长的记录方式来进行观察记录。总的来说,课堂观察记录方式可分为定量的记录方式和定性的记录方式两种。[1]

定量的记录方式是预先对课堂中的要素进行解构、分类,然后对在特定时间段内出现的类目中的行为进行记录,它的主要特征是:依托观察框架,用描述性或概述性的文字,对观察对象作详尽的多方面的记录。

定性的记录方式是以非数字的形式呈现观察的内容,它的主要特征是:套用成熟量表,采用符号记录的方式对记录体系明确规定的观察行为或事件进行记录。

在小学语文课堂观察评价中,更多的是定量的记录方式和定性的记录方式相互补充使用,依托自主开发的语文课堂观察记录表,采用文字与

---

[1]沈毅,崔允漷,课堂观察——走向专业的听评课[M].上海:华东师范大学出版社 2008:88

符号相结合的记录方式进行具象性、协作性的观察。它能更好地反映真实的语文教学环境和语文课堂活动。

例如小学语文活力研修团队对忻老师执教的研讨课进行定量与定性观察相结合的评价。

为了达成"能正确朗读课文,读懂本课的内容,用摘录法概括小节内容"这个学习目标,教师的教学活动和学生的学习活动主要围绕"PPT呈现课文中比较难读的几句长句子,通过指定学生起来读和集体齐读""让学生自由朗读课文,并画出关键的语句",以及要求学生"课前朗读"等的教学活动来展开。其中,在朗读文中两个难读长句上,教师点名6个学生个别朗读和2次集体朗读。在朗读整篇课文摘录各节主要内容中,教师出示自学要求,让学生进行自由朗读,并让学生画出每一段有关主要内容的句子;而在学生自学朗读期间,教师在左边和中间走动,但未做指导;在用摘录法概括小节内容中,教师通过提问14位学生并与学生互动等方式最终得出每一段的主要内容;在此基础上,教师让学生思考"课文的六个自然段中哪些段落讲的是同一件事情",并提问7位学生及与集体互动探讨等方式最终将六个自然段划分成的。因此,教师的教和学生的学基本上都是围绕教学目标展开,为了达成这个目标,教师要求学生朗读长句子、自由朗读课文、运用摘录法以及互动问答讨论等方式进行。

但是,通过对这个目标的观察,我们也看到了一点小遗憾。虽然教师在学生自学朗读期间有在学生中走动,但是只是在左边和中间过道,没有去查看右边过道学生的朗读情况,也没有仔细查看学生(特别是那些需要教师帮助的学生)的朗读情况,并对他们的朗读情况做出有针对性的指导。

## （二）单项与整体相结合的原则

课堂观察记录量表引导下的课堂观察是主题式的，因为量表的设计是针对观察点设置的，所收集的数据关注与点状问题的解释，它们在某些方面能进行有效的推论，但可能不适用于另一方面的推论，这就在一定程度上会造成课堂观察时"只见树木不见森林"的现象发生。因此在课堂观察评价上，要注意单项与整体相结合的原则。[1]

在小学语文课堂观察评价上，要做到单项与整体相结合，一是要注重课前会议，使上课者与观课者对整堂课的设计有个全面的把握，此外在现场观课的过程中，不管是协作观察哪个主题的都要安排教师对整堂课的"内容设计"进行观察与记录，以便在讨论的过程中帮助主题观察的教师置局部的分析于整体之中。对所观察的语文课堂进行全面的、综合的评析，使老师们对优秀语文课的一般标准有明确的认识，从而有明确的努力方向，真正改善教师在语文课堂上的教学行为。

例如江东第二实验小学语文课堂观察表，便体现了专业观课的单项观察与整体观察的结合。

表4—18　教学目标有效达成

执教教师：金芳芸　授课内容：《文成公主进藏》观察时间：2013.6.7

观察地点：二小西校阶梯教室　观察人：方敏芬、张园红、陈洁、江晨希、陈夏明

| 分类目标 \ 课堂记录 | 教师典型教学行为记录 | 学生典型学习行为记录 |
|---|---|---|
| 1.了解故事内容，知道民间传说的叙述特点。 | | |

---

[1] 沈毅,崔允漷,课堂观察——走向专业的听评课[M].上海:华东师范大学出版社,2008:90

续表

| 分类目标＼课堂记录 | 教师典型教学行为记录 | 学生典型学习行为记录 |
|---|---|---|
| 2.学会简要地复述故事,初步学习生动地讲述故事。 | | |

综合评价:

| (1)本课亮点: | (2)改进建议: | (3)观察者的思考: |
|---|---|---|
| | | |

### (三)短期与长期相结合的原则

课堂观察是一种行为系统。它需要构建"课堂观察框架",开发"课堂观察记录工具",提示课堂现场观察的视角、关注点以及记录的内容与方法,建立一套基本的课前交流、课中观察、课后反馈的程序来保证课堂观察的日常化和规范化,减少观察成本。以上课堂观察的系统研究,离不开课堂观察实践。[1]

按照常规思维与做法,课堂观察多为"课节式"的。"课节式观察"关注的是某一堂课的改进;也有"单元式"的,"单元式观察"是站在学段、学期、单元的高度对单元中具有代表性的课型、课时进行观察。阶段性评价往往在每一单元、每一阶段后进行。如根据语文课程标准对各年段的要求,我们可以设计相关的评价表。

---

[1]沈毅,崔允漷.课堂观察——走向专业的听评课[M].上海:华东师范大学出版社,2008:74—78

【案例】

表4—19　人教版四年级下册第三组课文"单元式观察"安排表

| 课型 | 教学内容 | 课时 | 选用观察表 |
|---|---|---|---|
| 导读课 | 单元整组导读 | 0.5 | 教学目标达成 |
| 精读课 | 触摸春天 | 2 | 教学目标达成<br>教师理答 |
| 略读课 | 永生的眼睛 | 1 | 关注学生学习<br>有效课堂练习 |
| 精读课 | 生命 生命 | 2 | 教学目标达成<br>教师理答 |
| 略读课 | 花的勇气 | 1 | 关注学生学习<br>有效课堂练习 |

注：本单元需着重达成的教学目标为继续学习阅读联系策略——联系上下文及拓展链接资料等理解含义深刻的语句。

在小学语文课堂观察评价上，基于课堂观察的上述两种做法，语文教材就提供了例子。新课标下的语文教材在编排上更注重了教材的整合性，以专题组织教材内容这样的编排特点有利于教师围绕专题组织单元教学。因此，语文课堂的观察不光需要"课节式"这样短期的观察，更需要"单元式"这种长期的观察，以求提炼出某个年段、某类课型、某种文体、某项阅读能力、某种阅读方法等在教学上的一般性策略，有利于语文教师研究上好一类课。

**二、小学语文课堂观察评价三步骤**

课堂观察记录基础上的课堂教学评价是基于情境描述与数据记录的分析反思，应从"感觉"走向"实证"，将分析与反思置于具体教学事实之中。对此，我们将小学语文课堂观察评价经历分为三个步骤：记录信息整理、问题症结分析和提出行为调整。

## （一）记录信息整理

记录信息整理阶段，可分为个人观察资料整理和小组观察信息梳理。

1. 个人观察资料整理

每位观察者先要根据观察量表所记录的信息进行统计或整理。在统计记录数据时，对于一些简单的、目的单一的观察量表所收集的数据，可以推算出能说明问题的百分比等。

例如，宁波大学教师教育学院教授郑东辉博士带领研究生团队对小学语文活力研修团队忻老师课堂提问情况的观察情况进行了整理：

| | | | | 讲台 | | | |
|---|---|---|---|---|---|---|---|
| ☺傅* | ☆励* | 1顾* | 张* | ☺周* | ☆江* | ☺陈* | ☆黄* |
| 2潘* | 谢* | 2邱* | ☺雷* | 2张* | 孔* | 张* | ☆裴* |
| ☆卫* | ☺叶* | 3虞* | 马* | 3蒋* | ☺王* | ☺滕* | ☆孔* |
| 4刘* | 徐* | ☺4沃* | ☺王* | 4张* | 钟* | 赵* | 徐* |
| ☆5温* | ☺郑* | ☺5韩* | ☺江* | ☆ | ☺林* | ☺卢* | ☺崔* |
| 6 | | 6 | | 6 | | 6 | |

☺代表优等生　☆代表学困生

根据观察，本班级共有 38 名学生，教师在课堂上单独让同学回答了 28 个问题，提问对象为分布在不同小组的 35 名学生。每个学生回答的次数不等，其中 4 人被提问 4 次，其中有 2 位优等生，1 位学困生；6 人被提问 3 次，其中 5 位同学是优等生；10 人被提问 2 次，其余 15 位同学被提问 1 次，只有 3 人没有被提问。

2. 小组观察信息梳理

在课堂观察记录中，为降低教师在课堂观察记录过程中的难度，就需要教师们进行小组分工合作。分工合作可以是同一观察项目中定性观察记录与定量观察记录的分工，也可以是同一观察项目中不同观察内容的分工等。

  小组在分工课堂观察记录后，要在交流讨论的基础上对各自的信息进行必要的合并。在此基础上，寻找、发现可以陈述的问题或观点，建构分析框架，对统计或整理的结果按不同的问题进行归类，把具体的事实与数字集合到相应的问题或观点中，为下一步的解释与评价作好准备。[1]

  如就上述课堂提问观察整理后的信息梳理分析：

  1. 从教师提问频率和范围上看，全班集体回答的次数较多，而且在全班38位学生中单独提问的学生有35位，被提问人数的比例非常高。这说明教师力求照顾到每个学生，希望能营造良好、活跃的课堂氛围，让每个学生都能有机会参与课堂教学活动，这点是值得肯定的。

  2. 依据我们记录的观察量表，发现其中有4人被提问4次，6人被提问3次，10人被提问2次，其余15位同学被提问1次。这说明提问比较集中在个别同学上，而且每次叫的都是主动举手要求回答的学生。通过上述的座位表发现，被提问次数较多的学生大部分是班上成绩比较优秀的同学，这从侧面反映出了教师在一定程度上忽略了那些不举手或成绩一般的同学。这可能与课堂的整体氛围以及考虑到学生的个体情况（如自尊心、积极性）有关。整堂课中主动要求回答问题的学生积极性很高，而成绩较差或者不主动回答的学生可能确实不会回答问题或者害怕回答错误，因此教师不愿打击主动回答问题学生的积极性，又考虑到其他不愿回答问题学生的自尊心，才会有此行为。这在一定程度上是合理的，但研究表明，叫不举手的学生或者说是成绩不太优秀的学生回答问题，能够让更多的学生感受到老师对他们的关爱，形成良好的课堂文化，所以还是应该给成绩中等或偏下水平的同学多一些机会，从而让他们对课堂教学多

---

[1] 沈毅,崔允漷,课堂观察——走向专业的听评课[M].华东师范大学出版社,2008/10：89

一点兴趣和信心,提高整体的教学质量。

3. 教师给予上课积极参与的同学充足的表现机会,进而增强他们的自信心,也使学生更加有兴趣地学习,这一行为是值得肯定的。

### (二)问题症结分析

对观察记录的数据进行了统计、整理、归类之后,就要对数据的具体含义作出解释,并进行问题症结的分析。当然分析提炼不能面面俱到,而要围绕主题,突出重难点。分析方式有多种,现列举以下几种:

1. 主题探究

在课堂教学中,要围绕主题自主探究,对相关的教、学行为与课堂现象进行综合性的分析与处理,提炼突破主题的策略、方法,为今后的教学实践积累可操作的行动策略,也可以提出有待改进的策略、方法,有利于今后下一步的观察与探究。

如陈老师的二年级下册语文教研课《识字五》,观察学生的识字前测、后测效果的屠、沃、周等8位观察老师经过对观察数据进行统计、整理、归类后,进行了问题症结的分析:

①"谋"字的读音对孩子们来说较难,读不准的同学较多,另外前鼻音、后鼻音和翘舌音的字的读音也较难,学生容易搞错,导致读不准。今后要加强这方面的练习。

②小学生喜欢形象直观的记忆方式,如识字效果最佳的"搓"字,前测时有7人不认识,在教学中,老师让学生思考怎么记"搓"字,让学生通过加一加的方法来识记,然后大家用手做"搓"的动作,课堂上学生有趣地搓着手。在搓手的时候,全体学生不光记住了字形,还理解了"搓"的意思。这样的识字方法,学生学得有趣、记得深刻。今后要努力坚持课堂的生动有趣,让学生享受学习的快乐。

2. 细节分析

在课堂教学中，关注细节关系到学生的课堂行为，又关系到整个教学质量的提升。细节分析是一种务实而精细的研究，是教师专业化成长的必经之路。教师在教学设计时就要关注课堂教学细节，在课堂观察时需要练就捕捉细节的能力与敏感。而评价时要能由表及里地分析其原因，分析其理论的依据和理念的支持，从而把细节放大，把现象本质化。

【案例】二年级下册语文陈老师的教研课《识字五》

课堂中，陈老师特别注重教学中的细节，无论是学生的书写姿势，还是学生小组合作学习都进行了细节上的关注和分析。

如对学生书写姿势，她使用了这样的任务驱动语言进行细节分析：

学会观察，注意握笔的姿势。看谁能把长短高低把握得非常好。因为它们都是我们的老朋友变过来的，所以只要掌握书写规律就能写好。已经写好的请同学互相批改，注意我们的标准是：一星书写正确，二星结构工整，三星要求美观漂亮。请你们评一评，在旁边打上星，并且告诉他（她）为什么你给他（她）打上几颗星。

对学生的小组合作，为避免小组合作时有些同学无所事事，只是为合作而合作，陈老师用了这样的导学提示语来培养学生合作学习的能力，进行细节上的分析：

同桌合作读课文，我来读，你来听，读得好，夸夸我，读错了，帮帮我。注意读书的姿势，左边位开始。

这回要用小组合作学习生字的方法来学习。首先请你们把语文书归位。然后在一号位孩子的带领下，按顺序有条理地一步步进行。

> 陈老师对学生合作展示交流汇报,也提示了规范语言:
>
> 我们用加一加的方法认识了这些字,请大家跟我一起念"谋、焰、柴、搓、折、移"。我们组用减一减的方法认识了这些字。请大家跟我一起念"易、斤"。
>
> 我们组用换偏旁的方法认识了这些字。请大家跟我读"绳、独"。

3. 综合评析

课堂观察者要综合各种分析意见,对所观察的课堂进行全面的、综合的评析,使参与观察评价活动的所有老师对新课标下的语文课堂有更全面的认识,对自身的语文课堂教学水平有更高的提升。

> **【案例】活力团队二年级一节教研课观察分析**
>
> 本课堂观察教师通过共同的交流讨论,得出了这样的综合评析:
>
> ①学生个体参与小组学习达到100%,每位学生在同伴互助互学中充分表现。学生发言率达到96.9%,其中主动发言达到45.5%。可见,课堂气氛活跃,体现了学生是学习的主体。
>
> ②整堂课学生活动的时间明显多于教师的讲授时间,学生活动时,小组活动的时间多于个体活动的时间,体现了小班化"以生为本"、"让学与生"的理念。
>
> ③教师的语言表达能力较强,亲切富有感染力。教师运用的导学提示语和任务驱动语清晰简洁;教师运用的评价语言以表扬、鼓励等积极的评价为主;学生合作展示交流汇报的语言较规范,表达清楚、完整。

当然，不管是哪种形式的评价都要以多层面的分析为依托，包括个别反思，即根据观察任务，教师进行个别的反思。如果一项任务是由两个或者几个人合作完成的，那么，分析首先在合作者之间完成。集体的分析，即将观察及分析的结果进行集体的交流。这种分析在对话中进行，在互动中实现集体智慧的碰撞与交流。

**（三）提出行为调整**

在进行问题症结的分析之后，就要提出行为调整了，可以从以下两方面来进行：

1. 列举实证，委婉建议

同伴之间的课堂观察研究对于培养教师的观课意识、促进行为改进是很有优势的。因为，课堂观察是带着明确的目的，凭借自身感官（如眼、耳等）及有关辅助工具（观察表、录音录像设备等），直接或间接（主要是直接）从课堂情境中收集资料，并依据资料作相应的分析研究，以期促进教师教学行为改进的一种教育行动研究。但量化的主题性课堂观察会把课堂上的细节放大、问题放大，反馈时要防止缺点、问题"大荟萃"的倾向，以一起探究、共同提高的心态，提出建设性的建议，鼓励教师持续参与课堂观察与评价研究的积极性。[1]

2. 假设建构，关照自我

课堂观察评价的真正目的在于教师教学行为的改善，所以课堂虽然无法从头再来，但在课堂观察中获得的启迪与思考应该体现在以后的课堂中，评价时就要尝试对问题行为、问题现象、问题细节提出建设性的意见，进行假设性的重构。

同时，要引向对自我课堂的欣赏、评价与反思，进而实现行为跟进，提

---

[1] 孙剑飞，课堂观察手把手[M]. 福州：海峡出版发行集团福建教育出版社，2013：138

高课堂教学的实效。大家在一起进行课堂教学研讨的次数毕竟是有限的,而每位教师每天的上课是无限的,只有养成对自我课堂的评价反思与改进,才能真正提高课堂教学的有效性。

【课堂观察分析报告】

# 小班化识字教学观察分析
## —— 以二年级下册《识字五》为例

宁波市江东外国语实验小学　毛倩晗

## 一、研究背景

识字教学是小学语文学习的重要组成部分。《语文课文标准》(2011版)中指出：第一学段(1—2年级)认识常用汉字1600个左右，其中800个左右会写。由此可见，识字在小学低段的语文教学中尤为重要。如何在低段课堂中有效地落实识字教学，使小班化语文课堂焕发生命的活力，需要我们一线老师在教学实践中不断地尝试与总结。2013年10月，我校语文教研组开展了"小班化识字教学微观教研"。由陈旭彬老师执教人教版二年级上册《识字五》，每个语文老师为观察者。

## 二、课前准备

（一）陈老师说课

**教材分析**

本课内容是由五条关于团结协作的谚语组成。谚语是我们中华民族语言宝库中的一颗瑰宝，很多谚语都给人以深刻的启示。谚语大都通俗易懂，简单易记。本课中出现的五条谚语内容浅显易懂，对于当今的独生子女来说，有着很深远的教育意义。

**学情分析**

1.根据本班学生的综合学习能力，进行了分组。座位如下：

| C：2号位 | B：3号位 |
|---|---|
| A：1号位 | B：4号位 |

2.同桌活动规范

按读书姿势要求坐好,左边位先读,右边位眼睛看书,稍侧身过来倾听,然后右边位坐正读书,左边位侧身倾听。可以全文轮流读,也可以分段轮流读,读完后简单评议。

3.小组活动规范

准备工作:小组成员轮流制作生字卡片;1号位学生准备一支水彩笔当话筒。

4号位孩子起立,面向其他三个孩子出示生字卡片,可以领读,也可以齐读生字。左手执卡片的左下方,右手摆放卡片。读完一张,整齐摆放桌面上(字朝向三个同学)。

4号位坐下,从1号位开始轮流识记生字,轮到的孩子右手执话筒,左手执卡片,卡片朝向同学说话。

一人发言时,其他孩子认真倾听,若有补充,举手示意,由1号位孩子组织发言顺序。补充完毕后按正常顺序识记。

识记的过程中,可以根据识记方法归类摆放生字卡片,以便全班交流时汇报。

小组汇报:我们组用(　　)的方法识记了这些生字,请跟我读!(起步阶段,随班级实际情况调整。)

全班交流,教师对几个重点字进行引导点拨,其他组补充意见:我们组认为(　　)。

卡片归放,4号位整理好。

2号位的孩子起立,领读所有生字。

**学习目标**

1.运用形声字、字理、联系生活实际等方法识记"移""谋""柴""焰""易""折""搓""绳""斤""独"10个生字。会写"斤""折""挑""根"4个生字。

2.朗读课文,背诵课文,初知谚语大意,积累谚语。

3.小组合作、同桌合作识字中,学会倾听。

**教学设计**

课前一分钟:背诵一年级所学谚语。《识字八》

1.复习谚语,导入课文。

出示填空式背诵:

蜻蜓(　　　),即将(　　　)。

大雁(　　　),燕子(　　　)。

一场(　　　),十场(　　　)。

大家背得真好听,老师还想听听。你们知道吗?这些可是我们中华民族特有的一种语言文化。语言简短,通俗易懂,还能反映深刻的道理,这样的语言叫——谚语。

2.熟读谚语,认识生字。

(1)听老师读课文,听清字音。

(2)课件出示标好序号的课文,请标错的小朋友改正过来。

(3)同桌合作,互听互读。

(4)出示难读句:树多成林不怕风,线多搓绳挑千斤。抽读。

出示"搓",正音,做做动作。认读词语"搓绳"、"挑千斤"。齐读此句。

(5)小组轮读五句谚语,老师重点指导读音正确。

人心齐,泰山移。

人多计谋广,柴多火焰高。("柴"翘舌音)(焰字提醒)

一根筷子容易折,一把筷子难折断。

树多成林不怕风,线多搓绳挑千斤。

一花独放不是春,百花齐放春满园。

(6)四人小组合作识字,看看哪一小组识字方法多,识字方法妙。

读准字音:4号位举字卡,组员齐读。

记住字形:轮流交流自己的识字方法。

小组汇报识字方法。

轮流领读生字、组词,卡片归位。

(7)大家识字方法真多,真是——人多计谋广,柴多火焰高。老师也来添把柴,给大家猜个字吧:

在甲骨文中是这样写的:"　"。像什么?(斧头砍东西)古时候"斤"就是砍木头的意思,后来才变成表示重量的单位。

"折",这个字相信很多同学都能猜到——表示树木被弄断。借助字远古时候本来的意思来识字,叫"字理识字",这是一种识字的好办法。

(8)老师把所有的生字朋友又请出来了,请2号位的孩子起立,带着大家齐读一遍。

3. 熟读谚语,运用谚语。

(1)把生字送回谚语中,你们还会读吗?指名读(2、3个)

(2)小组赛读。

(3)小组练习填空式背谚语。师生合作背。

(4)读着读着,你发现今天学的谚语在告诉我们什么道理呢?出示齐读。

(5)告诉我们要团结合作的谚语还有很多,你还知道有哪些?

指名说。老师这里也收集了一些,我们一起来合作读读吧。

(6)学得真起劲!奖励大家一起参加一次有趣的拔河比赛。比赛前,你们想用哪句谚语为自己小队加油?

火焰　容易　折断　公斤
移动　独自　谋生　绳子
搓手　火柴　计谋　挑千斤

4. 写字指导:折 挑 根

(1)这节课我们写这三个字,请大家仔细观察,你发现了什么?

(2)重点观察长短高低的变化。

(3)学生练写。

（4）同桌评议：1星书写正确；2星结构工整；3星美观漂亮。

课堂结束语：认识生字不仅在我们的课堂上，还在我们的生活里，请大家课后多收集一些谚语，多收集一些生字，丰富我们的知识仓库。

**（二）课堂观测具体分工**

1. 陈老师负责观察师生活动时间的情况。

2. 屠老师等8个老师分小组观测学生的识字前测、后测效果和四人小组合作学习的情况。

3. 卢老师等8个老师分小组负责观察学生参与的情况。

4. 谢老师、鄢老师负责全班整理统计。

5. 毛老师、孙老师负责整理课堂实录。

**三、课中观察**

1. 观察工具（见课后会议分析报告）

2. 观察位置的选择

要分组观测学生情况的老师坐在教室的两边，面向学生，1个老师负责记录1个小组的情况，其余老师坐在教室的后面开展观察记录。

3. 观察过程

上课前：观察者于上课前5分钟进入教室，与学生进行了短暂的交流，主要是翻阅学生的课本，了解他们的预习情况。

上课中：各位老师根据自己选择的观察进行记录，有数据的记录，也有根据自己的需要对师生对话、现象描述、教学细节、即时反思等的记录。在学生分组活动时，坐在旁边的观察者起身巡视学生的交流情况，只有观察没有提问或指导。

**四、课后会议**

1. 陈老师课后反思

采用小组合作识字的方法我觉得比较可行，学生在识记生字过程中，每个人所用的方法是不一样的。在交流时，识字能力相对较弱的学生听了别人的交流可能会对自己有很大的启发。每个同学都有机会发言,并且每个同学可以选择一个字或两个字来讲自己是怎样记这个生字的。而对于识字的办法,可以是编儿歌、猜谜语、分析字形、利用熟字加偏旁、减一减等等。如果大家讲到了同一个字的识记办法,小组内还可以交流一下,看哪一种方法最易于记这个生字。

通过这段时间的小组合作学习来进行识字教学,学生识字的积极性提高了,开拓了思维和想象,掌握了多种识字方法,也减轻了教师的教学压力,提高了识字效率,起到了事半功倍的作用。

我也发现,采用小组合作识字这个方法也有不少缺点。组员们在课前需准备高质量的识字卡片,对于二年级的学生来说,比较麻烦。小组交流时,需要充分的时间,否则,小组合作就流于形式了。教师在备课时要更加充分,了解生字在读音和字形上的难点。在小组交流的过程中,教师做出必要的示范和点评。

2. 观察者简要报告观察结果

识字效果检测结果统计

| 检测生字 | 移 | 谋 | 柴 | 焰 | 易 | 折 | 搓 | 绳 | 斤 | 独 |
|---|---|---|---|---|---|---|---|---|---|---|
| 前测(读不准人数) | 0 | 12 | 2 | 4 | 1 | 2 | 1 | 7 | 6 | 1 |
| 后测(读不准人数) | 0 | 6 | 0 | 0 | 1 | 0 | 0 | 2 | 2 | 1 |
| 前测(不认识人数) | 4 | 1 | 1 | 2 | 3 | 1 | 7 | 2 | 1 | 1 |
| 后测(不认识人数) | 1 | 1 | 1 | 2 | 0 | 0 | 0 | 0 | 0 | 0 |
| 检测结果分析 | 后测读不准的字:谋 斤 易 绳 折 独 柴<br>后测不认识的字:移 谋 柴 焰<br>不认识率最高的字:焰<br>读不准率最高的字:谋<br>记字效果最佳的字:搓 | | | | | | | | | |

【观察表提供的信息】

课堂识字氛围很浓,效果也不错,但也存在个别字经过指导仍然有部分学生读不准。如"谋"仍有1个学生不认识,6个学生读不准。

小班化课堂教学观测表汇总

| 层次 | 姓名 | 主动发言 | 被动发言 | 小组交流 | 合作回答 |
|---|---|---|---|---|---|
| A | 王** | 0 | 3 | 5 | 4 |
| | 尹** | 2 | 2 | 5 | 9 |
| | 夏** | 0 | 1 | 5 | 3 |
| | 施** | 3 | 1 | 2 | 5 |
| | 杨** | 3 | 1 | 5 | 3 |
| | 周** | 1 | 4 | 5 | 3 |
| | 郑** | 1 | 1 | 4 | 2 |
| | 应** | 3 | 3 | 2 | 2 |
| B | 李** | 1 | 3 | 2 | 2 |
| | 蒋** | 0 | 0 | 4 | 2 |
| | 应** | 0 | 3 | 5 | 3 |
| | 应** | 0 | 5 | 2 | 4 |
| | 柳** | 1 | 1 | 2 | 2 |
| | 裘** | 4 | 1 | 2 | 5 |
| | 王** | 1 | 1 | 5 | 3 |
| | 杨** | 0 | 1 | 3 | 5 |
| | 胡** | 0 | 2 | 5 | 9 |
| | 许** | 0 | 3 | 3 | 2 |
| C | 朱** | 0 | 3 | 3 | 4 |
| | 贺** | 0 | 2 | 5 | 9 |
| | 丁** | 0 | 1 | 3 | 5 |
| | 杨** | 4 | 1 | 2 | 5 |
| | 罗** | 1 | 1 | 2 | 2 |
| | 薛** | 0 | 4 | 5 | 2 |
| | 周** | 0 | 1 | 4 | 2 |
| | 陈** | 0 | 3 | 2 | 2 |

续表

| 层次 | 姓名 | 主动发言 | 被动发言 | 小组交流 | 合作回答 |
|---|---|---|---|---|---|
| D | 罗** | 1 | 3 | 2 | 3 |
| | 赵** | 0 | 5 | 5 | 2 |
| | 舒** | 2 | 3 | 2 | 2 |
| | 朱** | 2 | 2 | 2 | 5 |
| | 朱** | 0 | 1 | 5 | 3 |
| | 袁** | 0 | 3 | 4 | 8 |
| | 施** | 0 | 3 | 3 | 2 |

【观察表提供的信息】

学生个体参与小组学习达到100%,让每位学生在同伴互助互学中充分表现。学生发言率达到96.9%,其中主动发言达到45.5%。可见,课堂气氛活跃,体现了学生是学习的主体。

## 小班化课堂教学观测表(三)
——师生活动时间观察表

| 教学活动 | 时间 | 类别 | 时间 |
|---|---|---|---|
| 复习导入 | 2分钟 | 学生个体活动 | 1分36秒 |
| | | 小组活动 | 0 |
| | | 教师讲授 | 17秒 |
| 读文识字 | 17分钟 | 学生个体活动 | 1分40秒 |
| | | 小组活动 | 9分54秒 |
| | | 教师讲授 | 3分22秒 |

续表

| 教学活动 | 时间 | 类别 | 时间 |
|---|---|---|---|
| 复习运用 | 11分钟 | 学生个体活动 | 1分33秒 |
| | | 小组活动 | 3分10秒 |
| | | 教师讲授 | 33秒 |
| 写字练习 | 5分钟 | 学生个体活动 | 1分09秒 |
| | | 小组活动 | 35秒 |
| | | 教师讲授 | 37秒 |

记录说明和统计:

| 类别 | 时间 | 所占课堂时间比例 |
|---|---|---|
| 学生个体活动 | 5分58秒 | 17.05% |
| 小组活动 | 13分39秒 | 39% |
| 教师讲授 | 6分49秒 | 19.48% |

【观察表提供的信息】

整堂课学生活动的时间明显多于教师的讲授时间。学生活动时,小组活动的时间多于个体活动的时间,体现了小班化"以生为本"、"让学与生"的理念。

### 五、课堂实录

实录(略)

【分类整理】

导学提示语:

同桌合作读课文,我来读,你来听,读得好,夸夸我,读错了,帮帮我。注意读书的姿势,左边位开始。

这回要用小组合作学习生字的方法来学习,好吗?首先请你们把语文书归位。然后在1号位孩子的带领下,有条理地一步步进行,从2号位的孩子开始。

评价语言:

你们读得真努力。声音真响亮。

你们的识字方法很多很妙,俗话说得好——人多(生接:计谋广),柴多(生接:火焰高)。

为4号位的孩子鼓掌。他们刚才站姿很好,声音响亮,非常努力。

任务驱动语言:

学会观察,注意握笔的姿势。看谁把长短高低把握非常好。因为都是我们的老朋友变过来的,所以只要掌握书写规律就能写好。已经写好的请同学互相批改,注意我们的标准是:一星书写正确,二星结构工整,三星要求美观漂亮。请你们评一评,在旁边打上星,并且告诉他为什么你给他打上几颗星。

打开生抄,翻到第19页,找到这三个字,认认真真地写一遍,一个就够了。

学生合作展示交流汇报规范语言:

我们用加一加的方法认识了这些字,请大家跟我一起念"谋、焰、柴、搓、折、移"。我们组用减一减的方法认识了这些字。请大家跟我一起念"易、斤"。

我们组用换偏旁的方法认识了这些字,请大家跟我读"绳、独"。

【观察提供的信息】

教师的语言表达能力较强,亲切富有感染力。教师运用的导学提示语和任务驱动语清晰简洁;教师运用的评价语言以表扬、鼓励等积极的评价为主;学生合作展示交流汇报的语言较规范,表达清楚、完整。

建议:导学提示语应该规范地显示在屏幕上,以便学生操作。

### 六、本次观察形成的结论

（一）在初读检查环节、巧记字形环节、朗读展示环节和书写指导、评价环节都提供了细化的小组合作操作策略。

（二）通过"小组合作"这种学习形式更好地体现学生的自主能动性、学习的有效性，给每个孩子展现自己的机会。

（三）本节识字课运用多种识字方法，尤其是用字理猜字的环节，充分调动了学生的学习积极性、提高了识字的效率。

（四）教师语言亲切得体，循循善诱，重视培养学生自主学习的意识和习惯，引导学生掌握识记生字的方法。

（五）识字教学环节在汇报交流时要有所侧重。小组交流后，认为难记的字全班交流，或者小组同学都没办法解决这个字的识字方法求教一下其他小组，请其他小组交流识字办法。

（六）组内和组间交流语言应该出示在课件中，方便学生操作。

（七）在读的环节中，教师根据课堂的生成，对于易错字应个别落实，凸显重点、难点。

## 基于课堂观察的语文生本课堂调研
—— 以二年级上册《枫树上的童话》为例

宁波市江东第二实验小学　施翼玲

### 一、研究的背景

语文课程是一门学习语言文字运用的综合性学科。《课文课程标准》（2011版）"教学建议"指出：语文教学要注重语言的积累、感悟和运用，注重基本技能训练，让学生打好扎实的语文基础。而当前的语文学习倡导"生本"课堂，变"灌输中心教学"为"对话中心教学"，以学生为主体，让他们主动、自主阅读、感悟文本。的确，在新课程改革的浪潮中，有不少老师开始改变并践行基于语用的生本课堂尝试，但到底成效如何呢？

笔者根据当前"生本"课堂的特点，认为传统的教师听评课所使用的课堂观察表，即通过记录教学实录和书写课堂点评两环节，重点关注的是教师"怎么教"和"教得如何"，单维的课堂观察已经无法符合"生本"课堂的特点需要。崔允漷老师在《课堂观察：走向专业的听评课》中指出，当前的课堂评价"去专业化"，他从实践中演绎出了课堂的四要素——LICC范式，即学生学习（Learning）、教师教学（Instruction）、课程性质（Curriculum）和课堂文化（Culture）"，并根据观察的需要和理论的逻辑，依据LICC范式，将课堂观察分为"课堂的4维度20视角68观察点"。笔者依据"生本"课堂的特点，着重从学生学习的要素出发，另辟蹊径设计观察表，希望能以学论教、以评促教。

**二、观察过程描述**

本观察将奉化市蒋老师所执教的二上《枫树上的童话》作为观察对象，该班共有学生27名，参与本次活动的观察人员共3人。根据授课的内容，本次观察将课堂活动分为五个阶段，并将观察的视角分为学生课堂参与（包括教师引领下学生参与态度、学生集体参与次数及状态、参与情况反馈）、教师与学生课堂时间上的分配额（包括教师讲解、师生互动、小组讨论、学生自学、学生讲解各占时间与百分比）两个维度，希望为基于语用的生本课堂的实况提供数据参考，并给老师们更好地实践"多维"课堂教学提供不成熟的理论依据。

## 三、数据整理和分析

表一

| 《枫树上的童话》 | | | |
|---|---|---|---|
| 教学环节 | 学生参与态度（教师引领） | 学生集体参与次数及状态 | 参与情况反馈 |
| 1.初读课文,努力读正确 | 人次4 人数2 百分比7% | 一次 100% | 正确率100% |
| 2.跟着老师的讲述走进课文场景,发现童话人物 | 人次8 人数7 百分比26% | 六次 99.6%（2人开小差） | 正确率87.6%（1人回答错误） |
| 3.聚焦第4—12自然段,读枫树上的童话 | 人次42 人数23 百分比85.2% | 十次 99.6%（3人开小差） | 正确率90.5%（4人回答错误） |
| 4.读句子,抄写 | 人次12 人数11 百分比44.4% | 三次 99.3%（2人开小差） | 正确率100% |
| 5.启迪思维,启发想象 | 人次 人数 百分比 | 一次 97%（1人开小差） | |

观察反馈一

根据表一,在《枫树上的童话》教学过程中,在教师引领下,学生的参与态度普遍较好,有多名学生在课堂内多次举手,参与课堂学习;特别是在第三环节,学生在课堂内的参与人数达到了23人,占全班人数的85.2%,而教师符合学情的提问,使得学生在回答中的正确率基本为100%,大大提高了学生的自信。同时,教师在教学环节中设计了多次集体参与的机会,学生学习的积极性被充分调动起来,课堂上学生普遍能做到积极参与,认真听讲。

表二

| 教学环节 | 《枫树上的童话》 | | | | |
|---|---|---|---|---|---|
| | 教师讲解（时间、占百分比） | 师生互动（时间、占百分比） | 小组讨论（时间、占百分比） | 学生自学（时间、占百分比） | 学生讲解（时间、占百分比） |
| 1.初读课文，努力读正确 | | 4分22秒 9.78% | | 2分31秒 5.64% | |
| 2.跟着老师的讲述走进课文场景，发现童话人物。 | 1分38秒 3.67% | 3分41秒 8.26% | | | |
| 3.聚焦第4—12自然段，读枫树上的童话 | 27秒 1.01% | 15分25秒 34.56% | 1分29秒 3.32% | 2分43秒 6.09% | 35秒 1.31% |
| 4.读句子，抄写 | | 4分53秒 10.9% | | 5分18秒 11.9% | 23秒 0.86% |
| 5.启迪思维，启发想象 | 1分06秒 2.47% | | | 16秒 0.6% | |
| 总百分比 | 7.15% | 63.5% | 3.32% | 24.2% | 2.17% |

观察反馈二

根据表二，不难发现在教学过程中，教师大大减少了自己讲解的时间，仅占课堂授课时间的 7.15%，将大量的时间花在师生互动、学生自学上，分别占课堂授课时间的 63.5%、24.2%，基本占满了整节课。另外，教师还在教学上将时间留给学生进行小组讨论和讲解，各占课堂用时的 3.32%、2.17%，努力变"单向"课堂为"多维"课堂。

## 四、分析和讨论

（一）学生阅读学习的自主性得到改善

近几年来，随着"生本"课堂的呼声，小学语文教师努力将我们的阅读课变成"教师、学生、文本之间的对话"。的确，本课执教中我们可以通过数据看到，教师唱独角戏的时间不到课堂教学时间的十分之一。而学生在课堂中的参与人数最高峰时可谓是满堂彩。教师将大量的时间让给学生，如在学习了解"绿荫"、"渡口"等词时，教师通过图片，让学生自主发现，以图释义；又如在体会"问号"、"感叹号"的不同语气时，教师为学生创造形象的故事情景，让学生融情入景，在朗读中自主体会其奥妙。教师适当点拨、启发、激励，把更多的时间留给学生阅读、感悟、品味。

（二）小组讨论学习得以施展

生本理念下的小学语文教学更多的是小组合作学习。在蒋老师课堂中，教师为学生们提供了"小组角色扮演朗读"的机会，让学生融入课文中，发挥自主学习的主动性，大大提高了学生学习的参与度，并占课堂学习时间的3.32%。但是也不难发现，虽然是全员参与，但根据表一第三阶段的反馈，此阶段共有三名孩子出现了开小差的现象，想必这是与孩子的学习层次不同有关。小组讨论后，教师也没有对小组的成果进行展示和点评。因此，课堂中进行小组讨论，不是对学生们置之不理，而是教师能深入到学生中间，使每个层次的学生在小组合作学习中都能有所收获。

（三）师生互动的实质性有待提高

虽然，在生本课堂的浪潮下，教师渐渐地将课堂让位于学生，但是从数据中我们可以看到，学生的参与大多数是在教师的引领下发生的，即教师通过"问——答"来刺激学生，学生多为机械地回答问题，或教师一呼，学生百应。课堂中几乎很少存在学生插嘴的次数，更没有学生主动的质疑、发问。师生间互动的形式多样化了，数量上得到提高了。但如何做到"有效"互动，真正在课堂内调动学生的个体自主学习，还值得我们思考。

**五、课堂观察所引发的思考**

第一，当前，语文学习普遍关注"语言的实际语用"。笔者认为教师普遍存在的"语用实际观"多从语用的结果去思考我们的语文课堂，但是"语用"是一个过程，它是在适切的环境下发生的。因此，我们的日常语文教学需要一种"过程观"，缺乏过程就缺乏了体验，缺乏了实践，知识与技能就难以内化，就削弱了创造力培育的前提。开放的过程必然要有开放的目标观，"提出一个问题比解决一个问题更重要"。怎样培养学生的问题意识呢？教师要善于根据教学内容，结合学生的生活实际创设问题情境，使学生认真观察、积极思维，从中发现问题。让学生带着问题走进教室，带着更多的问题走出教室。知识的传授只是我们的一个目的，但是让学生形成问题意识，加深对问题的思考深度，有个人独特的见解，才是"学大于教"的本源。

第二，对话交流、小组讨论在"生本"课堂给了学生更多自由活动的时间和相互交流的机会，充分体现了尊重和提高学生主体地位，也是我们对传统教学做了反思后的必然选择。但是合作学习需要建立在每个学生的自我需求上，即学生经过充分的思考，发现自己有了交流的需要，这样的合作学习才是有效的。其次，张志公先生曾经说："成功的语文教学，是导演与演员良好配合的结晶。"因此，合作学习也需要老师的参与。如果没有教师的有效组织，没有教师的因势利导和因势而发，学生局限于自身的水平，就不能在较高层面上把握文本，这样的合作必然是低效的。"合作学习"需要一定的时间限制，但不能就是老师说停就停。这样的合作讨论是虚设的，既不尊重学生也不民主。要试着问问学生"讨论完了吗？""结果出来了吗？"这样更符合生本教学的特点。

第三，当前，语文教学渐渐开始注重学生的自主学习，教师引导发挥学生的主动性、积极性。但是教师的训练往往停留在记忆、理解这些表面的学习上，绝大多数课的学习呈现平面化。我们的课堂常常是教师给了学生一个自主发挥的机会，但是学生在课堂上基本上不需要思考，只要读一读，然后根据直觉回答。我们的课堂怎么那么相似，那么雷同？其次大部分课往往以讲、读、问答这些教学活动为主，且多为学生记忆性、理解性的问题。语文到底怎么学？语文学来有什么用？丰富多彩的、引人入胜的语文哪里去了？语文课的"语文味"哪里去了？讨论、辩论、查阅、批注、练写、猜想、运用、竞赛、对比等等这些学习方式哪里去了？

我们应该尊重每一个学生，倾听每一个学生的声音。比起学生的热情、激情、灵性，教学设计是微不足道的。"教什么"比"怎么教"更重要。"通往罗马的路不只一条"，教师应在学生阅读、思考和表达的基础上，创新自己的教学方式，拓展语文学习的空间，给学生新鲜的刺激，建立学生学习生活和语文学习之间的纽带，帮助学生发现语文学习的魅力。

# 课堂练习有效性的观察与分析

宁波市江东实验小学　朱晓莉

课堂教学过程是教师的教与学生的学的双边活动过程，所以我们在课堂练习有效性观察时从两个层面进行：一是教师的教，二是学生的学。

**一、教师教的层面侧重观察**

（一）练习的指向性是否清晰？

（二）练习是否有层次性？获取信息的练习、解释文本的练习、思考和判断的练习。也就是教师是否从三个层面来培养学生的阅读能力：1.获取信息的能力：能否从所阅读的文本资料中，迅速找到自己所需要的信息。（包括字面信息和隐含信息）2.解释文本的能力：阅读后，能否从阅读的资料中正确地解释文本的意义。（在全面阅读文本的基础上，联系各个部分的相关信息，对文本进行逻辑上的理解）3.思考和判断能力：能否将所读内容与自己原有的知识、想法和经验相联结，综合判断后，提出自己的观点（包括对文本的形式和内容两方面的反思与评价）。

（三）完成练习的方法是否合适而丰富？个人知识经验、读图获得、教材文本、朗读、默读、讨论、联系生活等。

（四）给予学生的练习时间是否充分？

（五）教师反馈是否即时，方式是否得当？表扬欣赏、补充完善、思路引导等。

（六）教师预设教学目标是否达成？

## 二、学生学的层面侧重观察

（一）学生的参与度：是否有学生不参与，或者只是形式上的参与。对于目前的小学阅读课堂，有一种评论是"优等生热热闹闹，中差生莫名其妙"。要构建学生真实参与的课堂，我们觉得衡量标准是教师首先要关注参与的面，要让每个学生有参与学习、参与交流、参与训练的机会。

（二）练习完成的数量：全体学生是否在教师安排的时间内完成练习内容。

（三）练习完成的质量：优良率和未达标的现象。

就刚才的两堂课，我们从上述几方面来看一看三、四年级组教师观察的结果。

1. 课堂练习的指向性和层次性

三年级谢海波老师观察发现：章老师在执教《夸父追日》时，练习指向性清晰度100%，获取信息的练习占练习总量的37.5%，比如：找出文中表示地名的词语（虞渊、黄河、渭河、大泽、瀚海）；解释文本的练习占12.5%，如：给"霎时间"找近义词；思考和判断文本内容的占37.5%，如：填写读书卡，记录每段的关键词，再把关键词串起来说说故事主要内容；思考和判断文本形式的占12.5%，如：模仿课文的句子写一写。观察小结：练习时，老师的目的很明确，指向性清晰，练习设计的层次性基本体现出来了。（最好在叫学生发言时，上、中、下游的学生都能点到，让不同层次的学生都获得发展。）

四年级吕娜老师观察发现：徐老师在执教《渔夫的故事》时，练习指向性清晰度100%,获取信息的练习占练习总量的20%,如:交流课前积累的新词;解释文本的练习占20%,思考和判断文本内容的练习占30%,如:感知人物形象,找出有关语句,写批注,练习简要复述;思考和判断文本形式的内容占30%,如:引导学生详细复述、创造性复述。观察小结:本堂课的提问始终遵循从易到难的原则,先从简单的文本信息,再进一步引发学生的思考,在此基础上层层深入,揭示文章的中心内涵,并且学习了两种复述的方法。

总评:从统计比例上看,两位教师练习的指向性都很明确,为练习的有效性提供了基本保障。我们在设计课堂练习时仍然较关注文本内容,对于文本形式上的关注相对较少,随着年段的升高,我们应更关注文本表达形式,加强这方面的练习。

2. 学生完成练习的方法

三年级王老师:依靠个人知识经验的占30%,依靠读图或多媒体获得的占10%,从教材和文本材料中获得的占30%,通过集体讨论等其他途径获得的占30%。观察小结:教师指导完成练习的方法多样,注重学生从文本中、同伴讨论中,通过默读、朗读等多种形式获得新知。

四年级夏老师:依靠个人知识经验的占10%,通过读图或多媒体获得的占15%,从教材文本中获得的占45%,从集体讨论等其他途径中获得的占30%。观察小结:教师设计了多方面的练习,既有口头练习,又有书面练习,让学生在听想说练中获得阅读能力。

总评:从统计数据来看,两堂课都非常关注让学生与教材文本的对话,通过朗读、默读、感悟、交流等形式从教材文本中习得新知,在这个过程中锻炼能力。多媒体等只是教学的辅助手段,用于突破难点或突出重点,并没有喧宾夺主之嫌。

3. 学生练习时间和练习的完成情况

三年级张老师:初读文本过程中的练习总用时4分30秒,包括找出表示地名的词,给"霎时间"找近义词。细读文本中的练习用时26分30秒,其中读书卡记录每段关键词用了9分30秒,用关键词串说故事主要内容用了5分,画出描写神奇的句子并圈出关键词用了12分,仿写语段用了4分钟。初读文本部分的练习90%以上的学生主动参与练习,细读文本中的练习参与率75%左右,仿写语段参与率100%。观察小结:练习时间充分,大多数学生积极参与练习,完成质量高。

总评:教师给予学生的练习时间较充分,从学生的表情、举手发言情况、练习完成情况可反映出练习设计的受欢迎程度和达成目标的可适度。

4. 教师对练习的即时评价

三年级毛老师:教师反馈评价中表扬欣赏的占33%,补充完善的占22%,思路引导的占44%。观察小结:教师比较重视思路的引导,如"这些都是表示时间短的词,像这样表示时间短的词还有……"让学生在教师的引导下进一步思考。

四年级张老师:教师反馈评价中表扬欣赏的占100%,补充完善的占50%,思路引导的占50%。观察小结:教师能运用各种评价手段对学生的课堂回答进行及时反馈,总体来说评价合理,适时,能够保证课堂练习的有效。

总评:两位老师都能用欣赏的眼光看待学生在练习中的表现,但是并不是无原则的肯定,而是能根据学生的课堂生成进行补充完善和思路上的启发引导,让学生通过练习实践和教师的反馈评价真正获得新的发展。

5. 练习设计与学习目标达成的关联度

三年级叶老师:教学目标圆满完成的占50%,如:串讲故事主要内容,画出描写神奇的句子,圈出关键词,仿写语段;基本完成的占37%,如"虞渊"一词学生读错的较多,摘取自然段重点词语,缺乏教师方法的引领,未完成的占13%,如:"颓然"中"颓"在字典中的意思,产生歧义,学生未理解。观察小结:教师有很强的教学目标意识,基本上每个环节都能围绕目标展开,目标的设立注重思考和判断能力的培养,达成度较高,需要改进的是课堂的生成性和教学块面的有机融合。

四年级杨老师：教学目标圆满完成占90%，基本完成占10%，如引导学生详细复述，只是部分学生完成。观察小结：练习设计合理，有针对性，有层次性，学生完成练习的情况较好。

总评：两位老师都能围绕教学目标设计问题，在练习过程中较关注教学目标的达成情况，能做到"下要保底，上不封顶"。能面向全体，为每位学生的发展提供了时间、空间和机会，但是对后进生的关注和课堂生成与预设的有机融合方面仍需下功夫。

6. 年级组形成性评价

三年级组：本节课教师练习指向清晰、目标意识强，在有限的40分钟内有效地完成了教学目标，且充分体现了略读课文的教学特点，通过有层次、有取舍、有详略的阅读练习，在内容理解、情感激发上达到理想的效果，整节课以"神奇"作为主线展开教学，通过多种形式的练习，多种方法的引导，体会神话本身的神奇特点，真实、朴实、扎实，学生学得有趣、有效。

四年级组：课堂练习是阅读教学过程中一个重要的组成部分。徐老师有效地发挥了课堂练习在整个教学系统中的作用。1.题量优化，整节课老师精心设计了7个问题，搭起了思维技能训练的平台；2.题意的优化，练习设计延续了学生已有知识，又能旁及课外领域，进而引导学生掌握已知的基础训练、复述；3.题型的优化，7个问题形式多样、生动活泼，学生兴趣盎然。

总评：兴趣是最好的老师。如何设计学生喜爱，又能切切实实地提高学生阅读能力的练习，让学生获得"轻负优质"的发展，将是我们研究的永恒主题。

# 六年级上册《山中访友》教学目标达成观课报告

宁波市江东第二实验小学　林银霞

课堂教学目标是教师根据教学目的、内容及学生实际而制定的一种具体要求和标准。它是教学目的的具体化，是课堂教学的方向，是一堂课的灵魂，是判断教学是否有效的直接依据。它最终目的就是让学生达成学习目标，因此，一节课的质量高低，最终要通过教学目标的达成来检验其质量。教师在课堂教学前，首先得明确教学目标，在课堂内容设计中充分体现该目标，不能偏离目标而行。在课堂教学中，教师在把教学目标呈献给学生的同时，还要不断地给学生指引目标，引导学生自己去思考、探索，去感知知识的生成过程。施老师执教的《山中访友》，虽然每次上课的目标都有所改动，但每次的目标都做到清晰、简明、可操作性强。我认真阅读了《新课标》中关于第三学段学生语文学习应达到的学习目标，结合本次磨课制定的教学目标，进行了细致观察和记录，并作出以下思考。

**一、教学目标制定应把握教材内容**

新课程背景下的课堂教学是一个个鲜活的生命在特定情境中交流对话的过程。在这个对话过程中，存在着多重对话关系，其中与文本的对话最为重要。教师只有钻研好教材，才有可能更好地组织、引导学生实现和文本的深刻对话，使学生在尊重文本价值取向的前提下获得个性化的感悟与体验。

从施老师一次又一次目标的制定方面来看，我们发现各稿中目标改动非常大，特别是第三稿作了较大的改动。首先，目标的条数由原来的四条减少到三条，作了精简。原来在第二次试教中，发现因为第二稿的教学目标比较分散，不够精简，导致课堂操作步骤比较散乱，所以经过团队的讨论，目标2（运用作批注的方法，品味文章语言的优美，感受联想和想象可以将事物表现得更生动更形象的特点）和目标3（在比较朗读中，体会运用第二人称拉近与朋友距离的特点，感受作者对自然之物的喜爱之情）进行了整合；其次，目标1中由原来的用串联字义的方法理解"德高望重"的意思，到理解"德高望重"、"津津乐道"等词语的意思，对词语的把握更精准了。再是，第三个目标的制定由原来背诵第四自然段到借助简笔画背诵第四自然段，多了方法的指导，目标更精确了。

正是因为施老师在备课过程中吃透课标，深钻教材，结合单元提示、课后练习以及语文园地，并联系单元和整册教材进行整体思考，既考虑通过阅读教学目标的落实，实现教学目标在三个维度上的达成，又着重考虑在阅读训练上使每一课时的教与学活动，都能让学生得到些什么，使得本堂课的教学目标更加合理、科学。

### 二、教学目标的制定应贴近年段目标

关于学段教学目标的把握，教师首先应该明确课程标准对于不同学段、不同课型的要求。不同年段的教学重点应有不同，相同的教学内容在不同年段的教学侧重点也不相同。高年级教学的重点，应放在引导学生从整体上把握文章的内容，品味文章的语言，领会表达的方法上。这一阶段，揣摩并运用表达方法是需要加强的一个训练重点。

施老师给本堂课定的第二个教学目标是了解作者展开联想和想象、运用人称变化的写作方法，品味语言的优美，感受作者对自然的喜爱之情，学做批注。为了达成这个教学目标，施老师以"古桥"为例，了解作者展开联想和想象、运用人称变化的写作方法，让学生观察老师批注的方法，得出可以从关注表达和体会情感两方面来写，有效降低了批注的难度，让学生极大地汲取课文的知识，掌握批注方法。接着由扶到放，运用以上方法请学生给第四自然段作批注。在学生的反馈中可以看出这个目

标的达成非常理想。特别是后面部分,同桌合作学习,先自由读句子,再从"关注写法"和"体会情感"两方面互相谈谈感受,然后全班展示,更是精彩不断,使课堂达到了高潮,说明这一教学目标的制定是贴近学生的年段特点的。

### 三、教学目标的制定应了解学生学情

学情一方面是指学生的学习要求,学生希望老师教什么,采用什么样的教学方法;另一方面则是班内学生的知识水平和能力层次要求以及课标对学生学习的要求等。这就要求老师应在对学情认真分析和把握的基础上有针对性地开展教学以满足学生的多样化需求,提高课堂效率。"为了每一位学生的发展"是课程改革的灵魂,是新课程的核心理念。教学要关注个体差异,满足不同学生的需要。而要在课堂上真正做到"以学生发展为主",就必须在进行教学设计时,从目标上就要特别关注学生的实际,真正做到因材施教。

纵观施老师几次修改的目标来看,从第一稿的第一目标(正确书写峡谷、陡峭等词语,用串联字义的方法理解"德高望重"的意思。)到第五稿的第一目标(正确书写身躯、陡峭等词语,理解"德高望重"、"陡峭"等词语的意思),作了很大的改动,在第五稿中教师用学习单检测字词"树冠、旋转、身躯、陡峭"等,理解德高望重,老师用串联字义和联系上下文在语境中理解,有效达成了教学目标。但"陡峭"一词只有正音,没有理解,是不是以简笔画的方式来理解呢?

目标三:有感情地朗读课文,借助简笔画背诵第四自然段。教师在指导朗读时,层层递进,每一次都有明确的要求。在初读课文阶段,教师用习题作检测的方式让学生明白朗读要求,有效提取信息。在感悟课文内容学习古桥一段时,教师让学生朗读感悟课文内容,并通过第二、第三人称的对比朗读,感受作者对古桥的赞美和敬佩之情。

自学第四自然段时,老师让学生进行合作学习,并进行朗读展示交

流,最后在音乐声中师生合作朗读第四自然段。在教师的层层引导下,学生清楚每一次朗读的要求,每一次朗读都有提升,达成了有感情朗读这个目标。接着,教师让学生借助简笔画背诵课文,起到了简笔画引领背诵的作用。学生也能比较熟练地背诵课文内容,目标基本达成。

对比施老师几次试教的教学目标,我发现施老师对文本的把握越来越到位了,目标制订得越来越贴近年段目标和学生学情了。观察这堂课,我们发现本堂课最大的亮点就是教师比较注重培养学生的阅读能力,因为这是第三学段,所以施老师还要特别注重培养学生对语言的评价欣赏能力。教师范例批注,有效地引导批注的方法,降低批注的难度。

## 运用阅读策略,关注动笔练习
### ——六年级上册《山中访友》课堂观察报告
**宁波市江东第二实验小学　忻钏琳**

《语文课程标准》(2011版)着重指出:"语文是一门学习语言文字运用的综合性、实践性的课程。"所以我们认为语文课堂是学生进行语文实践的主阵地。实践的特性是在老师教给方法后进行不断的尝试。我们的观察点是学生的课堂动笔练习。这是培养学生语言文字运用能力的有效途径。下面,我以施老师执教的《山中访友》为例,结合自己的课堂观察点——动笔练习,谈谈如何运用阅读策略,提高学生课堂动笔练习的质量,从而实现课堂教学的目标。

施老师《山中访友》有三处课堂动笔,共计17分钟。梳理我们的观点,结合本课教学的特点,我们认为这节课上每一次动笔都是精彩的放送,是一次次美丽的相遇。

## 一、课堂伊始,动笔与旧知相遇

施老师在揭题后,利用黄金5分钟,通过学习单对学生进行了预习的检测和反馈。

作业单如下:

---

### 1. 山中访友

(1)看拼音,写词语。

dé gāo wàng zhòng　　　　jīn jīn lè dào
(　　　　　)　　　　　(　　　　　)

dǒu qiào　　　　　　　shēn qū
(　　　　)的悬崖　　挺拔的(　　　　)

(2)用"—"画出正确的读音,把句子读流利。

我脚下长出的根须,深深扎(zhā zā)进泥土和岩层;头发长成树冠(guān guàn),胳膊变成树枝,血(xuè xiě)液变成树的汁液,在年轮里旋转(zhuàn zhuǎn)、流淌。

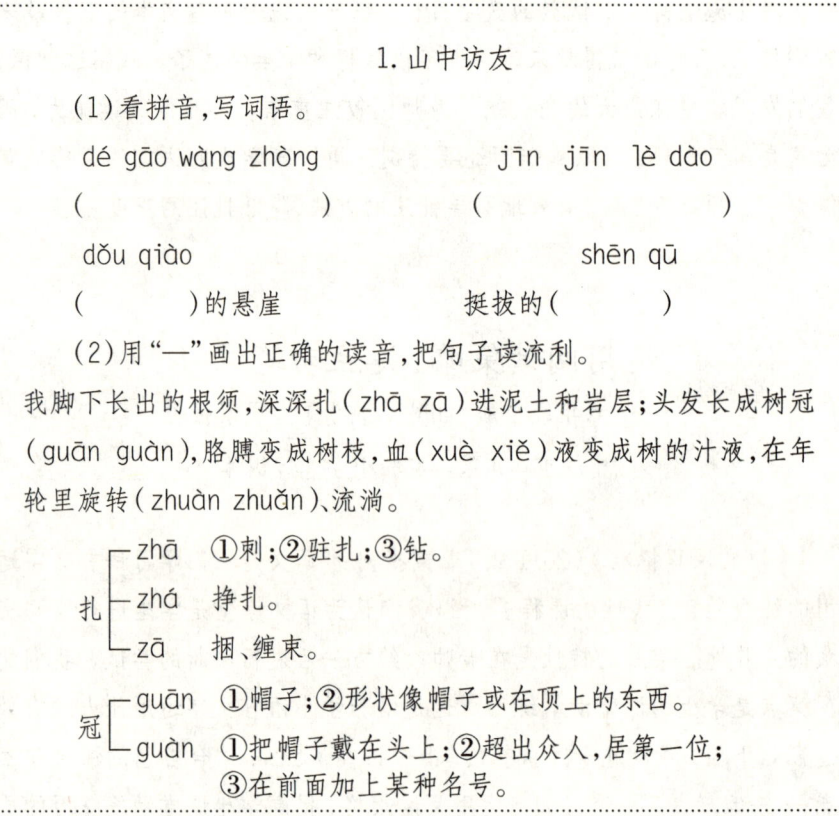

---

动笔目标集中,即:写对字,读准音。纠正了"树冠"这个词语的读音,并渗透了"据词定音"的学习方法,这体现了教师优秀的教学理念,就是"教什么"和"怎么教"的问题,既培养了学生追根溯源的学习品质,又为教师解惑提供了依据。在之前的两次磨课中,施老师的作业单只是两道练习题:

> **1. 山中访友**
>
> (1)看拼音,写词语。
>
> 汩汩的（ xī liú ）　　　　深深的（ xiá gǔ ）
>
> （ dǒu qiào ）的悬崖　　　（ zhàn lán ）的天空
>
> (2)选择正确的读音,读通句子。
>
> 我脚下长出的根须,深深扎(zhā zā)进泥土和岩层;头发长成树冠(guān guàn),胳膊变成树枝,血(xuè xiě)液变成树的汁液,在年轮里旋转(zhuàn zhuǎn),流淌。

对多音字的关注,仅仅是停留在区别字音的层面,而第三次的学习单则添加了注释,这看似简单的呈现恰恰是让学生亲历"猜测—理解—判断"的学习过程,从点到面,有目的,有落实,有训练,夯实了基础,提高了能力。

另外,在看拼音、写词语这块内容上,在前两次的作业单中,学生看拼音写出四个词语"溪流、峡谷、陡峭、湛蓝",并在学生展示中只关注了字的对错。这样的指导,显得有些"无为而做"。但第三次教学的学习单中,学生则书写了"德高望重、津津乐道"两个成语。可见,这两个词是施老师精挑细选出来的,也是课文要求积累的重点词语。

所以,此处动笔练习切实可行,课堂动笔扎实有效。

## 二、梳理文路,动笔与文本相遇

第二次课堂动笔的时间是4分钟,动笔的内容为:

"山中访友,作者在山中访了哪些朋友呢?让我们跟随着作者的脚步,也去拜访一下朋友吧。请同学们自由朗读课文,用圆圈圈出作者拜访的朋友,想想这样写,表达了作者怎样的情感。"

所谓"不动笔墨不读书",初读课文后,让学生用笔圈出作者拜访的朋友,旨在引导学生潜心会文,沉入文本,提炼速读后的信息,进行整合梳理,初步感知文章大意。

圈、画,是语文教学中常用的教学方法。这种先学后教的手段的运用是学生主动探究的过程,也是教师考量学生自学的途径。学生通过圈画提炼了文章的文路,主动探究的欲望得到发挥。因学生有提炼文路在"先",所以就为整个课堂教学提供了一个前置性的平台。因此,教师的"教"就会有所遵循。

**三、个性感悟,动笔与编者相遇**

在重点学习第三自然段后,学生了解了做批注的方法——关注写法,体会情感。根据学生学到的方法,施老师请学生自学第四节,学做批注。这一环节的设置,是为了使学生在学习语文的过程中,能够关注文本呈现出来的语言现象,体会语言文字的意味,学会品味和赏析。4分钟过后,请4个学生上台展示,每一个学生都能关注到写法和体会到作者的情感,说明教师在前一环节示范做批注是十分有效且扎实的。那么,施老师是如何做到的呢?让我们来看一下这节课在这一环节的课堂实录——以"古桥"为例,品味想象。

师:我们先去拜访第一位朋友——古桥。读一读,想一想作者是怎么写的,这样写有什么好处。

(学生自由朗读第二自然段,用"＿＿＿"线画出作者展开联想和想象的句子。)

师:现在交流一下所思所想。

(课件出示语段)

师:作者抓住这个特点,继续展开联想和想象,请你读读后面几句话,想一想古桥的"德高望重"体现在哪里,能抓住一两个关键词语谈谈吗?

生1:我从"你把多少人马渡过对岸……"这个句子中感觉到老桥为

人民服务的高尚品质。

师：我们可以从中提炼出关键词：服务人民。

生2：我从"岁月悠悠，波光明灭，泡沫聚散，唯有你依然如旧"这句中感觉到老桥多年来一直默默无闻地为人们服务着，毫无怨言。

师：那么你找到的关键词是——

生2：默默无闻、毫无怨言。

师：同学们，刚才我们在品味语言的时候，还谈到了作者的写作方法，（板书：写作方法）能关注这一点，很了不起。你们还有其他发现吗？

生：我发现作者是采用第二人称来写的，他把老桥当作了自己的朋友。

生：作者运用了第二人称来写，一下子拉近了作者与古桥的距离，让我们充分感受作者对古桥的赞美与敬佩之情。

师：老师把同学们刚才的内容整理了一下，就写成了这样一则完整的批注。

（课件出示：作者展开联想和想象，运用比喻、拟人的手法，形象地写出了古桥年代久远、服务大众、默默无闻的特点，表达了对它的赞美敬佩之情。）

师：请一位同学来读，其他同学思考，我在批注中写到了哪些内容？

生：批注中一共有2句，第一句写的是作者展开联想和想象，运用了哪些修辞手法，写出了古桥的特点。第二句写的是作者对古桥的赞美之情。

师：你不但会读书，还能用自己语言提炼出学习的方法，了不起。的确如这位同学所说，我写的第一句就是关注了作者写这段话运用的写法，第二句则写我自己深切体会到的情感。（板书：体会情感）请大家运用所学的方法，自学一下第三自然段吧。

回顾以上教学片段，我们不难发现，施老师不断地引导学生去品味、赏析。引导学生发现语言的特色，进而品味联想和想象的作用，在对比朗读中感受人称变化带来的情感起伏，教师从"关注写法"和"体会情感"两方面去做批注，又实实在在教给了学生一种学习的方法。培养学生的阅读能力各年段都有不同的侧重点，到了第三学段，我们要特别注重培养学生对语言的评价欣赏能力，引导学生对阅读材料的内容与形式进行评定并品评其中的韵味。训练时不仅要发挥朗读的作用，更应该注重方法。

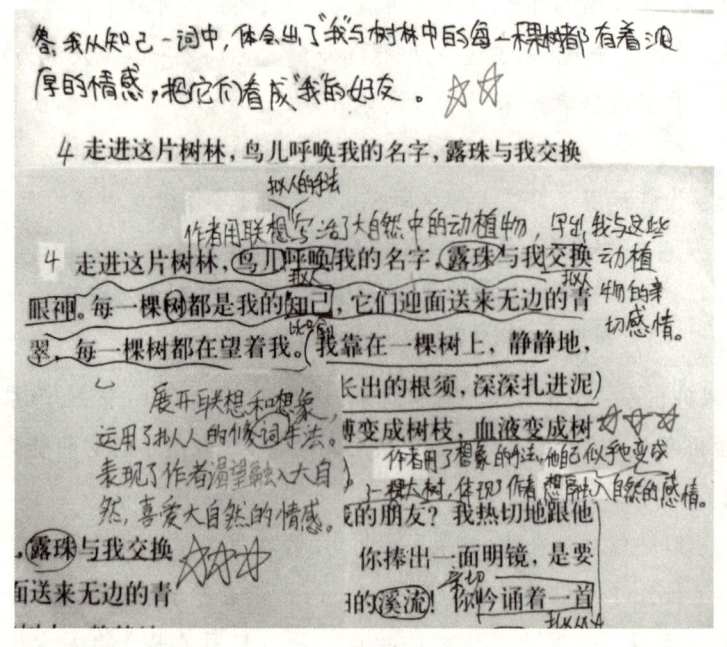

从上图中，我们关注到：其余三个学生都是从修辞手法出发进行批注，第四个学生从写作手法（联想）出发进行批注。而这之前的两次磨课中，第一次，学生只注意到修辞手法，没有关注联想和想象的写作手法；第二次，学生在品读时能够写出"联想"，但把联想归结到修辞手法，造成了概念的混淆。和前两次磨课相比，这一次，学生没有把修辞手法和联想、想象混为一谈，这和施老师前面的有效引导是分不开的。在示范作批注时，施老师出示"作者展开联想和想象，运用比喻、拟人的手法，形象地写出了古桥年代久远、服务大众、默默无闻的特点",有意识地对学生进行渗透,有效地将想象、联想和修辞手法区分开来。

海德格尔认为,教学的本质就是让学。浙师大的王尚文教授认为"让学"可以分为两个层次,一个是让热爱,一个是让实践。让实践就是让学生亲历听说读写的实践,使学生在具体的语文实践中,理解语言,积累语言,运用语言,培养语言能力。潜心会文,静心思考,自主学习是让学的显著特点。以自主学习为基础,适当辅之以教师的导、合作的学,这样的语文教学是有效的,更是智慧的。

# 第五章 小学语文活力型校本研修的专业阅读

## 第一节 什么是专业阅读

什么叫专业阅读,将文章从头读(看)到尾是不是就可以谓之"专业阅读"呢?答案当然是否定的。

首先来研究一下阅读,我们将阅读分为三种类型:休闲阅读(也可以叫泛阅读或者浅阅读)、兴趣阅读和深度阅读。同时,我们还将阅读体验分为三个层面:会意、共鸣和思辨。

阅读的最低层面是会意。一本书能够吸引你,或会心一笑,或扼腕叹息,就已经属于阅读的范畴。休闲阅读往往只要达到这个层面即可。阅读的第二层面是共鸣。作品是作者心血的结晶,文字背后反映的是一种现象、一种观点,或者一种思想,读者根据自己的阅历、性格、爱好等选取相关书籍进行阅读,并在阅读中与自己的感受、经验相融合,产生一定的审美体验。兴趣阅读往往会因为共鸣让读者手不释卷,如食甘饴。

如果说会意是"看书是书",共鸣是"看书不是书",那么阅读的第三层面思辨则是阅读的最高境界"看书还是书",读者已经和书合二为一,既能走进书中领会作者的所书所想,又能走出书本,客观地分析,理性地思考,取其精华,去其糟粕。

显然,教师的专业阅读属于深度阅读,它的目的性更明确,范围更集中。简单地说,就是基于教师专业发展,直接作用于日常专业实践的阅读。教师的专业阅读是促进教师专业成长,提高教研能力的有效途径之一。

试读下面一段文字。

有一个学富五车的聪明书生去禅院向和尚学习佛法,和尚尽其所能讲解佛法,并让书生任意阅读佛经。

时近半月,这位自恃聪明的书生仍未能参悟佛法一二,总觉得与自己已有的思想格格不入,他以为是和尚不愿教他,有所隐藏,于是便去质问和尚。

和尚笑着请他坐下,说:"书生不急,饮杯茶先。"于是和尚帮书生斟茶,直到茶杯水满溢出,和尚仍是在斟,似若未知。书生急道:"禅师,茶满了,满了。"和尚捋须微笑着:"对呀,你已将你的脑装满学问,已先入为主,又岂能容下佛法,又岂能参悟佛法呢?"

初读之后,你会感觉很有意思,禅学中很多深刻的道理往往蕴含在日常平平常常的事情中,就像这个睿智的老和尚。轻松一笑之中,也许能为你解除一些工作的疲劳。佩服之余,你还会感到别有余味,书生这样的事情不正发生在我们每个人身上吗?我们也常常因为先前的思想或成见,影响接受新的正确的观念。思及此处,让人不禁有些怅然。有了这样的心理体验过程,才是真正的阅读。作为一位教师,你又会想起日常教育教学中发生的事情:面对着孩子上课时提出的不同意见,你是不是以严厉的语气加以斥责?面对白板、微课等新出现的形式,你是不是抱以怀疑和不屑的态度?……

我们是不是应该改变一些什么,努力做些什么?

这时,你就进入了专业阅读……

## 第二节 为何要进行专业阅读

在信息爆炸的时代，教师阅读的价值在哪里？教师阅读与专业发展之间到底有着怎样的联系呢？

朱小蔓教授这样说过："一个人太渺小，没有那么聪明；一个人精力太有限，没有那样的精力充沛。这些东西从哪里去寻找呢？不外两个途径：一是从前任、从他人的经验中来；二是从人类的理性积淀——优秀的著述中来。"而后者无论在内容和数量上，显然都要直接得多、丰富得多。而作为知识传授者的教师，阅读更与其有着一种天然的联系。

经过文献研究，我们发现，国内外教育家、知名学者专家对教师阅读的价值是充分肯定的，如，苏霍姆林斯基曾说过："怎样才能使每一位教师不仅懂得一点教学的常识，而且深知本门学科的渊源呢？读书，读书，再读书——教师的教育素养的这个方面正是取决于此。要把读书当作第一精神需要，当作饥饿者的食物，需有读书的兴趣，要喜欢博览群书，要能在书本面前坐下来，深入地思考。"林语堂说得好："读书本来是至乐之事。"杜威说，"读书是一种新的探险。"弗兰西也说过，"读书是魂灵的壮游。"朱永新教授认为："一个人的精神发育史就是他的阅读史。专业阅读，是教师专业发展的基石；如果没有教师的阅读，就没有教师的真正意义上的成长与发展。"

经过调查研究和比较研究，我们发现，大凡优秀教师、特级教师、教育家，他们的成长历程无不浸润着书香。于永正老师把自己定位于一辈子做个读书人，他说："阅读是教师最大的修炼。没有书晚上我会睡不着觉，这么多年一直都这样。我的专业成长之路就是伴着阅读、思考、实践一路摸索。"王崧舟老师定位阅读是诗意的源头。他一直觉得,每本书都是一个生命,充满了诱惑与灵性,你不去跟他打照面,他便静静地躺在你的书柜里。你拿起书来,他就是活的,就会和你对话。而跟你对话的每一本书都不一样的,都给你开启不一样的精神世界。当你进入书里,也就进入了一个异彩纷呈的世界,在体验一代又一代人不同的生活。一日不读书,尘俗一定生其间……李镇西、窦桂梅等名师的一个共同点就是都践行阅读、反思、实践。他们都喜欢读书,笔耕不辍。阅读是他们生命的一部分。他们都是从小学到师范,到参加工作,靠阅读丰盈和充实自己,在阅读中系统构建自己的知识体系。

可以这样说,百分之九十九的老师都知道阅读的重要性,也会努力去实践阅读。但是很多老师总觉得读了许多书后,似乎收获并不大。究其原因,很大程度在于专业阅读的意识不强——

其一,全凭自己的喜好选择书籍,阅读的内容比较狭窄。有些教师除了教科书和教参以外,只读《读者》、《译林》等杂志,对于那些理论性较强、比较理性的专业性书籍不喜欢也不愿意去涉及。

其二,为阅读而阅读,只是在自己需要写论文或做课题时去找一些来看,没有很好的专业阅读规划。所以读归读,读后只留下模糊的印象,或解决了当前的具体问题后便消失得无影无踪了。

其三,我们内心总有一种冲动,有一种追求真理的冲动。于是,当出现了某种新的思潮、新的理念的时候,总会在第一时间想方设法地去阅读、去了解,而不去思考自我的需要。这样的阅读,因缺乏与教育教学实践的联系,只是从概念到概念,从理论到理论,阅读便无法深入下去。

由此可见,教师不仅要阅读,更重要的是进行有计划、有系统的专业阅读,这样才能真正促进自身的发展。如:新教师刚刚从事教育、教学工作，需要阅读与教师实际工作环境相关的书籍，阅读记载了老教师丰富教学经验的教育教学案例，从而迅速完成由学习者向教育者身份的转变，胜任实际的工作；有了一定教学经历的教师通过阅读来提升自己的教学理念，提炼自己的教学特色，更需要通过阅读突破专业发展的"瓶颈"，形成新的发展目标；在教学中遇到困难的教师则可以通过阅读寻找到相应的方法策略，有效解决工作中的问题；而对那些专家型的教师虽然已经有了自己的观点和主张，但是随着时代的发展，新的理念、新的作品层出不穷，只有不断地汲取才能让自己的教学焕发出新的生命力。

## 第三节　如何从事专业阅读

教师的专业阅读不同于广义上的非专业性阅读，亦不同于其他行业的专业阅读，在阅读内容、阅读方法上都有着其特殊性。

### 一、让阅读成为一种思考

教师的专业阅读不仅仅是一种随意地浏览，更多的是伴随着思考的一种学习。这里的思考可以分为三种：一种是前置思考，在教学实践中产生问题然后进行相应的专业阅读；一种是后置思考，就是阅读后产生问题，然后在实践中进行印证，并寻找策略方法。第三种是中置思考，在阅读中产生问题，在阅读中解决问题。而这三种方式往往是互为补充的，可以互为转化。

在我们的专业阅读中，前置思考是最为普遍的，我们通过调查发现职场中的教师多数是为了解决教育教学中遇到的难题而读书。

【问题】您读书的原因是什么？

| 类别 | 情　况 |
|---|---|
| A | 纯粹是爱好,喜欢读书 |
| B | 由于工作的压力必须读书充实自我 |
| C | 教育教学上遇到难题需要求助各类书籍去解决 |
| D | 其他 |

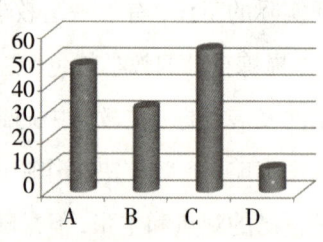

从上表可知,访谈中,有的老师说:"每年我要撰写论文或者讲座时,都要找一些相关的书籍阅读。""每次我上公开课前,我也会翻阅大量的教学刊物。""当我给学生推荐了阅读书目,我就利用假期静下心来看,这样就可以解决孩子们的问题,不至于出丑。"……这样的读书一定能够帮助教师更好地教,但是这样的读书也是较为功利,比较狭隘的。所以,我们在肯定前置思考的同时,更鼓励中置思考和后置思考。

为促进教师的进一步思考,我们设置五分钟的"头脑风暴",针对某本书提出问题及时进行碰撞;让老师像学生一样在某本书上做批注,写下自己的所思所想;围绕某一个主题进行群书阅读,从不同的方面进行论证……要教会学生思考,首先要教师自己会思考,让我们从读书开始做起！短平快的"头脑风暴"促使教师带着问题,带着任务读书,并能从同伴的质量中找到激活思维的促发点,促进再次深度思考。

思考,决定了教师专业阅读的深度。

**二、让阅读成为一种分享**

教师专业阅读不仅仅是个人的感悟,更多的是团队的合作,团队的分享。学校可以利用年级组、教研组、课题组等学习共同体,定期进行好书分享,读书交流,策略共享。在交流中,思想会插上翅膀,智慧会迸发出火花。

"如果每一位老师都能把自己的阅读感受分享给其他人,那么每位老师就会在最短的时间里获得最大的阅读效益。"我们努力从不同层面传播读书的快乐。

如"三分钟导读"是学校阅读工程的实施策略之一,学校提出了每天读书、每学期做一次新书导读的要求,并制作成PPT,在介绍书籍内容的同时有自己的感悟。每年的寒暑假,撰写读后感是老师假期作业必有的一项内容。此外,网络成了读书交流的又一个绝佳的平台,"好书大家谈"、"新书微评"等栏目受到了老师们的热捧。这几天,《大清国相》早已在网上成了老师们热议的话题,真正做到了"阅读共享"。

作为一名小学教师,除了教师之间的共享,还必须做到和学生之间的共享。

学期初,老师和学生要有一张共同的读书清单;学期中,定期召开班级读书会,在教给学生读书方法的同时,从孩子的视角去体会书籍的魅力;学期末,评选出书香教师、书香学子,让浓浓的书香营造出更为美丽的校园。可以说,一个能够和孩子们一起讨论他们喜欢书籍的老师,一定会是一个好老师。

分享,决定了教师专业阅读的广度。

### 三、让阅读成为一种实践

"纸上得来终觉浅,绝知此事要躬行。"专业阅读的最终目的不仅仅在于阅读,亦在于实践,用阅读中新的理念来审视自己的教育教学行为,用教育教学的实践来检验方法的可行性,而实践又反过来促发了教师继续阅读的欲望和激情。一个好的教师就是在不断地实践和阅读中诞生的。

如2012年我们阅读了认知心理学教授丹尼尔·T.威林厄姆的《为

什么学生不喜欢上学?》一书。选择此书是源于在学校的"疑难问题研讨"中,大家提出了一批具有共性的问题——

问题一:低年级有的学生喜欢躺在地上玩,老师让他起来总是以各种理由赖在地上不肯起来,或者在地上打滚,或者追逐打闹,你有什么好办法让这样的学生在课间开展文明而有意义的活动呢?

问题二:有的学生上课总是爱做各种各样的小动作或找同学讲空话,老师多次提醒总改不了,影响自己和周围同学的听课质量,遇到这样的孩子该怎么办呢?

问题三:有的高段学生自认为自己长大了,有自己的主意,不太认同老师的安排,甚至故意与老师唱对台戏,表现自己挑战权威的勇气,这样的孩子该怎么办?

问题四:有的学生以各种理由不交作业,或说忘带,或说找不到,或故意把责任推给组长说已经交了,组长给搞丢了等等。如果老师让他补就拖拖拉拉,和老师耗时间,这样的学生该怎样教育呢?

我们发现丹尼尔·T.威林厄姆教授专注于研究人类大脑的记忆和思维机制。他通过对大脑工作基本原理的分析来剖析孩子们为什么不喜欢上学的现象,振聋发聩,观点独特,正是我们这些问题的本质症结所在。于是,我们展开了一系列的阅读活动——

环节一:好书导读。

我们的导读活动不仅有介绍作者、主要内容、主要观点介绍优秀文摘等传统的栏目,更增加了推荐理由、实践反观、阅读目的等新的栏目,从而增强教师阅读的针对性和有效性。

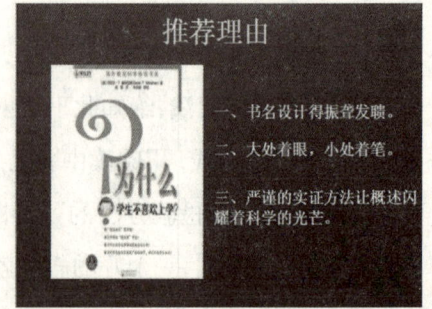

环节二：百师辩台。

我们以办公室为单位将疑难问题认领给教师团队，从书中寻找理论依据。通过教师学堂的平台，情景再现，运用书中的原理进行现场剖析，提供相应的策略。同时，充分发挥同伴互助的作用，补充完善，提出切实可行的操作方案。

环节三：实践检验。

当我们发现孩子的问题存在都不是他们刻意与老师作对，而是有着其自身存在的各种因素，于是老师们的心情便不再急躁，而是努力运用书中的方法去实践，去尝试——

| 问题四 | 学生甲常不交作业，或说忘带，或说找不到，或把责任推给组长说已经交了，组长给搞丢了等等。如果老师让他补就拖拖拉拉，和老师耗时间。 |
|---|---|
| 原因分析 | 要想教得好，你需要认真考虑你的作业实际上会让学生想到什么，因为那是他们会记住的事情。事情必须先进入工作记忆才有机会进入长期记忆。这为"不集中注意力就学不会"这一常见现象给出了一个比较复杂的解释。（摘自《为什么学生不喜欢上学？》） |
| 相应策略 | 和孩子进行一次谈话，分析问题的症结所在；<br>从注重孩子不交作业转移到关注作业的形式和内容；<br>改变作业形式或改变作业的要求，以引起该学生的注意或者兴趣，进入学生的工作记忆。 |
| 实践效果 | 该学生一个星期内对某种作业或者坚持程度都表现得较好，但是一个星期后出现反复。 |

续表

| 再次思考 | 也许这种现象正符合了不会随环境变化而改变的大脑工作的九项基本原理,所以我们不需要太过苛刻。但是,意志的培养是否随着孩子的成长需要进一步加强,这样可以使这种大脑工作的负面效应尽可能地降低。 |
| --- | --- |

可以这样说,阅读并不能 100% 地解决我们身边的问题,但是阅读一定能够帮助我们树立起解决问题的信心,哪怕只是在某一个阶段;然后我们会继续去寻找,寻找另一个出口,进行另一种尝试……

实践,决定了教师专业阅读的厚度。

**四、让阅读成为一种习惯**

专业阅读往往一开始会有一些功利性,我们的目的是随着日积月累,让它成为一种习惯,渗透在日常的工作中,成为每个教师生活的必需。据说,在每一个犹太人的家里,当孩子刚刚懂事时,母亲就会翻开《圣经》将一滴蜂蜜洒在上面,然后让孩子去闻,意在让孩子明白书是甜的,阅读是人生中最美丽的事情。此时,专业阅读应该成为伴随教师一生的一件简单而神圣的事情。

在信息技术极其强大的今天,我们提倡读纸质书,推崇捧着一本书忘乎所以的境界。每个老师都知道无论在候机场,还是在火车站,我们都应该是拿着书的那群人中的一个。但是,我们也不排斥通过网络看电子书的方式。每天都要读书——这,应该成为每个教师的共识。

习惯,决定了教师专业阅读的高度。

综上所述,教师的专业阅读往往会经历"思考——分享——实践——再思考"的周而复始、螺旋上升的阶段,然后成为一种习惯。

# 第四节　小学语文教师的专业阅读内容

**一、理想的教师专业阅读由三大板块构成**

第一板块：本体性专业阅读，即学科专业知识，约占 40% 左右。它包括经典的教育专著、学科期刊等等。

第二板块：条件性专业阅读，即教育学、心理学、管理学以及职业知识，约占 30% 左右，它对本体性知识的传递起理论支撑作用。

第三板块：拓展性专业阅读，即基本的科学、哲学、文学（作为语文教师，更应该阅读推荐给孩子的优秀童书）、艺术、政治、历史等，约占 30% 左右。

对于这三大板块的内容，每一个板块的书籍都浩如烟海，每个教师都有自己不同的选择。随着时代的发展，书籍的外延又在呈几何式递增，所以实在无法给出具体的书目。在这里，只是要强调两点：

其一，对于本体性和条件性的专业阅读一定要齐头并进。我们以下面九本专业阅读书籍为例进行分析。

> 附录：教师专业阅读书目
> 1.《给教师的建议》（苏霍姆林斯基 实践教育学）
> 2.《儿童的人格教育》（阿德勒 儿童心理学）
> 3.《教学勇气》（帕尔默 职业认同）
> 4.《老师怎样和学生说话》（吉诺特 教育技术）

5.《静悄悄的革命》(佐滕学 教育学)

6.《班主任工作漫谈》(魏书生 教育技术)

7.《问题学生诊疗手册》(王晓春 教育技术)

8.《特别的女生萨哈拉》(科德尔 教育小说)

9.《孩子们,你们好》(阿莫纳什维利 实践教育学)

这九本书就可以分为实践教育学、儿童心理学、职业认同、教育技术、教育小说等5个不同的层面,从不同的方向丰富着教师的认知,指导着教师的专业行为。所以,就像鲁迅说的:读书就像蜜蜂采蜜,倘若叮在一处,所得就有限。必须如蜜蜂一样,采过许多花,才能酿出蜜来。专业阅读亦是如此。

其二,要重视拓展性阅读。如果说丰富的专业性书籍的阅读会塑造出一个教学水平高超的好教师,那么丰富的拓展性阅读将造就一个深受学生喜欢的好教师。在我们进行的"学生最欢迎的好教师十大指标"调查活动中,幽默风趣、知识渊博是排在第2、第3两位的,而这需要的正是丰厚的知识储存,是长时间的多方面的阅读日积月累而成。

## 二、理想的教师专业阅读由三大主题组成

第一主题:文本内容,即阅读书籍中呈现出来的故事、经验、观点、策略等。

第二主题:问题内容,即与阅读书籍相呼应的由阅读者或阅读团队所产生的困惑。

第三主题:现状内容,即在教育教学实践中存在的或将要存在的对阅读者产生一定影响的现状,阅读者期望通过阅读加以改善或优化。

这三大主题实现了阅读文本、教师和教学实践之间的有效融合,极大

提升了专业阅读的效度。

例如，某校教师专业阅读工程"1、10、100"活动方案：

【活动目的】

阅读丰厚理念，理念引领成长。要实现教师的专业成长，就必须不断丰富教育理论和自身素养。为此，我们推出了"1、10、100"教师书香工程。我们将通过这一工程增强教师阅读的积极性，引导教师有针对性地阅读，有意识地利用学到的理论知识指导教学实践，将其转化为教学效益，提高自身的修养。

【活动原则】

1. 集中与自主相结合原则。

2. 理论与实践相结合原则。

3. 思考与辨析相结合原则。

4. 精读与泛读相结合原则。

【活动内容】

一、精读1本书

聚焦阅读，集中沙龙——每学年学校专门购买一本教育类专著，进行深入阅读，联系教学实践，举行"话题式"圆桌交流会或读书辩论会，从而更新教学观念，优化教学行为，提升业务水平，使我们的教育人生更加精彩。

二、轮读10本书

专著漂流，分组交流——每学年学校购买10套优秀教育专著，在假期内进行阅读漂流，在开学初举行"夏日十香"品书会。学期初，以办公室为单位，认领1—2本进行个性阅读。这一过程中，每位教师在"团队书香漂流本"上做好"摘记＋反思＋建议"的读书笔记。

### 三、研读100本书

自由阅读,个性汇报——五年内每位教师至少读100本书,建议可包括多方面的内容:教育专著:《第56号教室的故事——雷夫老师中国讲演录》等;学科期刊:如《小学语文教师》《小学数学教师》《小学语文教学》《小学数学教学》等学科教学方面的杂志、丛书;优秀童书:所教学生在看的优秀童书,看童书走进儿童的世界。也可向学生推荐看过的优秀童书,形成师生共读的书香氛围;心灵鸡汤:如《读者》《意林》、林清玄、朱德庸等生活哲学书;兴趣博览:根据自己个人的兴趣爱好选择优秀读物进行阅读。

每学期每位教师读书不少于10本,教师经过自由阅读,结合自己的实践思考,面向全校教师作"阅读与专业成长"的个性汇报,并上传《我的阅读书目》。

【专业阅读叙事】

# 向青草更青处漫溯
## ——记江东第二实验小学语文教师的读书生活
**宁波市江东第二实验小学　周国芬**

2011学年,我们江东第二实验小学提出了"活力教育"的办学理念。围绕这一理念,学校充分利用自身资源与优势开展校本研修活动,努力营造教师专业发展的良好氛围,更好地促进教师的专业成长。其中,推进教师读书活动,作为"活力教育"校本研修活动的重要内容之一,提出"汲取书籍营养,提升教师活力"。

可是由于教师工作的琐碎和忙碌,使得教师在长时间的教学和批改作业之后,只想好好放松,放松心情,放松身体,看书也只选择娱乐性的期刊、书籍。推动教师读书活动似乎不能轻易达成,一间书韵流香的"读书吧"让我们读书活动走出了温柔的一步。

## 一、书韵流香,分享芳华

一个书香飘溢、书韵流转的读书环境,对于本来具有文艺情怀的语文教师来说,肯定具有难以抵挡的吸引力吧?

学校在校园里营造出一间环境优雅的"阅读吧",那里有各类书籍,还准备了咖啡、香茶、点心,略带有小资的浪漫情调。在教学工作中我们倡导"轻负高效",等学生放学后教师在"阅读吧"里闲适地喝茶、看书,大家轻松自由地交流自己读书的感触,品评自己阅读的书籍,享受读书带来的乐趣。

至于这里的书,就有点来历可讲了。应该说,学校有这么大的图书馆,教育教学的,文学名著的,历史人文的,什么没有啊,可是我们老师对图书馆的书就是没兴趣,原来好书也需要人来推荐,否则是"藏在深闺人不知"。于是学校要求每位老师推荐一本印象深刻的好书,借给学校的"阅读吧",并请老师在扉页写上推荐语。在好书推荐活动中,请几位老师与大家分享自己的读书体会,如一位老师结合着自己的深刻体会与大家交流龙应台的《目送》,声情并茂地朗读其中的片段:"我慢慢地、慢慢地了解到,所谓父女母子一场,只不过意味着,你和他的缘分就是今生今世不断地在目送他的背影渐行渐远。你站立在小路的这一端,看着他逐渐在小路转弯的地方,而且,他用背影默默告诉你:不必追。"这种表达孩子逐渐成长,离父母越来越远,为人父母那种欣慰又失落,寂寞又无奈的心境的文字,触动了许多教师的心弦,情不自禁地想拿来阅读。一位教师拿着一本被她翻得发黄的《古诗词名句赏析》,与大家分享读这本书的收获。这本《古诗词名句赏析》被这位老师当作亲密的伙伴,已一起走过十多年的光阴。这是位令大家非常欣赏的教师,她气质优雅,课堂教学、谈吐作文充满诗意,今天大家才明白其中的奥秘,原来这本书功不可没。老师们纷纷记录这本书的书名与出版社,也欲购来好好阅读,修炼自己的,作为语文教师怎可缺少古诗词的涵养呢?还有老师读儿童文学作品《窗边的小豆豆》谈对现行教学的看法,读肖川的《教育的智慧与真情》,谈自己的思考——"智慧与真情"。通过教师的阅读分享,老师们突然发现自己原来遗落了那么多璀璨的"珍珠",也纷纷去追这几本书。"阅读吧"里,大家相互推荐好书,交流思想,教师之间互相影响,互相触动,互相激发,读书的热情熊熊燃烧起来,从随笔、散文,到诗句名篇,再到中外文学,涉猎的范围逐渐广阔,力求早日摆脱知之甚少的窘境,告别孤陋寡闻。

作为一位教师,还需要阅读教育的经典著作,因为人类几千年的教育历史中,创造和积累了许多宝贵的教育思想财富,大都保存在教育经典著作中。阅读经典,与过去的教育家对话,是教师成长的基本方法,也是教师教育思想形成与发展的基础。可这方面的书籍却是相对枯燥的,有的甚至是艰涩的,教师往往对这类书籍敬而远之,我们活力语文团队,该怎样攻下这个堡垒呢?

## 二、翻开经典,别有洞天

俗话说:"三个臭皮匠,顶个诸葛亮。"对于看似枯燥艰涩的教育教学著作,一个人读书太孤单,如果大家共同来读一本书,疑难可以寻求帮助解答,收获可以交流分享,大家相互鼓励,相互促进,是不是就能坚持把书读完,并读到收获,读出快乐呢?学校向教师推荐了几十本经典专著,然后由年级组讨论决定自己一组老师共同阅读的书目,再由学校出资统一购书,组内教师人手一本,一起阅读。大家工作时都坐在一起,刚开始,是一段一段地啃,互相询问:"今天你读了哪些内容,你特别欣赏的是什么?"慢慢地,一本书被坚持着读下来,此时,我们突然发现这里风景独好;然后,各小组就共同阅读的书籍进行深入的讨论交流,形成思维导图,这本经典著作被大家细细咀嚼着读深;最后全体老师共聚一堂,分组汇报展示,展示所看著作的精华,展示自己阅读的收获,形式别开生面,气氛轻松热烈。欢快的氛围中,老师们通过自己深入的阅读向大家生动浅显简介了让人敬而远之的经典著作,为其他老师阅读这本经典扫除心理障碍;在欢快的氛围中,卓越的教育智慧、丰富的教育思想、成功的教育经验缤纷呈现。经过这样一轮又一轮的"携手共读一本书"的活动,《第56号教室的故事——雷夫老师中国讲演录》《好懂好用的教育心理学:解决学生学习的10个困惑》《有效对话教学:理论、策略及案例》《创造适合学生的课堂》《给教师的一百条建议》《做一流的教学能手》等书都被老师们细细咀嚼着读完。

我们阅读教育经典,与大智大慧品质崇高的人深层接触,同他们进行心灵的交流对话。苏霍姆林斯基对我们说:"请你任何时候都不要忘记:你面对的是儿童的极易受到伤害的、极其脆弱的心灵,学校里的学习不是毫无热情地把知识从一个头脑里装进另一个头脑里,而是师生之间每时每刻都在进行的心灵的接触。""成功的欢乐是一种巨大的情绪力量,它可以促进儿童好好学习的愿望。请你注意,无论如何不要使这种内在的力量消失。缺少这种力量,教育上的任何巧妙措施都是无济于事的。"

林华民先生对我们说:简约的课堂不是'简单',更不是'简化'。简约的课堂是需要提炼的课堂(提炼知识、提炼教法、提炼学法、提炼技能、提炼技巧),只有经过锤炼的简约的教学才是真正的教育教学。"

卢梭说,"教育即生长",这里的生长指的是人能力的自由发展,自由是指内在的自由。

翻开经典,这里有崇高的智者;翻开经典,这里有丰富的思想;翻开经典,这里有成功的经验。翻开经典,我们走进高山流水、草木葱茏、繁花似锦的美好境界,在这儿,我们的思想被唤醒,我们的智慧也开始抽芽。

### 三、笔墨相济,读写结合

孔子云:学而不思则罔,思而不学则殆。

造就教师书卷气的有效途径,除了读书,大概就是写作了。写作能让人对所读的书作彻底的思考,进一步梳理思绪,从而深化和丰富认识。2012年9月,是二小老师倍感幸运的日子,浙江省特级教师周步新在承担区域的教师培训工作的同时,蹲点我校,引领我校的语文老师作"活力教学"的研究。周步新老师身教面授,她深厚的阅读积累成为我们教师身边实实在在的读书榜样,她用自己的行为激励教师热爱读书。另外,周老师要求教师用SWOT分析模式全面审视自身,针对自身的特点,每学期制定发展目标,拟定"五个一"的成长任务,如:读一本儿童文学作品,并撰写评论;读一本教育著作,写读后感;结合教学实践,写一篇教学论文;热爱生活,感悟生活,写一篇生活随笔;参与一项课题研究,撰写阶段性课题小结。周步新老师就我们的文章面对面悉心指导,专家高屋建瓴,更是让我们受益匪浅。

许多教师还开了个人博客,撰写教学随笔、生活感悟、诗歌、小说,阅读的书越来越多,写作的路越走越远。

## 后记

今天,走进我们的校园,许多气质优雅、性情温和的老师会令你产生春风拂面的愉悦;今天,走进我们的办公室,夺你眼球的是老师办公桌上的一排排满满的书架;今天,走进我们的课堂,你会感受教学的睿智、生命的张力……因为这儿有一群热爱读书的老师!读书,丰富了我们老师的学识;读书,丰厚了我们老师的人生;读书,让我们在课堂内外给学生呈现一溪活水,教学充满了生机与活力;读书让我们不仅享受教育,也享受生活,在教育和生活中找到自己生命的方向和价值。

"撑一支长篙,向青草更青处漫溯,满载一船星辉,在星辉斑斓里放歌……"我们的读书之路还将走得更长、更远、更快乐!

## 一个教师阅读成长的叙事

**宁波市江东第二实验小学 方敏芬**

莎士比亚说,生活里没有书籍,就好像没有阳光;智慧里没有书籍,就好像鸟儿没有翅膀。年轻的时候,阅读是我的一个很大的爱好,从中外名著到报纸杂志,从人生哲学到诗词歌赋。曾经抓住一本好书废寝忘食,曾经点着手电缩在被窝里看书,也曾经几天足不出户只为把一本好书读完。

但是工作以后,这种热情却离我渐行渐远,是工作的忙碌让我无法分心么,是家庭的责任压缩了我的私人空间么,是这个社会有越来越多新奇有趣的事躁动了我的心,再也无法安静地看书了么?好像这些原因都有一点,但好像也都不是全部。总之,这样的改变曾经困扰着我,虽然无法改变那时的状况,但当时每每想到此处,心里总有莫名的内疚与不舍。

幸好我参加了学校活力研修班,仿佛是逼迫自己去做一个改变,强迫加给自己一个空间与时间的限定,去读书,去学习,去成长。有这样一个小故事:一个年轻人在一家伐木场找到了一份待遇不错的工作。老板给了他一把利斧,并给他划定了伐木范围。年轻人很珍惜这份工作,下决心好好干。第一天,他砍了 18 棵树,老板表扬了他,他很受鼓舞;第二天,他干得更加起劲,但是只砍了 15 棵树;第三天,他竭尽全力,可是只砍了 12 棵树。年轻人觉得很惭愧,跑到老板那里道歉,说不知道为什么,自己的力气越来越小了。老板问他:"你上次磨斧子是在什么时候?""磨斧子?"年轻人悔悟地说:"我天天忙着砍树,竟然忘了抽时间来磨斧子!"

伐木如此,提高自身素质与教育教学水平又何尝不是如此?如果我们只是埋头拉车,从不抬头看路,也不反思回顾,那么充其量也只是一个照本宣科的教书匠,而永远也不会实现真正的超越和自我发展。我们需要反思,我们需要提高,无论从理论还是实践层面,都必须努力学习,才会跟上前进的脚步;另一方面,包括课程改革在内的新的教育发展方向也要求身在学校的每一个人都必须及时充实自己。苏霍姆林斯基就说过,提高教师素质的最好方法就是读书,读书,再读书!阅读不但是获取知识的主要渠道,而且是振奋精神、提高认识的最好方法。观点的平庸往往来源于思想的平庸,思想的平庸往往来源于阅读的狭隘。我必须牢记这句话。

活力研修班中,周老师的指导使我明白:阅读,让贫乏和平庸远离我们;阅读,让博学和睿智拯救我们;阅读,让历史和时间记住我们;阅读,让吾国之精魂永世传承!就这样,仿佛突然间,阅读又回到了我的生活中。或许是从前的读书经历先塑造了我的人格,培植了我的思想,丰富了我的情感;或许人生的历练又使我这一次更钟情于读书。而作为反馈,阅读从不背叛,只会默默地帮助你成长。

以前我认为立德与立言没有多大关系,但随着读书的深入和阅历的丰富,我渐渐明白了立德的重要性。读到《左传》里叔孙豹论"三不朽":"太上有立德,其次有立功,其次有立言,虽久不废,此之谓不朽。"我感想颇多，渐渐领悟到，立德、立功、立言之道必以谦让质朴为主。《文心雕龙·诸子》中言："身与时舛，志共道申；标心于万古之上，而送怀于千载之下。"这是何等的胸襟！《论语》中的"学而时习之，不亦乐乎"、"学而不思则罔，思而不学则殆"，《楚辞》中的"路漫漫其修远兮，吾将上下而求索"、"固余心之所善兮，虽九死其犹未悔"等，都让我悟出了一个道理：做学问的道路注定曲折有致，必须有毅力才能持久。

孟子曰："我知言，我善养吾浩然之气。"读书足以改变人的情怀。教师要做真学问，就要培养自己的浩然之气。岑参云："性灵出万象。"做学问的过程就是做人的过程，厚德方能载物。

随着读书的深入，我渐渐悟出"圣人无常师"的真谛，多学、多思考、多讨论方能融会贯通，成一家之言。慢慢地，我在学生和刚出道的年轻同行面前总愿意表达自己对语文和语文教育的思考、见解，哪怕不太严密、不太成熟。我愿意将观点、论据抛于人前，与学生、同人一起切磋，在辩论、对话中勇敢地暴露自己的弱点，能者为师、众人皆我师，这样的心态和教育实践对自己、对别人都是一种真诚的鼓励。

读书给我铺就了教育智慧生成的跑道，使我主动打破自我疆界，展现心灵潜能，活出真实自我，创造生命价值；读书使我活在当下，省思当下，提升自我觉察及自我探索之能力。我心中拥有教育理想，所以校园、社区的每个角落都是我读书的天地，每一缕空气都渗透着浓郁的学术气息。我在思考中感受工作之美，体验学习之快乐，在思考中提升生命的内涵，在年复一年的创造性劳动中寻找生命的幸福感。

读书涵养了我的性情、滋养了我的灵魂。灯光下、茶几前，我与文学大师对话，与教育家实现思想撞击。书里有我的恩师、学长，他们走过的路或许就是我即将走向的路，他们思考的问题或许就是我将要思考的问题，提前感受明天让我更从容地面对今天。读书让我的教育过程更加多彩。

作为教师，阅读是一种责任。"为什么教师群体的综合素质提高缓慢，除了社会原因以外,教师本身敬德修业意识比较淡薄也是一个方面。"学高方为师,德高始成范。不学无以增智,不学无以修德,不学无以教诲,不学无以进取。

从走上教师岗位那天起,我就立志做一个对得起学生、对得起家长、对得起领导、对得起良心的优秀教师。在浮华的现实世界里,优秀教师的标准究竟是什么?经过多年的教育实践和教育理想的磨合,我深切地体悟到,要成为优秀教师就必须拥有如下四根支柱:(1)深厚的文化底蕴。(2)高超的教育智慧。(3)广阔的课程视野。(4)崇高的职业境界。而这一切的得来都与读书密不可分。对一个教师来说,你的优秀、出类拔萃不是别人给的,而是靠自己修炼出来的。那么,一个教师怎样去修炼呢?阅读是通往教育成功、个人成功的必由之路。

我作为一名担负着教书育人重任的教师,更应该是热爱阅读、认真读书,不断给自己充电,以更新理念、丰富知识、增长智慧的人。教师的职业特点,决定了教师的读书风气最能影响学生和社会的风尚。有人说,教师身上的书香就是最具"杀伤力"的教育的"软力量"。唯有教师爱阅读,才能培养出热爱阅读的学生,才能营造出整个社会热爱阅读的良好氛围。应该说,热爱阅读的教师,是社会的一笔无形资产。在新课程改革的今天,做"学习型教师"应当成为每一位教师追求的目标。

作家毕淑敏说:"日子一天一天地过,书要一页一页地读,清风朗月水滴石穿,一年几年一辈子读下去,书就像微波,从内到外震荡着我们的心,徐徐地加热,精神分子的结构就改变了,成熟了,书的效力就体现出来了。"

苏霍姆林斯基说过:"只有当教师的知识视野比学校教学大纲宽广得无可比拟的时候,教师才能成为教育过程的真正的能手、艺术家和诗人。"作为教育的有心人,苏霍姆林斯基做了30多年的教师、校长,从小学到高中,他几乎教过所有的年级和科目。他之所以能够品味到为师者的最大幸福,让生活散发着优雅的气质,一切都源于他把读书当成了一种信仰。因为他知道，读书能开启生命的灵思，欣赏生命的律动。因此，他每天不断地读书，坚持记日记，并为他的学生从入学开始做成长档案。潺潺小溪，每日不断，注入思想大河，成就了一代教育大家。

除了我们自身的阅读，我还想说，倡导阅读是每个教师的神圣职责，必须从我做起，从现在做起，用我们的实际行动亲近书籍，引导我们的学生养成阅读的习惯，让他们到书籍的世界游历，那才是最真诚的精神培植、最深厚的人文关怀，才能让他们一生受用。"知之者不如好之者，好之者不如乐之者。"乐读才能好读，好读才会体验到读书乐。教师阅读的理想状态是把阅读当作生活的需要，把阅读当作自家的事、享受的事。这样，教师才能变"独乐"为"众乐"，才能带领学生一起阅读，一起来分享并创造阅读的快乐。要让阅读成为学生的自觉习惯和精神需要。当书籍成为教师的第一至爱时，读书便会成为学生的第一爱好。如果你的学生感到你的思想在不断地丰富着，如果学生深信你今天所讲的不是重复昨天讲过的话，那么，阅读就会成为你的学生的精神需求。

人的成长主要是精神和灵魂的发育、成熟和提升的过程，精神和灵魂的成长发育是我们的教育所能给予学生的最大收益。阅读就是远离贫乏和平庸，靠近博学和睿智的过程，是一种精神的积淀。"未来的时代是一个竞争与挑战的时代，是一个充满生机与活力的时代，同时也应该是一个潜心读书的时代。"所以，阅读应该成为人生旅途所必须经历的精神跋涉，唯其如此，我们以及我们的学生才能拥有一个丰富多彩的人生。

一路艰辛一路歌，一路前行一路景。现在，阅读已成为我生活中最惬意的事，是我每天必修的功课。我为自己而阅读，为自己的心灵而阅读。与书为伍，我感慨一滴水就是一片海；与书为伍，我惊叹整个世界就是一本书；与书为伍，我顿悟我们的教学是一门艺术，是一项伟大的工程。

# 《礼记·学记》专业阅读叙事研究

宁波市新城第一实验学校　虞朝静

教师专业水平是影响教育教学质量的关键因素，教师专业成长的重要途径之一就是专业素养阅读。前苏联教育家苏霍姆林斯基也曾在《谈谈教师的教育素养》一文中写道："教师获得教育素养的主要途径就是读书，读书，再读书。读书应该成为教师的精神需要。"

那么，何为专业阅读呢？所谓教师专业阅读，是指教师在专业化发展过程中，围绕教师职业的需求，对相关教育理论、学科专业知识和教育、科技、人文常识等方面书籍的阅读。

细心的教师会发现，几乎所有的特级教师都有一个共同的嗜好——读书，他们充满智慧和灵气的课堂正是得益于他们广博的知识积累和深厚的文化底蕴。同时，我们在写论文时总感到无话可说，有时好不容易凑出来一篇文章也是干巴巴的，这其中最关键的原因就是平时书读得较少，缺少知识的积累。新教育创始人朱永新教授曾说过："读书对教师的影响是难以估量的。一个不读书的教师和一个不读书的学生一样，都不可能成为一个有人文精神、有良好的德行的教师。优秀的教师，没有一个不是认真读书的。"可见，专业阅读对于一个教师的专业成长至关重要。

王崧舟老师是我特别欣赏的一位语文老师，他的教学才情和理论水平深深折服了我。在他的教育理念形成过程中，有三本书对他的影响最深，那就是《礼记·学记》，苏霍姆林斯基的《给教师的一百条建议》和叶圣陶的《叶圣陶教育文集》。于是，在王老师的指引下，我细读了《礼记·学记》。

《礼记·学记》是对先秦儒家教育和教学思想的经验总结和理论概

括，是我国古典教育学的光辉诗篇。虽时隔2000多年，细读之后我发现它对我们今天的教育仍有着十分重要的指导意义。尤其是从启发诱导和学思结合的指导思想出发，提出了一系列有益的教学原则和教学方法，是《礼记·学记》精华之所在，也是我们最应该研究与学习的内容。

**关键词一：教学相长**

《礼记·学记》指出："是故学然后知不足，教然后知困。知不足，然后能自反也，知困，然后能自强也。故曰：教学相长。《兑命》曰：'学学半'，其此之谓乎！"

教学过程是教师传授知识的过程，又是学生掌握知识的过程，是教与学辩证统一的互动过程。从教师方面说，教的过程也是学习的过程，教即是学，在教中学，在学中提高教的水平；从学生方面说，学生从教师的教中获得知识，但仍需要自己的努力，才能有所提高。

教学《记金华的双龙洞》时，学到孔隙窄小只能由管理处的工人先进内洞，在里面拉绳子，将船拉进去时，有学生产生疑问："既然只能容一条小船进去，且是管理员拉进去的，那么管理员是怎么进去的呢？"这个问题着实将我蒙住了，在备课时确实没有深入思考过这个问题。但同时我也感到欣喜，说明孩子在学习的过程中不断主动地思考问题。于是，我说："这个问题提得很好，说明你在思考。那么咱们可以把这个问题作为作业，老师和大家都去上网查查资料，看看管理人员到底是怎么进去的，明天的语文课我们再来讨论好吗？"这个提议马上得到了孩子们的积极响应。在第二天的语文课上，孩子们纷纷交流自己得到的答案，有的说管理人员是穿好了防水衣蹚水进去的；有的说管理人员是乘坐电动船进去的；还有的说由另外一个出口进去的……哪个是标准答案，重要的是孩子们会根据自己提出的问题去主动搜寻答案，这个过程才是真正主动学习、自我提高的过程。同时，也让我这个教学者在获得知识的同时深受启发——教师备课时不仅仅是备课文，备教参那么简单，课文的写作背景、文中涉及的文化习俗等课前都需要做好充分的了解。更重要的是备学生，了解这一年龄阶段孩子的特点，了解本班学生的特点，只有了解，才能真正站在孩子的立场上去考虑问题，使学生学有所长。

教因学而得益，学因教而日进，特别在推进"素质教育"的今天，更应提倡"教学相长"的精神。

**关键词二：启发诱导**

《礼记·学记》指出："君子之教，喻也。道而弗牵，强而弗抑，开而弗达。道而弗牵则和，强而弗抑则易，开而弗达则思。和易以思，可谓善喻矣。"

一个优秀的教师总是善于用启发诱导的方法教育学生，那就是：要引导学生，而不是牵着他们的鼻子走；要激励学生，而不强制使之顺从；要启发学生，而不是一下把结论和盘托出。

曾经看到过这么一个案例，教师执教人教版五年级下册出现的第一篇古文《杨氏之子》。为了引导学生体会杨氏之子回答之"妙"，老师安排了"未闻孔雀是夫子家禽"与"孔雀是夫子家禽"这两个句子的对比研读。对第一次接触文言文的孩子来说，他们很多都认为去掉"未闻"也未尝不可，甚至更好，理由是与孔君平的话"此是君家果"正好对应。面对这种状况，老师并没有简单地告诉学生去掉"未闻"就显得没礼貌，而是不急不躁，引导学生再读、再听、再演。

师：（扮演孔君平）孔指以示儿曰：此是君家果。

师：作为长辈，孔君平很亲切地说："杨梅是你们家的果子吗？"也就是说："杨梅是你们家的亲戚吗？"很亲切也很——

生：还很幽默。

师：对极了。那么幽默、亲切，多有意思。我们也亲切幽默地读读孔君平的话。

生：孔指以示儿曰：此是君家果。（语气非常亲切）

学生在注视老师的表情、朗读语气时，明白了——作为长者的孔君平是很亲切很幽默地逗孩子玩。当然体会孔君平的语气是为了感悟该不该用"未闻"两字做铺垫的。接着，师生的角色进行转换，学生成了亲切幽默的长者"孔君平"，老师成了"杨氏之子"。

师：我现在是杨氏之子，你们问，我来答。

生：此是君家果？

师：孔雀是夫子家禽。（语气生硬）

生（马上有所悟）：这样很不好，听起来没礼貌。（学生自然地听出了语气的不对）

师：（和气地说）那我这样说：未闻孔雀是夫子家禽。

生：用上"未闻"好一点，听起来很有礼貌。

生：用上"未闻"没有直接说孔雀是孔君平家的亲戚。

师：面对一位长辈这样亲切幽默的话语，也应该有礼貌并且不失幽默地回答，杨氏之子的话就妙在这里。

话音刚落，孩子笑了。就这样，关于该不该用"未闻"轻而易举地在角色朗读中感悟了，杨氏之子回答的"妙"也因而悟得。

这位老师在教学过程中就很好地运用了"启发诱导"原则，步步引导，但不牵着学生走；循循善诱，让学生去独立思考，从而有所悟有所得，这样的课堂才是真正学习的课堂，这样的师生关系才是真正和谐融洽的关系，这样的教育才是真正减轻学生负担，促进其素质全面发展的教育。

现在《礼记·学记》中的有些观点、言论已经成为格言式的教学语录，如："玉不琢，不成器；人不学，不知义。""学然后知不足，教然后知困""博习亲师""敬业乐群""长善救失""道而弗牵，强而弗抑，开而弗达"等，经常被我们引用，对我们的语文教学有不可估量的指导意义。

# 每一片叶子都是美的
## ——"差异学习"视野下的"特殊学生"转化教育

**宁波市江东实验小学 方芳**

首先,让我们在轻松的氛围里,来看一段介绍——

她是一颗令学校老师头疼的"怪味豆",阳光一样灿烂的天性与传统学校教育格格不入;

她是一颗在面临着被退学的悲惨命运下,又幸运十足的"怪味豆"。

一切,只缘于她落在了一片自由、开放的土地。

一切,只缘于她遇到了一位睿智的校长……

(希望像一位智者,日夜陪伴在你左右)

老师们,你知道这颗"怪味豆"是谁吗?——是啊,她是《窗边的小豆豆》中的小豆豆。"巴学园"是一个与众不同的学校。"巴学园"的教室:一个个废弃不用的电车车厢。"巴学园"的校长:第一次见小豆豆,校长就微微笑着听小豆豆不停地说了四个小时的话,没有一丝不耐烦,没有一丝厌倦。"巴学园"的午餐:每到午餐开始的时候,校长就会问,"大家都带了'海的味道'和'山的味道'来了吗?""海的味道"、"山的味道"原来是校长不想让小朋友们偏食,所以蔬菜、肉类、鱼类,都得吃;"巴学园"的教育方法:自己从喜欢的课程开始学起。上午,如果把课程都学完了,下午大家就集体出去散步学习地理和自然;夜晚还在大礼堂里支起帐篷"露营",听校长讲旅行故事;"巴学园"的运动会:能够自己策划稀奇古怪的项目让每个孩子都能发挥特长。……看过这本书的人,都会对"巴学园"里的一切新鲜动人的场景羡慕不已。

我们都知道,写这本书的作者,本身就是一个特殊的孩子。在我们现在学校的部分班级中,也存在着一些相对特殊的孩子,他们不善于抽象思维，他们的阅读和计算能力较弱，他们注意力集中的时间非常短暂，他们缺乏独立学习的能力，他们在与别人和谐相处、思想交流等方面显得费时、费劲……虽然一些冠冕堂皇的话，我们也知道，比如——称呼他们为"他们仅仅是放错了地方的财富"。如果把我们所教的一个班级比喻成一棵大树的话，他就是上面独一无二的一片叶子，我相信，大部分的老师都希望经过自己精心浇灌的这一棵树上的每一片叶子都是美的。但当我们心平气和地面对这些"特殊学生"已经存在于我们自己的班级中的现实，其实都曾静心思考过，如何让他在短暂的童年过得愉快，如何让他在原有基础上得到一定的提升。而我今天要来谈的是——关注"特别学生"，实施差异教学。

### 一、面对"特殊学生"，实施差异教学的基本前提

我想，大部分的老师们，都面对或经历过"特别学生"的教育问题。对他们实施差异教学的前提条件有很多，如"认识和了解学生"、"拟定差异教学目标"、"进行差异性的评估"等。这些我们都很熟悉，我想来说的是除此之外，比较行之有效的两点——

1. 帮助学生和家长了解差异教学，达成共识

《窗边的小豆豆》的作者，本身就是一个特殊的孩子，幸运的是，她有一个宽厚仁慈的妈妈，直到她二十岁之后，妈妈才跟她提起小时候因为太过调皮被退学的事情。我们试想，如果当初在小豆豆还是个六岁的孩子时，妈妈说："怎么搞的？你竟然弄到要退学！丢不丢脸的啦，如果再退一次学，还会有学校肯要你的啦！"小豆豆一定承受不了这种教育。是啊，对身体上有缺陷的孩子要给予特别爱护，这种爱护不是溺爱，而是适当地用一些方法帮他跨越一些自己因为身体缺陷而无法完成的任务。由此，"帮助学生和家长了解差异教学"的重要性浮出水面。

正视、承认自己的孩子在某些地方相对特殊，对于家长来说，是件残忍和不愿面对的事情。因此，老师们是否都有这样的经历，布置给孩子们

一些自由选择的作业，有部分比较要强的"特殊学生"的家长要求孩子不管题目难、易，都必须一题题做下来。我们不禁要问：如果孩子本来就需要更多的学习时间和更多的练习，但为了追赶其他人的进度而跟大家一起学习，结果造成功课落下更多，愈发跟不上脚步，这公平吗？相信大部分的家长都明白答案是否定的。因此，向他们解释何谓差异教学，为什么要实施差异教学，消除这类家长对差异教学的某些误解，从而获得家长的配合与支持，对"特殊学生"实施差异教学是非常必要的。

我们应该如何让家长来了解呢？《一个模子不适合所有的学生》中提供给了我们这样一个例子：老师在任教前，早早地发送了家长问卷，请家长填写他们的孩子大概在什么时间学会了走路、说话、骑脚踏车、穿衣服等行为。他把收集到的数据画成了图标，结果毫无疑问，学生学会这些行为的年龄早晚不一。于是，他问学生们："你们中有些人说话的时间比别人足足早了一年，这件事情很重要吗？看看现在你们都能说会道嘛！"在家长会上，老师还有意加了一句，如果在孩子没有学会站立之前家长就逼着他学走路，或者没有学会走路之前就学跑步，或者家长整天忧心忡忡，只因隔壁的小孩比自己孩子早开口说话，这会有什么样的后果？通过这样的问题，老师试图让家长明白这样一个事实：学校是孩子们家庭生活的延续，教学有时就好比家长抚养孩子一样需要因材施教。我作为一个老师，一个很大的感受是，老师评估孩子现有的能力水平，然后再提供与其能力水平相适应的学习促进学生进步。但是老师无法保证所有孩子的学习都能齐头并进。老师诙谐地说，我总不能让已经学会说话的孩子闭上嘴巴等没有学会说话的孩子赶上来吧？这个生动的比喻使家长理解了差异教学的含义。

因为，面对各具特色的孩子，如果我们要求他们在一条水平线上，一同跑步，是不公平的。正如常说的，我们要让飞机按照飞机的速度飞，让燕子按照燕子的速度飞，让蚯蚓按照它所能爬的速度爬。让飞机每小时飞行一公里，让蚯蚓每小时爬二百公里，这是极其荒谬的。帮助"特别学生"家长了解差异教学的性质和意义,对于实施差异教学是非常必要的。

2. 将个别学习、弹性分组和集体授课结合起来

这里有一个"弹性分组"的定义。所谓"弹性分组",是依据孩子的兴趣、能力、风格偏好等不同的标准对学生进行灵活的、有变化的分组,原则就是分组能否给学生带来最佳的发展。

差异教学是全班、小组与个别教学的组合。在面对"特殊学生"的差异教学中,教师有时需要面对全班学生进行集体教学,有时只对小组进行教学,有时是单独进行辅导。这种教学组织形式,既可以使"特殊学生"按照各自的起点与能力水平来进行学习,同时又可以培养他们的集体意识和增进个体间的相互理解。

## 二、面对"特殊学生",实施差异教学的关键:课程分化

### (一)关注学生的前期准备,依据他们的兴趣进行分化

在巴学园里,他们的老师把学习要求与学习科目写在黑板上,让孩子们自由学习,学生可以从自己喜欢的科目开始,要是有不懂的问题再问老师。一节课,十来个孩子完全根据自己的兴趣爱好学习着完全不相同的内容。

在我们常规课堂中,我们做得很多。关注"特殊学生",让他们围绕共同的话题,依据自己的兴趣,选择与主题相关的某个方面进行独立学习或者小组合作学习,从中获得最大的发展。

### (二)依据学生智力水平的差异进行分化

书中的主人公小豆豆,就是本书的作者黑柳彻子,从小就是一颗令学校老师头疼的"怪味豆",阳光一样灿烂的天性与传统学校教育格格不入。能创办这样一所特殊的学校,我想它的"主人"也一定很特别。他就是校长——小林先生。我非常喜欢小林先生,为了能更加了解学生们,和他们交朋友,让师生没有距离,他不仅付出时间,更多的是对学生的关心。最重要的一点,消除孩子"在别人眼里我很特别"的意识。

在我们学校,许多班里存在着这类特殊学生。按照我个人的看法,我不认同将特殊学生放在混合班级里。当然,有批评者的声音提到,特别学生在常规的普通班里,他仍然能够通过与同伴的交往互动获益。但事实证明,这类"特殊学生"随着年龄的增长,经常会发觉自己完全处于被隔离的状态,如经常被同伴拒绝和排挤,难以与那些更为聪明的同伴建立友谊。

面对这类"特殊学生",我们可以依据智力水平的特殊性,做到以下两点:首先,在一个学日的部分时段内接受教师的个别辅导,在其他时段内到普通班上课学习,这样一来,这类学生能受到来自教师更多的照顾。其次,教师为"特殊学生"提供特殊的学习方法和材料,学生可以按照自己的步调学习与自己能力水平相适应的材料,从而获得切切实实的点滴进步。

### (三)依据学生智力结构的差异进行分化

依据加德纳的多元智能理论,在每个人的身上都同时拥有八种彼此相对独立的智力:言语智力、数理逻辑智力、视觉空间智力、肢体动觉智力、音乐智力、人际智力、内省智力、自然观察智力。而在《窗边的小豆豆》中,校长成功运用了"肢体动觉智力"——记得一个叫"高桥君"的孩子,校长为高桥君精心安排的运动会项目:特殊接力赛,要跑上台阶,然后再跑下来,这个台阶的一级,比一般的台阶要低得多,坡度也非常缓。接力赛的时候,只能一级一级地上去,再一级一级地下来。这样一来,对腿长个子高的孩子来说反而更难了。所以第一名被全校个子最矮、手脚最短的高桥君拿走了!

六十多年前小林先生的教育观与今天的"多元智能"理论也有其相通的一面:教育的宗旨是开发孩子的"多元智能",而不是以"智商"来作为判定孩子的标准。针对每个孩子智能结构的独特性及个体能力发展的不同,运用不同的学习途径,促进孩子们多方面能力的发展。

纵观我们的常规课堂,我们也可以这样实施——

| 主题:环 保 | |
|---|---|
| 学习中心 | 活动内容 |
| 言语中心 | 写一首关于环保的诗歌,并读给伙伴们听。 |
| 数理逻辑中心 | 依据调查情况,分析人们对于环保的态度,并制作一张表格。 |
| 视觉空间中心 | 制作一幅有关人们环保的图画。 |
| 肢体动觉中心 | 排演一则关于人们环保的小品,然后在班里表演。 |
| 音乐中心 | 谱写一支简单押韵的有关人们环保的快板歌,然后在班里演唱。 |
| 人际中心 | 在小组里讨论环保调查的结果、收获,与其他同学进行交流。 |
| 内省中心 | 思考:如果是你,你会怎样让地球更环保?把你的想法写下来或者画下来。 |
| 自然现象中心 | 列出一张人们环保之举的清单,并讨论这种行为对全球生态系统的潜在影响。 |

**(四)依据学生学习风格的差异进行分化**

就学习风格而言,班上的学生可能各不相同。我们需要对"特殊学生"进行学习风格的观察和评估,进行合理分类。如有人喜欢用触觉和动觉方式学习,例如部分"特殊学生"如果让他静下来听课,可能他只能听进老师讲的20%—30%的知识,但如果结合手势学习、轻拍手掌或脚学习,他就能很快把知识记忆起来,甚至把知识存入脑内长久记忆部分。再如部分"特殊学生"在学习中特别是背诵部分若安静地坐下来学习,随着时间过去也不能很好地记忆知识,只有在安静的氛围中,边走边背才能进行记忆,这也反映出动觉或触觉偏好的学习方式。当然,有部分"特殊学生"喜欢用听觉方式,在轻音乐的背景中学习,喜欢通过讨论、辩论、交际等方式进行记忆等,而部分却喜欢用视觉方式,例如部分学生对绘画、注意力训练、看录像、展览、思维地图等特别敏感。

在具体实施差异教学过程中,教师可以围绕某一个主题,先列出最基本的关键知识点,然后针对每个关键知识点的掌握,依据"特殊学生"偏爱的学习风格的不同,设计三种不同的课程活动供学生选择。

| 主题：营养 | | | |
|---|---|---|---|
| 关键知识点 | 听觉型 | 视觉型 | 触觉型 |
| 为了健康饮食，我们应该适当地摄取每一种食物，尽量少吃油炸类食品。 | 做一周的进餐记录。把你的资料给其他同学看，说明你是怎样从所有事物类型中选取食物的。 | 记录4个长辈一天吃的所有东西，制作一张表格反映每个学生选择的食物类型，设计一个可视图形来建议他们改变饮食结构。 | 制作模型，显示出各类食物配备的合适量。向其他同学说明怎样选择合适的食物量。 |

　　当然，我们在设计适合"特殊学生"差异的教学方案时，要考虑的差异变量常常不止一个，很可能会同时涉及多个变量。最后真诚地希望——

　　远远望去，那棵大树很美。

　　走近树的时候发现，无数的叶子在树上找到了自己的位置。

　　其实，每一棵大树都很美，每一片叶子都很美。

　　……

# 专业阅读促成长

宁波市江东实验小学　毛晓瑜　章海江

　　书是一位忠实的好友，无论是学生时代读书学习，还是参加工作之后的忙碌生活，它都如影随形地陪伴，陪着我喜怒哀乐。闲暇时，我经常捧起书有意无意地阅读，有时候是为了提高自己的学识，有时候是为了打发无聊的时间，有时候是为了从书中寻找温暖，有时候是为了解决困惑，总之作为教师的我生活中离不开阅读。正如莎士比亚说的：书籍是全世界的营养品。生活里没有书籍，就好像没有阳光；智慧里没有书籍，就好像鸟儿没有翅膀。

　　记得刚毕业参加工作，我走上教师工作岗位，一切都是全新的开始，面对的是陌生的工作环境，挑战迎面扑来。我努力地按照以前师范学校里学习的内容和身边老教师的指导学习教材精心备课。但是面对学生上课，却表现得很拙劣，无法激起学生的学习兴趣和学习热情。这对于踌躇满志的我是很沉重的打击。也许这就是年轻教师成长的烦恼，现实和理想的距离残酷得让人灰心丧气。在一个夜深人静的晚上，一本书让事情有了转机，书中有这样一则故事：

一个自以为是的年轻人，觉得自己怀才不遇，痛苦绝望之际来到海边自杀。一个老者路过，从脚下的沙滩上捡起一粒沙子，然后随便撒在地上，让年轻人捡起来，沮丧的年轻人说这不可能。老者又从自己的口袋里掏出一颗晶莹剔透的珍珠撒在地上，问年轻人：你能不能把它捡起来？年轻人说当然可以。老者意味深长地对年轻人说：这下你该明白了吧，现在你还不是一颗珍珠，如果要让别人承认你，那你就要由沙子变成一颗珍珠才行。

"成长道路是痛苦的，蝴蝶在蛹的时候，也是丑陋和痛苦的，但一旦冲破了茧的束缚，就将转化为美丽的蝴蝶，得到真正身心的自由。"如此美丽的邂逅，让久旱的心田如同遇到了甘霖，内心总是暖暖的。有时候困境就像一个铁笼子，无论我怎样挣扎都无法挣脱这个牢笼。而阅读书籍会让我平心静气，去寻找出路，觅得打开铁笼的钥匙。曾经我读书是率性而为的，天文地理、鸡毛蒜皮，只要觉得对眼，总会拿来玩赏一番。这样的阅读感觉在吃一个大火锅，里面荤素搭配，什么料都有，只知道吃了之后肚子会饱，但是至于吃了什么东西，就没个一二三四了。工作以后，也许是为了教学的需要，我开始有意识地进行一些专业方面的阅读。有教学知识的，有教学技能的，有教育理论的，有前沿信息科学的等等。感觉阅读了它们，会让自己变得更像一个老师，一个"全副武装"的新时代教师。

### 我们一起一年级

参加工作第一年，也许正是书名吸引了我，我迫不及待地把它读完，那就是薛瑞萍老师的《心平气和的一年级》。

"定能生慧，静纳百川。爱吵爱闹，意味着心门闭塞。他的眼里只看见自己，他的耳里只听见自己。这样的一个人，怎么可能，从生活，从书本中有所吸纳和汲取？培养孩子的静气，是父母和教师的共同责任。父母要做到的是：自己先不制造噪音。以静传达静，以静滋养静。"

这是薛瑞萍老师的一本班级日志式的成长记录，记录的不仅仅是学生，还有教师和家长们一步步清晰的成长脚印。一个班级有五十几名学生，刚刚入学的一年级孩子，要他们在教室里不吵不闹地认真听课学习，我想这是一个不可能完成的任务，也是违反了孩子们天性的无理要求，但如果听之任之，那么就是教师对整个班级责任感的缺失。薛老师以她独有的方式——"以静传达静，以静滋养静"来影响孩子们。要孩子们安静下来，那么教师就不能制造噪音。薛瑞萍老师在书中提到的一个方法——听音乐，在课堂上为孩子们播放优美的音乐，在潜移默化中，将孩子的心灵导向宁静幽雅。在薛老师的班里，这个方法有显著的效果，我想，或许今后在我的班级里，也可以借鉴。

尽量平和地与孩子说话，读过了整本书，薛老师心境上的平和给了我很大的触动，再看看自己，不禁摇头，望尘莫及啊！那种心的宁静也是岁月积累的财富，如果现在要我完全达到这样一种境界，可能要被嘲笑为"东施效颦"。好在自己也并不是一个性急的人，或许可以朝着这个方向走一走，说不定某一天也会到达这个"心平气和"的黄金屋。心平气和地对待孩子吧，让我们慢慢来。

阅读是一种熏陶，是言传身教，它能让人保持平淡的心境。有人把读书比做精神的呼吸。工作累了，读上一段，在浮躁的现实中寻得一份宁静平淡，这种感觉是做其他任何事情都难以比拟的。当你对一本书、一篇文章，甚至一句话产生深深的认同和共鸣的时候，你会觉得阅读如同一缕阳光，让你沉醉。

### 在路上,寻找幸福的样子

读《幸福教师五项修炼》这本书,如同聆听一位智者在跟我述说他对幸福的理解,指引着我去寻找作为教师的那一份幸福。

说起幸福,它是一种很奇特的东西,孤立地看待一件事情,我们会觉得很幸福,但是,如果和其他的事情联系在一起,幸福感有时候就没有了。假设我去年评上了省级优秀教师,今年评了个区级优秀,孤立起来,我两年都会很有幸福感,但是放在一起,今年我一定没啥幸福感了。如果换个方式,去年评上了区级优秀教师,今年评上了省级优秀教师,那我的幸福感一定是跟打了鸡血一样,年年激情澎湃了。因为有一颗世俗的心,所以我怀揣着《幸福教师五项修炼》这本书,走上了寻找幸福之路。

当个老师不容易,当个幸福的老师就更不容易了。每天重复着繁杂琐碎的日常教学工作,眼前总会出现一个个调皮捣蛋、不谙世事的特殊学生,更加不幸的是还会遇到一些蛮不讲理的家长无端纠缠。于是乎,我成了"彷徨"在理想与现实的夹缝中的"苦闷者"。那,我们当教师的幸福在哪里呢?世界不会因我而改变,但世界可以因我而精彩,只要学生喜欢我,需要我,作为教师的幸福就在那里。

记得我刚走上三尺讲台,因为还带着大学里的书卷气,所以给学生上课时总有点像大学教授的样子,讲得很理论,整堂课唱主角,却不顾学生的死活。一堂失败的课,深深地刺痛了我。于是,我努力地思考,努力地求教,终于明白教学一定要接地气,大学里教授讲的,平时我们看到的名师课堂及各种展示课就如同时装秀,引领着教学的潮流,代表着教学的时尚。而我们哪里见过T台上千姿百态的时装穿在一个普通市民身上,袒胸露背,千奇百怪的,是谁,都接受不了。于是,我寻求改变课堂形式。经过一段时间后,有一天,学生跑过来说:"老师,您上的课我们都非常喜欢,下节课再上语文该多好啊!"只有我们去发现学生需要什么,学生才会发现你是他们需要的老师。说专业一点,这就是要真正关注"学情"。教学的关键是激发兴趣,培养信心,在兴趣和信心中实现师生心灵的沟通与情感的交融。而达成这一目标最为有效的办法就是：让我们的心态天真一点儿，多从孩子的角度思考问题，这样学生就会喜欢上我们的课，我们距离幸福教师也就不远了。

有人说，荣誉的最高境界是你已远离江湖，江湖还在传说你；恋爱的最高境界是你已忘记她，她还深爱你。由此，我想到我们做幸福教师的最高境界就是当你不再教这个学生时，或者已经忘记了这个学生时，他（她）依然还记得你！

有时候我面对学生还是会一筹莫展、气急败坏。但是只要有梦，就会有正能量。一同前行，如同书中描述的那样，我在教育的这条道路上追逐着属于我们草根教师的幸福梦想，待"春回大地"，赏"春暖花开"。

博学如余秋雨先生都感叹书籍浩如烟海，作为基层普通教师的我们，更觉书山巍峨，学海浩淼。在书山学海之中，我体验着阅读的乐趣，收获着丰收的喜悦。还是从我的语文课说起，我曾按部就班，根据教参和教学大纲，把所要教学的知识点一五一十地"传授"给我的学生。然而，渐渐地，我发现了很多的问题，我的"传授"并没有转化成良好的教学效果，学生除了机械化地学到了"知识"，压根就没学到"真本领"，有时候知识点枯燥了，学生就提不起兴趣。面对如此困境，我去观察，去阅读，去思考。作为语文老师如何能紧紧抓住学生的"心神"，游刃有余地调控学生的注意力，我和其他语文老师一样是精心备课，为何会有反差呢？原来，语文课有"味"在那里，一股浓浓的"文化味"、"书卷味"。于是，我除了研究语文教参和教学大纲，还研究起了文化，阅读有"语文味"的书籍，效果果然不同凡响。在课堂中，我时不时地蹦跶出几句诗词歌赋、名人名言，着实让学生大为惊叹。这种引经据典，妙语连珠，给学生以知识的充实和心灵的震撼，课堂也就活了。

阅读不见得一定去追求成功，有时候阅读仅仅只是为了满足自己的需要。也许读书不见得能延长我们生命的长度，但是它一定能丰富我们的人生。在平凡的教育工作中，我只有捧起书阅读，才有"源源活水"流入学生的心田，浇灌出"桃李芬芳"。

# 第六章 小学语文活力型校本研修的专题研究

## 第一节　让教师成为研究者

我们明白,让一线教师成为研究者,是校本研修的价值取向,也是行动研究的理想追求。然而分析现状,有专家指出,由于研究动机和研究评价等问题,教师的研究存在这些不当:对基层研究与宏观研究的区别把握不当;过于追求技术理性,逐渐脱离教育教学实际;研究方式方法单一跟风,没有体现教师特点。[1]

针对这些问题,为提升教师活力,提高校本研修的专业水准,改变以往校本研修存在的主题缺失或频繁更换主题的游击状态,我们将日常的校本研修活动和课题研究活动整合起来,开展系列化、主题化的专题研究式研修活动。

### 一、立足本职为基点

专题研究是针对某一主题做的深入研究。教学专题研究是指围绕某一教学问题,教师与相关专业人员一起开展针对问题解决的研究活动。

我们小学语文活力型校本研修重在凸显教学研究、教师研修的校本化、实效性。研修团队教师根据自身的兴趣和能力,针对教师职业特点,围绕小学语文教育教学的重点、难点、热点、疑点,与同伴、专家一起选定研究主题,开展一系列有意义的研究,鼓励教师"对行动反思"和"在行动

---

[1] 张丰. 校本研修的活动策划与制度建设[M]. 上海:华东师范大学出版社,2007(10):8—9

中反思"是专题研究的方向与着力点。我们的专题研究过程包括学习相关理论,收集、整理资料,分析、综合思考,进行针对性实践验证、反思等,最后得出结论或提炼经验、新的思考,教师可以独立进行或与他人共同探究。

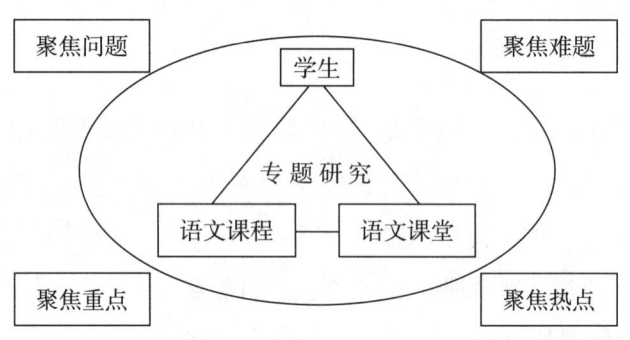

图6—1 小学语文活力型校本研修研究专题的来源

**二、多样形式为载体**

小学语文活力研修的专题研究有多种载体,如:课例研究,瞄准课堂教学中的突出问题,开展"诊断 — 改进"式实践提升;叙事研究,培养关注教学现场与细节的敏感,开展"反思 — 分享"式交流探讨;课题研究,专注理论与实践的联系与提升,开展"阅读 — 写作"式经验反思;问题解决,侧重解决教学实际问题,开展"学习 — 实践"式任务驱动等,为教师的专业发展搭建有效平台。

显而易见,无论哪种形式,小学语文活力研修专题研究的基点都是行动研究。正如潘普斯指出:行动不仅是人们学习过程的起始点和组成部分,从成功的学习将导致新的行动这个意义上来讲,行动也是人们学习过程的终结点。

因此,小学语文活力研修的专题研究突出行动经验学习的本质特征,针对教师需求设计的,包括现状分析、发现教学问题、确定研究目标、寻找解决方法、选定解决方法、分析研究结果、反思运用实践等阶段，大都包含着四种情境：确定任务要求，实行团队合作，展示学习成果，反思学习过程。其中团队交流和学习者的反思是专题研究组织的两个关键环节。

凭借多种载体进行专题研究成功与否取决于：研究态度是否积极投入，团队成员贡献是否具有互补性，研究规则是否有效，反思行为是否体现在对行动过程和成果的检查中。

### 三、自我激励增活力

教师是知识的被动接受者还是主动建构者？答案显而易见。

然而，以往所谓的进修或培训，往往告诉老师应该如何，然后提供示范、典型及引导式练习与反馈，再把一些所谓的"处方"、"最佳实务"加以包装后交给老师，期望教师能采用这些所谓的方法。换言之，教师听了就能懂，懂了就会用。事实上，在这个过程中，教师被视为被教育或被训练的对象，是知识的被动接受者。这种教师培训往往与教师的实践相脱节，不能满足教师的需求。于是，造成的结果往往是教师一开始心有所动，回到岗位后依然不动，感到理论无用、理论与实践脱节。

校本研修是给予的福利还是自我的需要？答案也是明了的。

在学校或行政部门采用记学分、职称评定标准等办法来吸引教师参加进修时，教师们参加这一类进修、研究等往往只是为了得到形式上的鼓励，追求轻松过关，并未获得真正意义上的成长。这样的所谓培训存在的灌输、注入等弊端，有意无意地误导了教师们的心态，认为学校或行政部门有义务提供进修、培训或训练的机会，使得教师在心态上依赖上级提供资源来协助自己本身的成长，而不是主动追求自我成长。

小学语文活力型的校本研修，着重解决的就是教师被动学习、被动发展问题。因此，引导一线教师开展小学语文专题研究，便成为促进教师主动追求专业发展的一个重要抓手。教师们通过实践、学习、思考,发现小学语文教学中的问题、经验,形成研究专题,又通过同伴合作、专家引领、理论学习,在解决问题中提炼经验、形成思想、提升理念,促成新的实践、学习……这样螺旋式上升,教师自我需求、自我实现的内驱力,从事教育教学工作的活力不断激发,专业发展水平不断提高。

## 第二节 小学语文活力型校本研修研究专题的来源

校本研修基于校本,立足教师专业发展,因此,我们小学语文活力研修的专题研究杜绝"假大空",坚持从教师中来,到教师中去,努力成为教师专业发展的重要组成部分。

### 一、尊重草根

小学语文活力研修专题研究的目标确定、主题来源等大都是自下而上,草根化,原生态。教师对校本研修活动、专题研究的形式和内容有说话权、选择权,自发式、菜单式地、弹性化、可供选择……成为语文活力校本研修的常态化。我们把专题研修的主动权交给教师,利用专题研究这一平台,提高教师参与研讨的意识和热情,加大思考的力度。比如某校上学期高段语文活力团队教研专题就是围绕教师们提出的"加强语用"与"研讨略读课文教学策略"而进行深度教研。

这样的专题来源往往经历以下过程:

（一）调查访谈了解教师需求，寻找研究专题；

（二）团队合作探讨汇总问题，选择研究专题；

（三）专家引领比较分析澄清，确定研究专题。

或许每次这样的研讨活动都有缺陷，但这些缺陷也让教师对校本研修活动有了新的认识，对活动而言，有了新的增长点，对自身专业发展激发了新的活力。通过这种草根式的专题教研，我们主要想创设一种教师间相互学习、相互帮助、相互切磋、相互交流的研讨氛围，使教师不断地提高和成长。

**二、注重实效**

校本研修重在解决本校教师教育教学过程中存在的问题，因此专题研究要注重实效，努力让每一位教师在原有的基础上有所思考、有所发现、有所领悟、有所提升，这是小学语文活力型校本研修的价值追求。

为提高活力语文研修专题研究成效，我们做到：

（一）活力语文研修的专题目标要明确、集中，设在教师最近发展区；

（二）专业研究的内容可供探讨，易于操作；

（三）参加研修的人员具有自主意愿，且有针对性。

如不一味地按教研组来开展研讨活动，而是按教师年龄层次的不同或是教学水平的不同，按照各自选择的研究专题进行校本研修活动。青年教师可以就提高教学能力而展开研讨活动，而对中老年教师则可以就改变教学观念、教学方法等来进行教研。

又如，语文活力研修一团队就"课堂有效练笔，切实提高学生语用能力"开展专题研究，教师进行同课异构、课例研究。在经历了完整的三次设计两次打磨过程后，还是发现有教师纠缠于故事情节的分析，对语用的理解仅仅停留在头脑的理解中，最终没有落实在自己的课堂上。针对这一情况，教师们决定将下一轮的专题研究目标仍锁定在"语用"上，继续开展相关的研讨，直到这一理念深入人心，落实到课堂教学的具体行为。

**三、持续渐进**

教师的专业发展要注重自主能动、可持续性，我们的活力研修也针对不同发展阶段的教师、教师发展的不同阶段提供循序渐进、层层递进的研究专题，最终达成教师的生动、活泼、可持续发展。专题研究的远期目标、近期目标、具体目标之间的关联需要理顺并予以落实。

在实际操作过程中，我们的专题研究目标也不是一成不变的，需不断及时调整和改进优化，从而使语文活力校本研修过程发展更趋理想。

同时，为避免教研过程中教师之间"萝卜煮萝卜"，还是"萝卜味"的高原现象，我们落实蹲点专家、特级教师定期不定期进校指导，开设系列性的讲座或是把脉草根研究实践，教师同专家对话，把自己的教学实践及体会与专家的理论和经验做对接和剖析，实现了从行为到理念、实践到理论的提升。在从事专题研究的同时，经常跳出所在看自己，换个角度思考问题，更为客观地评判自己的教学过程和成效，为进一步展开教学专题研究奠定基础。

## 第三节 小学语文活力型校本研修专题研究的范式探索

**一、专题研究的范式**

范式（paradigm）一词源自希腊文，含有共同显示的意思，由此引出模式、模型、范例等含义。[1]现在学术界讨论的范式,是指被人们所共同接受、使用并作为交流思想的一套概念体。[2]

最早提出范式概念的是美国科学哲学家汤姆斯·库恩,在其经典著作《科学革命的结构》[3]中,创造性地提出了"范式"概念。范式在库恩的解释中有三种意义:其一,代表着一个特定共同体的成员所共有的信念、价值、技术的总称。其二,指谓着那个整体的一种元素,人们把它当作模型和范例,可以取代明确的规则以作为常规科学中所有谜题解答的基础。其三,范式的转换是伴随常规科学不断转换和发展的。[4]

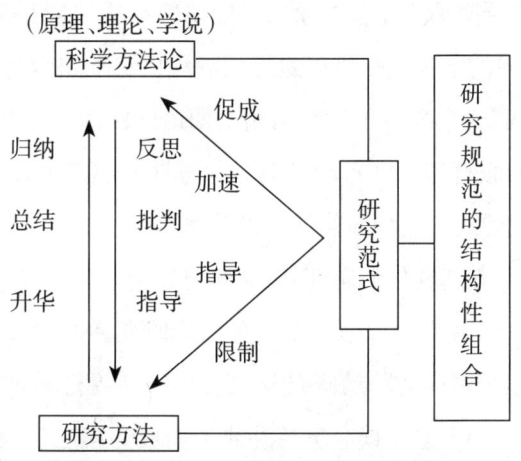

图6—2　方法、方法论、研究范式关系图[5]

可见,研究方法是指研究者为获取研究对象的数据信息而采用的手

---

[1]唐松林.范式、范式类型及其转换[J].湖南师范大学教育科学学报,2007(1):5
[2]张勤,马费成.国外知识管理研究范式——以共词分析为方法[J].管理科学学报,2007(12):65
[3]Kuhn T S.The Structure of Scientific Revolutions[M].2nd ed.Chicago: University of Chicago Press,1970:174—210
[4]托马斯·库恩.科学革命的结构(金吾伦,胡新和译)[M].北京:北京大学出版社,2003
[5]任翔,田生湖.范式、研究范式与方法论——教育技术学学科的视角[J].现代教育技术,2012(1)

段与途径,研究方法论是研究方法的组合运用逻辑,研究范式是研究共同体进行科学研究时所遵循的模式与框架。[1]

因此我们认为,小学语文活力型研修专题研究是小学语文活力研修团队教师的共同追求,是一种行动导向的教师自主、合作、反思、探究式学习,是教师行动研究的重要组成部分。小学语文活力研修专题研究的范式就是小学语文活力研修团队教师进行小学语文专题研究遵循的模式、规范。

## 二、小学语文活力型校本研修专题研究范式的创新实践

行动导向的学习最早可以追溯到罗马世纪圣路卡艺术与建筑学院的"项目教学法"。它继承了世纪初瑞士德语区的教育家裴斯泰洛齐的"头心手并用"的教育理念。行动导向的学习常见的组织方式有：交际教学、建构主义的学习、问题导向的学习以及项目教学。[2]

据我国学者刘良华的研究,行动研究作为一种正式的科学研究范式,起源于20世纪30年代的美国,其第二代研究者的代表人物是英国的斯腾豪斯,主张教师成为行动研究者,提出了"课程行动研究"五项"过程原则"。20世纪70年代,埃利奥特和凯米斯成为第三代领军人物,他们强调实践是课程的语言,强调"隐性学习"在具有相对明确目标的教学行动中的作用,强调教学是反思性实践与反思性教学的作用。[3]

也有学者认为,当前我们需要转变绝大部分教育与培训体制。对教学新范式有一个整体愿景也会获益多多。代表性的核心理念有"聚焦学习"、"生本学习"、"做中学"、"成绩达标"、"因人而异"、"标准参照测验"、

---

[1] 张文兰,刘俊生.基于设计的研究——教育技术学研究的一种新范式[J].电化教育研,,2007(10)：13—17
[2] 徐磊,熊明华.德国行动导向教学范式解析[J].教学与管理,2012（3）：158
[3] 姜大源.职业教育学研究新论[M].北京:教育科学出版社,2007

"协同努力"和"愉快学习"等。实施这些核心理念的教学愿景,涉及任务空间和教学空间、团队评估与个体评估、任务空间的教学策略和教学空间的教学策略等。教学新范式中教师、学生和技术等角色都将发生变化。教师的新角色是设计学生活动、促进学习过程和担负成长导师职责;学生的新角色是学习自我定向者和小先生;技术的新角色则包括了记录学习进步、规划学习蓝图、提供学习指导和评估学习效果。[1]

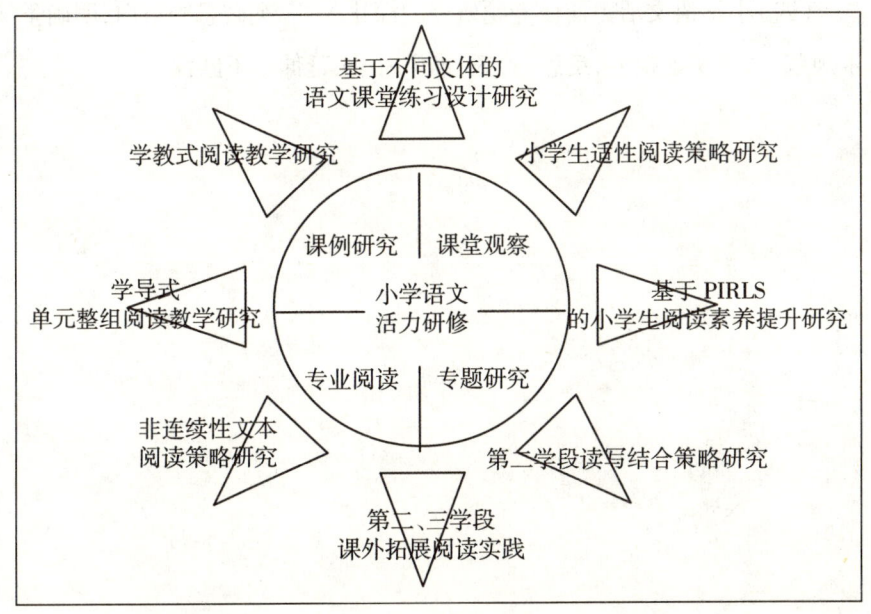

图6—3 小学语文活力型校本研修的专题研究内容列举

校本研修由校本教研、校本培训转变而来,也必然有其范式的变革。前人的思考、专家的研究对我们构建、探索、实践小学语文活力校本研修专题研究范式以引领与启示,由此我们确立小学语文活力型校本研修专题研究的范式:

---

[1] [美]查尔斯·M·赖格卢特著,盛群力译.面向教育新范式的教学理论与技术[J].远程教育杂志,2012(6):91

（一）小学语文活力研修研究专题的确立——注重调查研究，打破思维定式，凭借专家引领，比较、选择、澄清……分析中逐渐明晰；

（二）小学语文活力研修专题研究的实施——开展专业阅读，依托文献综述，落实课例研究，搜寻、了解、实践……行动中逐步探索；

（三）小学语文活力研修专题研究的分享——提倡自主规划，强调优势互补，达成联盟发展，特色、合作、研讨……共享中不断提升；

（四）小学语文活力研修专题研究的深化——突破思维空白，明确学术规范，凸显实证探究，反思、验证、推广……延伸中不断深入。

【专题研究经验分享】

# 在阅读与研究中收获幸福

宁波市江东实验小学　朱晓莉

不知何时，说到"课题研究"，我们总觉得那是多么高不可攀，搞课题研究那应该是教育专家们的事情，对于我们一线教师来说是否难度太大。近几年，我们有幸成为学校几项省市课题组的主要成员。从调查分析，方案设计，开题论证，研究实践，结题鉴定，修正完善，成果参评，这一路走来，我们觉得就像看着一个个呱呱坠地的娃娃一天天地长大成熟，虽然过程辛苦但是不断地收获着阅读与研究的幸福。

## 幸福盘点一：它山之石可以攻玉

教师的成长需要"专业引领"，其中最重要的途径是学习。比如为了研究市教研课题"小学语文有效教学策略的研究与实践"，课题组教师每个人都分配了相关的材料收集整理任务，在课题会上作交流学习，我们借鉴了其他省、市研究的先进成果，以及相关校本课程的研究成果，这无疑使得我们已经站在巨人的肩膀上。同时组织教师参加省、市的课题专题培训会，校科研处组织的课题研讨会以及邀请宁波市教科所、教研室、宁波大学等校外教育科研专家专题讲座等多种形式，为教师的学习培训提供平台，营造氛围，促使教师更新教育观念，树立新的教育理念。通过理论学习，我们以最快的、最便捷的方式吸收先进的教育理念和教学方法，促使教师快速成长。具体实施策略：

### （一）制定阅读计划

没有计划的学习是盲目的、低效的。只有有计划、有目的地去学习才能系统地掌握相关的先进理念，才能对课题研究作出正确的把握，才能使得教师得到长足的发展。所以,我们课题组制定了"1、10、100"读书计划,即一学期精读1本书,轮读10本书,五年内读完100本书,而且每个月进行一次读书交流,每学期在教师博客上至少发表一篇读书随笔。

**(二)建立阅读档案**

学习内容要进行梳理和拓展,尤其作为一线教师,通过建立学习档案可以让我们更准确地把握相关的理论和技能,对于先进的教育理念和技能方法不是通过一次的学习就能真正地理解和掌握的,需要在实践中不断地体验、反思、总结,建立学习档案能够有效地指导教师在学习实践中高效地吸收、借鉴、转化先进的教育理念、技能方法策略,减少偏差。于是我们有了《课题管理手册》《教师成长手册》,学习的点点滴滴及时地记录归档。

**(三)阅读成果交流**

学习成果在实践中得到检验,在交流探讨中得到固化升华。我们可以通过研讨、课例等多种形式进行经验交流使得我们的经验更加成熟、完善。同时对于每一位教师来说也是一次难得的学习机会,彼此互助共同提高。于是,我们能看到在"教育教学原创论坛"、"疑难问题支招会"、"新观念好实践交流会"上老师们各抒己见,慷慨陈词。我们正是在学习与交流中明白了:当代课程观念的意蕴,已经从传统的"圈养式"、"游牧式"转到"传记式",从关注课程的"工具"、"知识"的价值转到关注课程的"生命"价值。基础教育新课程改革明显体现了当代课程观念的变迁,强调课程实施从"以知识为本"到"以人为本"、"以学生为本"基本旨趣等。我们始终相信"它山之石可以攻玉"。

**幸福盘点二:实践体验可出真知**

教师的成长需要"实践体验"。虽然我们可以借鉴其他学科或者教育专家的成功教学经验,但是由于实践经验具有典型的隐形特征,使得我们不能完全理解或者吸收这些经验,或者由于教师本身的特质和面对教育对象的差异而使得经验的有效性产生偏差。"实践是检验真理的唯一标准。"课题组针对课题内容设计实践体验和实践检验，例如在进行课题"小学语文有效策略的实践与研究"过程中，我们按照行动研究的方法，围绕着校本课程开发的过程，即需求分析、愿景目标、方案设计、组织实施、效果评价五个方面，从理论研究与校本实践两个层面展开了语文教学的研究。在实践中教师根据实际的教学内容和教师的实际进行修改、调整完善，经过多年的实践我们逐步形成了有我校特色的语文课堂"和而不同，乐而不松"的操作模式，同时也培养了一大批优秀的年轻教师。这些年轻教师在课题实践中快速成长起来，逐步形成了自己独特的教学风格，正成为我校教育教学的中坚力量。

**（一）实践探究**

教育教学经验来源于课堂回归课堂，这就决定教师的成长离不开实际教学实践，在实践中我们通过不断的尝试、反思，掌握课堂教学的一般规律和方法技巧并结合我们自己的特质和教育对象的实际，逐步形成具有个人特色或者是学科特色的教育教学方法，从而得到发展，得到提升。例如在研究"小学语文有效教学策略"过程中，我们更新了育人的观念，提出了"和乐"理念，即通过"和乐"校本课程的建设，让学生享受自主选择之乐，自信体验之乐，自我创造之乐，从而实现学生共性与个性的和谐发展，师生关系的和谐发展，并探索出有效的校本课程实施策略：弹性空间，学以致用。学校附近的公园、报社、美术馆、博物馆等都是学生学习的场地；与周边社区和单位结成军警民共建单位，部队、交警大队、医院、城管局、司法局、工商局等都成为开展语文综合性学习的基地。形成了多样化的适合学生自主发展的学习方式：课题研究式、项目设计式、活动体验式、社会实践式。基本流程分别是：选择确定课题——制定研究方案——开展研究活动——总结交流评价；确定项目——构思讨论——设计改进——展示评价；激发动机——活动准备——体验感受——反馈升华；内容选择——精心规划——活动实施——总结交流。

## （二）实践检验

一切理论、知识、技能、方法、策略的运用都离不开实践的检验，只有通过实践检验的才是正确的、合理的，尤其是教育教学的经验更不能生搬硬套，必须要结合我们教育对象的特点和教师的特质，例如低年级学生和高年级学生在知识的理解和掌握上存在很大的差异，同一个班内优秀生和后进生的需求存在明显差异，文科类教师与理科类教师的差异，骨干教师与普通教师的教育教学的差别，这些都是影响和制约教师发展及经验传承的因素，所以我们必须在实践中去探究适合学生的、适合我们自己的方式方法。适合的才是最好的！

### 幸福盘点三：个案研讨可采众长

教师成长需要"同伴互助"。小到备课组同事，大到全体教师队伍，近则本组、本校，远则世界各地，这种帮助可以是一句话、一篇文章也可以是一本书。而最为直接、最为有效的还是教研组同事间的相互促进。通过课题研究的个案研讨我们就出现的问题、展示的成果进行全面的研讨，在研讨中我们弥补不足、收获经验和成功。我们可以通过以下几个研讨方式来实现经验的交流、固化和升华：

## （一）集体备课

备好课是上好课的基础，同时也是教师成长的体现。为了发挥教师集体的智慧，取长补短，博采众长，结合课题研究，教研组安排每周教研日进行交流合作活动。教研组分成备课组进行备课，然后由备课组长指定教师上观摩课，课后进行点评，找出本堂课需要改进的地方，然后定稿形成讲学稿，指导教师进行教学。

## （二）汇报课研讨

对于年轻教师来说，上汇报课是快速提升自己的主要途径，在课题研究过程中，根据我们所制定的实施方案，就所探究的问题在课堂教学中如何体现而设置的汇报课是我们课题实施的重要组成部分。而对于年轻教师来说，每一次的汇报，从授课内容的准备到授课方式方法的选择及课堂的具体实施都会得到一次全面的锻炼，同时我们还借助市级、省级的教学研讨或各类大赛进行实际的检测和交流，这促使我们的实践教师得到更多的指导和帮助，更快速地提升。

### （三）示范课研讨

对于教学骨干、经验丰富的老教师来说，上教学示范课也是一种快速提升的好办法。这不仅仅是对骨干教师的促进更是对年轻教师的促进。在课题研究的各个阶段都要根据我们所研究的实际内容结合教学实际，有针对性地做课堂教学模式示范课，引导教研组教师形成一种新的教学模式。同时在课后的研讨中骨干教师会详细地分析和反思本课的设计、实施过程中的得失，听取观摩教师的宝贵意见，互相交流共同提高。比如课题组组织的非连续性文本教学策略《雾霾的危害性》研讨。这是一节"整理收集到的信息"的示范课，教学班级为学习成绩较好的班，教师也是有十年经验的教师。课后评课中众多教师参与评课，以下简述几位教师的发言。

教师1：这节课学生活动很多，很积极。（笔者按：有时候教师会搞一言堂，一个人喋喋不休，学生沉闷，要改进）。

教师2：一个问题学生回答后，教师用简洁的语言总结，课堂效率很高（笔者按：语言要简练）。

教师3：学生事先准备了许多例子在课上展示，既体现主动性，同时也加深了学生的理解（笔者按：让学生参与要实实在在的，特别是学生课下的工作更加重要）。

笔者也参加了评课，提出了两点看法：一是新课应该用新知解决，因此每个问题要小结出学习方法；二是学生的思维过程要充分展示，让学生不但知其然，还知其所以然。

通过研讨，我对课堂教学又有了一点新的想法，就是让学生实实在在地参与。我教学也有近二十个年头了，每每参加示范课研讨都收获颇多。

尤其是自己上示范研讨课，虽然难免有的评课让自己面红耳赤，但是这些建议都是非常中肯的，是自己在教学中很难发现的。通过各种各样的示范课研讨，我在不断成长着。

**幸福盘点四：教学反思可炼精华**

教师成长需要"不断反思"。任何经验的消化和吸收都有一个渐进的过程，只有通过反思，教师才会不断地剖析自己在教学中的优缺点，细致地、冷静地加以推理总结，具体地对于某一个问题的对策、某一教学环节中学生的质疑，甚至某一个辩论回合展开思考。在反思中，已有的经验得以积累，成为下一步教学的能力，日积月累，这种驾驭课堂教学的能力将日益形成。所以我们只有通过教学反思，教师的有效经验才能上升到一定的理论高度，才会对后续的教学行为产生积极的影响。在课题研讨中我们采用个人教学反思研讨和集体反思研讨两种方式来实现经验的提升与固化。

**（一）个人反思研讨**

个人教学反思是指在课堂教学告一段落之后，把课堂上的反馈信息、自我感觉以及引发的诸多思考形成文字。简单来说就是把课堂教学实况像放电影似的在头脑中重过一遍，回顾一下自己的教学目标是否达到，教学任务完成得如何，学生反馈怎样……然后把注意的焦点对准那些使自己激动以至于一时难忘的事情上。最后抓住时机，选择典型事例，新鲜感受、深刻体会……记录下来。在课题研讨会上我们针对自己的教学反思进行交流研讨，听取其他教师的建议和意见，逐步完善，逐步提高。比如在我校一位语文老师的课《恐龙的灭绝》，在公开课教学之后进行了课后反思，并且积极地完善教学设计。不仅教学设计和课件获得省级和国家级奖励，还因为在反思中认真总结了怎样使多媒体的使用更有价值，在教学中能够更好地利用现代化的教学工具。更为重要的是，多媒体课件的使用，使常规教学难于解决的教学难点有了攻克的办法，使问题化于无形,使教学目标得以快速实现。教学研究是永无止境的,总在一次又一次地思考之后有了新的内容,我们应相信每天都是新的开始。

## (二)集体反思研讨

集体反思主要是我们在对于课题实践过程中的一些方法、策略、模式的探究过程设计和实施,信息反馈与效果的检验的反思,在课题工作会上我们分组汇报,各个实验组就课题实施情况以及存在的问题还有改进措施作交流,这种反思往往是集体智慧、集体经验的结晶。例如在组内组织一节课题教学研讨课——《渔夫的故事》,对目前教改理念,教师组织的课堂很好地体现了"学生成为课堂的主体,教师只是一个引路人"。教师安排学生自学课文,理清文脉,归纳小标题,抓住重点语句讲述故事,学生都积极参与,踊跃发言,使我很受启发。学生关注度高,参与面广,就能激发学生学习兴趣,提高课堂效益。在参与课后的集体评课中,听取别人意见时反思教学,很有收获。

教师1:组织形式上,教学过程突出课改要求,有课改意识,但侧重于内容的理解与记忆,缺少对表达方法的提炼与指导。

教师2:优点是学生参与课堂程度比较高,学生的自学能力得到培养,但是在个别问题处理上显得过于草率,没有点出重点词语在表达中的作用。

教师3:提点建议,对于新授课,学生虽自学课文,但仍不能真正理解"把故事讲生动"的要领,需老师给出必要的说明或讲解⋯⋯

通过集体研讨反思后,通过听取其他教师对课堂及教学内容的点评和讲解,使我意识到教师在课堂教学中的地位和作用。在新授课的课堂教学中教师除了引导者的身份外,还应具有点睛的作用,对一些学生只认识其表象的问题,教师应及时地指出问题的本质,展现出本课的教学重点。在对问题的处理上,应呈现出问题中的本质,才能使其对知识有更深刻的理解。

总之,通过扎实有效、丰富多样的课题研究,我们发现了教师专业成长的三条途径：一是通过学习消化吸收他人优秀经验形成有自己特色的经验；二是通过实践探索经验，能够固化自己的实践经验；三是通过反思总结琐碎经验获得系统经验。我在交流、互动、合作中感悟到研究的快乐，在主动的发展中获得成功的喜悦，享受教育的幸福。

# 宁波市新城第一实验学校 "读写融合"专题研修活动实录

宁波市新城第一实验学校　施晓波

## 活动背景

细读 2011 版《语文课程标准》，我们不难发现，《课标》所要求的小学语文教学，特别是小学阅读教学，其理想境界应该是：读写有效沟通，工具人文和谐，文意能够兼得。文本是重要的课程资源，课堂练笔是"读中悟写、读写融合"的有效载体。而三、四年级又是学生习作从句到篇的过渡阶段，写好片段对高年级的成篇作文写作能起到很好的过渡作用。

如何明确目标，找准随文练笔切入口？如何读写结合，提高随文练笔融合度？如何深读感悟，催生表达深度，指导写法降低练笔难度？如何个性评价，提高随文练笔的趣味度？我校语文活力研修团队提出以小学第二学段学生为研究对象的"小学语文课内'以读带写'有效教学策略研究"的专题研究项目，希望以课题研究来带动、引领教师教育观念和教学行为的改变，通过实践，化解一个个盲点，走出困惑……

## 活动过程

### 开场白

主持人：五月榴花照眼明，在这树绿荫浓的初夏时节，欢迎大家来到新城第一实验学校参加本次的研修活动。

**活动环节一：美文诵读欣赏 —— 听听,心灵与文字邂逅的声音**

主持人：有人说,语文世界是超越了实用价值观念的、自由的心灵世界。是的,在这个世界里,我们站在文字里相望,站在文字里相融。来吧,让我们来听听,心灵与文字邂逅的声音——

(音乐响起,课题组成员朗诵经典课文片段)

**活动环节二：简介课题组成长足迹**

主持人：经典就是这样,历久弥新,每每朗读都有不同的滋味。在我们的语文课文中,无论是那些清新优雅的文字,还是富于哲理的语言,都似夏日里淙淙流淌的一眼泉水,领我们的孩子饮一口,让他们的笔尖也能流淌出触动心灵的文字,那该是件多么舒适惬意的事啊!

**我们走过的路 —— 不识庐山真面目,只缘身在此山中**

主持人：综观我们的习作教学,可谓不识庐山真面目,只缘身在此山中。长期以来,我们关注外面的精彩,却忽视了身边的美丽;挖掘外面的金子,却忽视了身边的宝藏。面对这种状况,我们欲将步子放慢一点,走得踏实一点,让作文教学回归课本,以力求通过课文这个载体,利用课堂40分钟时间,在不加重学生学习负担的情况下进行学生写作训练,使学生的写作水平得以提高。因此,我们的针对第二学段"以读带写"的课题研究,就这样诞生了。

**我们走过的路 —— 工欲善其事,必先利其器**

主持人：几个月来,在周步新老师的亲自引领与示范下,我们一直快乐而又幸福地行走在语文教学的路上,通过学习理论 —— 磨课实践 —— 专家引领 —— 撰写课例的模式开展我们的课题研究。一方面,我们充实着自己的理论学习,另一方面,付诸行动研究。从文本细读到开课磨课,从小组合作学习到关注课堂细节,一路走来一路欢歌。

我们从《教育专家丁有宽》中汲取营养,在柴冬青老师《整合式作文教学的研究与实践》中得到启发,逐渐清晰,字词句段篇：字词是基础,句段是纽带,篇章则是语文综合能力的体现。第二学段,只有对学生进行句群和构段的训练,使其打下扎实的语文功底,这样,当学生进入高段,进行篇章的叙述时,才能"胸藏万汇凭吞吐,笔有千钧任翕张"。因此,三年级的读写训练重点是在精读的基础上,学习连续结构段、并列结构段、总分结构段、概括与具体结构段、因果结构段、点面结构段等几个常用的结构段,使学生理解段中层与层的逻辑关系。四年级的训练重点是在积累大量精彩片段的基础上学习连续结构篇、并列结构篇、总分结构篇、概括与具体结构篇,使学生理解篇中段与段之间的逻辑关系。

通过理论学习,我们归纳出课内读写结合的方法有:读前先写,赏文作比;课前读后感;课中批注;锤炼小标题;仿写;续写;改写;扩写;缩写;心得笔记、读后感……另外,省特级教师柴冬青老师通过自己多年的研究,整理出十种课内读写结合的基本形式,有补白式,简画式,转换语言式,积累、运用交融式,总结式等等。

据此,本课题着重深入挖掘第二学段的教材,在教材中找到与上述训练重点相对应的课文、重点语段,"解剖麻雀",研究作者构段、布局的技巧,而后进行实践练习,在仿中求变、仿中创新,提高学生的构段能力。与此同时,也结合重点语段中的关键词句,进行一些其他的语文能力"点"的训练,同步推进,从而使学生逐步向自主独立习作过渡。

### 我们走过的路——纸上得来终觉浅,绝知此事要躬行

主持人:我们学习着,也用心构筑我们的课堂。其中,既有个人对文本的细读,也有团队智慧的结晶。第一次试教结束,上课的老师针对第一次教学存在的问题进行自我反思,课题组成员进行评议,汇总意见。第二次试教结束后再次调整设计,第三次课堂教学完成后记录下自我反思、同伴意见及专家点评。最后,撰写课例,反思自己的教学行为。以杨老师上的公开课《彩色的非洲》为例,三次磨课上课后记录如下:

| 《彩色的非洲》第一稿 |
|---|
| 教学环节:<br>三、品词析句,深悟风情<br>1.课文用"彩色"一词来形容非洲,那课文中写颜色的语句到底有哪些?请你再次放声朗读课文,把它们圈画出来。<br>2.生朗读后,交流汇报。随机点评。(师摘录一些带有颜色的句子,大屏幕出示)(下面句子中黑色的词用各种颜色显示)<br>3.大家看,描写颜色的句子有很多很多,它们遍布在课文的每一个角落,渗透在非洲的一草一木、一景一物中,有些句子不但写得美,还很生动呢!<br>4.学到这儿,我们不禁要惊叹:这么长的课文,几乎没有一个颜色词是重复的,作者运用了多种表示颜色的词语形式,真让我们佩服不已。(出示词语)<br>读着这些词语,让我们不由得再一次感叹:非洲——好一个色彩斑斓的王国!<br>5.小结:作者用具体的语句、词汇来告诉我们为什么称非洲是彩色的。我们平时写作的时候,也一定要围绕题目的关键词组织语言,表达意思。 |
| 课后反思:<br>一开始只考虑到《彩色的非洲》一文是篇略读课文,所以在确定教学目标时,把重点落在了抓关键句了解主要内容、理清文脉,体会作者介绍事物时先总再概括、后举例的写作方法,并能举一反三迁移运用自学非洲彩色自然景观和日常生活上。<br>于是,课堂上就多了许多费时的环节,如花大力气用在找课文的关键句上,找含有各种形式组合的表示颜色的词语上,漫无目的地欣赏图片上。实际上,学生对阅读这样一篇文质兼美的文章却没有多大兴趣。这样的设计,老师是把略读课文略教了,也让学生略学了。那么,如果所有的略读课文都停留在让学生只知本册有其文,却不能提高学生阅读和写作能力的话,语文这块基石如何摆放得稳呢?<br>尽管是略读课文,可它同样是训练学生提高阅读与写作能力不可或缺的内容。所以,在第二次教学中,我重新设定教学目标,让学生在理性把握课文主要内容与理清文脉的基础上,再引导学生从多个角度去欣赏文章,努力为学生的课堂练笔多一些写作思路。 |
| 同伴意见:<br>据观察,本堂课用了将近五十分钟,而学生的学习却只停留在理解文章结构和内容上。"彩色的非洲"留给学生的印象也只是颜色多颜色美,根本没有对神奇的非洲产生热爱之情,自然也没有什么语言可以拿笔倾吐。因此,建议老师要给孩子多一点感性的认识,少一些理性分析,多一点写作方法的指导,少一点可有可无的说教。 |

## 《彩色的非洲》第二稿

**教学环节：**
三、重点品读第四小节。
1. 其实全文的很多段落都运用了先概述后分述的写法，今天我们就重点来看看第四小节。
2. 请你默读第四小节，想想你从哪些语言中感受到了植物世界是彩色的？
3. 交流（随机出示）
（1）总结：举例来说明花的多与多彩。
过渡语：这一段中还有一处也用了举例子，你找到了吗？
这篇课文很长，描写颜色的句子有很多很多，它们遍布在课文的每一个角落，渗透在非洲的一草一木、一景一物中，但几乎没有一个颜色词是重复的，作者运用了多种表示颜色的词语形式，真让我们佩服不已。（动画显示词语）
（2）（比较）这句与上句同是举例，又有什么不同？
总结：举了一个更特别的例子，更生动的例子，更具代表性的例子。
（3）再看这个举例，你觉得作者是怎么把它写具体的？
（4）（再比较）同样是举一个具体的句子，你发现具体介绍蝴蝶这一部分与介绍花树部分有什么不同？（出示句子）
A. 在这段文字，"凝固的色彩"是指什么？那么"活动的色彩"又指什么？
B. 小结：如果说由蝴蝶制成的精美工艺品带给我们的是一种静态美的话，那么发出声音的蝴蝶则是一种动态美。这是与前面例子不同的地方。那么相同的地方呢？作者运用丰富的联想和表示颜色的词汇，为我们描绘了一幅画卷。
4. 总结。

**课后反思：**
这一回教学，我发现教学环节连接得更紧密了，也更自然了。许多同学通过课文的学习，对非洲有了较浓厚的兴趣，纷纷想看有关非洲的课外书就是一个很好的说明。在阅读后，学生能模仿作者的写作角度和写作方法，迁移运用写非洲的木雕。巡视过程中发现，学生语言组织有序并且很是生动。

**同伴意见：**
虽然教学时，中间这一环节有了较大的改善，但前面概括主要内容时节奏还是掌握得不够理想。建议节省时间，重点放在语言的品读和迁移运用中。老师从引导学生发现课文结构上入手，又煞费苦心让孩子接二连三地比较课文语言的妙处。可学生还是停留在理性知识的获得上，对彩色非洲的感知还是只在表面上。建议老师再斟酌教学切入点，让课文犹如一幅美丽的非洲风情画印在学生的心间。

| 《彩色的非洲》第三稿 |
|---|
| 教学环节：<br>三、重点品读第四小节。<br>1. 其实全文的很多段落都运用了先概述后分述的写法，今天我们就重点来学习第四小节。<br>请大家自由放声读读第四自然段。(出示第四自然段)思考：哪些语句让你感受到非洲的植物世界是彩色的？<br>2. 随机交流、评价：颜色多、种类多、数量多。点拨引入：非洲怎么会有这么多的花呢？（出示句子：非洲的花之所以多，——）指名读出神奇。<br>3. 哪些树开花呢？默读第四自然段。请你用括号标出树名，用波浪线画出树开花的颜色。交流。 |

| 树名（　　） | 颜色 |
|---|---|
|  |  |
|  |  |
|  |  |
|  |  |

| 4. 自由读。<br>5. 小结。(板书：写实)<br>过渡：那么火炬树的颜色是什么样的？这是实实在在看到的颜色吗？（板书：想象）老师把它改成"火炬树开着红色的花"。你觉得运用想象的这句好在哪里？（有活力，有动感，更形象，多了，美了）<br>6. 是啊，像这样写想象的还有哪些？请用双横线找出你喜欢的一两处，交流。<br>突破："少女句"。含情脉脉的意思，想象少女是怎样的样子（神态），读好句子。(课件出示，想象部分显红)师生合作读。<br>7. 小结：像这样写实加联想的句子，全文有很多。(出示其他的联想句子，联想处显红。)比如——请按老师要求读。 |
|---|
| 课后反思：<br>阅读是吸收，写作是消化和内化，这种体会也早已成为广大语文教师的一种共识。可是，在平时的教学中，我们往往忽视对略读课文的教学，有时还错误地认为略读课文在教材中可有可无地存在着。在教学的过程中，我们也发现了一些问题，觉得应该深思：看到文质兼美的略读课文，常常不知道如何取舍。有时觉得这个得教那个也不该舍去，这个可以作为练笔点那个也可以作为拓展内容。所以，在确定教学目标时要格外慎重。 |

> 但我们认真地阅读略读课文,却能发现它们中有许多课文,不但语言优美有特色,而且还能成为我们习作的好范本。反思《彩色的非洲》这一课例研究的过程,最后经过教学目标的调整,我们重点抓住写实加想象的写法,不论是品读还是习作,都引导着学生发现这样组织语言的妙用。通过学习,学生既获得了感性的认识,又获得了理性的认识,在习得方法的基础上迁移引用。这样的教学设计,为略读课文"以读带写"拓宽了教学思路。
>
> 专家点评:
> 这堂课执教者难能可贵地跳出了理性的分析,遵从学生的学习规律,从感性的角度切入,把学生领入了美丽而又神奇的非洲。当然,也建议执教者可以是尝试着放手让孩子自己去发现问题,再引导孩子解决问题,那么整个课堂留给学生的可能又是另一种感觉。

课前的期待,课中的满足,课后的留恋,连同我们自己也会变得简单而深刻,清晰而又丰富。

我们相信——

千淘万漉虽辛苦,吹尽狂沙始到金

### 活动环节三:课例呈现

主持人:在这样的课堂里,我们为学生学习写什么而思索着,为"怎么写"而精心设计着。今天下午第一节课由章老师送上四年级的《母鸡》,第二节课由虞老师执教三年级的《颐和园》。老师们,现在,就让我们一路欣赏,一路采撷,聚焦课堂,触发思维。

### 活动环节四:研讨交流

主持人:接下来,我们先请两位上课老师说说上课意图与教后感想。

……

主持人:白居易《琵琶行》中有一句话,"今夜闻君琵琶语,如听仙乐耳暂明"围绕主题,确立目标,选择读写结合点,细化、优化策略,老师们都为此消得人憔悴,现在,我们要洗耳恭听各校的代表们美妙的琵琶语!

1. 各校代表评课
2. 周步新老师点评

### 结束语

主持人：仙境不在远处，佛法只在心头。让我们在困惑中不断反思，在反思中大胆摸索。寻味，撑一支长篙，向读写结合更深处漫溯；载一船星辉，在浓浓的语文味中放歌……

最后让我们再一次用热烈的掌声感谢周步新老师精妙的点评，感谢两位老师带来的精彩课堂，感谢全体在座老师的共同参与。本次活动到此结束，谢谢！

## 第二学段儿童文学阅读有效策略初探

宁波市江东外国语实验小学　张雪琴

**摘要**：在课堂上如何变"教语文"为"教阅读"？本文作者科学分析，找准第二学段阅读能力发展的起点，从阅读前、阅读中、阅读后、整个阅读过程四个方面论述了预测、提取信息、推论、概括主旨、阅读监控等儿童文学阅读策略，以达到真正教会学生阅读，促进学生阅读能力提升的目的。

**关键词**：PIRLS 阅读能力　阅读力　阅读策略　阅读监控

在全国第七届、第八届青年教师阅读教学观摩活动中，台湾赵境中教授分别做了《建构以阅读策略为导向的阅读教学》《教会学生阅读》的报告。今年11月份崔峦理事长在全国第九届青年教师阅读教学观摩活动开幕式上向老师们提出建议：要把推进儿童阅读作为自己的分内职责，课堂教学、儿童阅读两手抓，两手都要硬。由此可见，阅读教学、阅读策略引导，已成为当前我们语文教师的重要课题。在课堂上如何变"教语文"为"教阅读"？笔者在新课程理念指引下，开设儿童文学阅读课程，侧重第二学段儿童文学阅读有效策略进行了不懈的尝试、探索。

## 一、科学分析，找准第二学段阅读能力发展的起点

首先，笔者从PIRLS阅读能力的定义[1]、阅读力的发展进程、第二学段学生阅读情况三个方面进行如下分析。

阅读力的发展历程分为三个主要阶段：记忆层、理解层、回应层。[2]

第二学段的小学生经过了两年的学习，认读能力和记忆能力虽然已经初步形成，但还要在课堂教学中不断运用，使之最终形成；信息提取能力、阅读理解能力虽然经过了初步培养，但还有许多能力点尚未培养；整合信息、评价欣赏能力对第二学段的小学生来说是第一次接触，教师要从零做起，踏实稳步地做好培养工作。

从上文PIRLS对阅读能力的界定、阅读力发展的三个进程以及第二学段学生阅读情况呈现，笔者做了如下分析。

| PIRLS | 目标 | 阅读能力发展进程 | 第二学段阅读能力 |
| --- | --- | --- | --- |
| 直接提取 | 找出文本中清楚写出的信息 | 记忆层 | 已经具备，巩固练习 |
| 直接推论 | 联结文本中两项以上信息 | 理解层 | 尚未形成，重点培养 |
| 诠释、整合观点和信息 | 提取自己的知识以连结文本中未明显表达的讯息 | 理解层 | 尚未形成，逐步培养 |
| 检验、评估内容、语言和文本的元素 | 批判性考量文本中的信息 | 回应层 | 尚未形成，初步培养 |

由此，笔者找准了第二学段阅读能力发展的起点——记忆层；确定第二学段阅读能力培养重点——理解层；阅读训练目标——培养学生阅读理解能力。

---

[1] 阅读能力的定义：学生能理解及运用语言能力，从各类文章建构意义。他们能透过阅读学习，参与社会活动和享受阅读的乐趣。
[2] 回应层在于将领略的旨意回应在生活应用及生命省思上。

## 二、阅读实践,探索第二学段有效阅读策略

了解阅读力发展的进程,找准了第二学段阅读能力发展的基点、重点,如同知道前行的目标,接着就要运用适切的阅读策略,引导学生逐步发展上述的阅读进程,进而能从阅读中学习,从读字中读世界。为培养第二学段学子阅读理解能力,笔者结合台湾八种阅读策略,从阅读前、中、后三个阶段重点培养学生预测、自我提问、提取信息、推论、阅读监控等阅读策略。

### (一)阅读前:预测策略

"预测"就是师生阅读前不急着翻阅内文,引导学生猜一猜,从文章的标题或是封面图像等找出相关线索,发展有意义的推论,预测读物的内容和结局等。我们一般进行"预测三部曲",培养学生预测能力。

| 预测步骤 | 具体内容 | 例:预测迪姆听了爸爸的故事怎样面对嘲笑他的伙伴?(阅读《火鞋与风鞋》) |
| --- | --- | --- |
| 1.定点 | 确定预测起始点 | 迪姆受到嘲笑很不开心,听爸爸讲《黑山羊》的故事。 |
| 2.预测 | 联系语言环境,作合理预测 | 联系上文爸爸故事中黑山羊的转变,分析迪姆心中所想,引导学生作出各种预测。 |
| 3.比较 | 将原文内容与猜想内容作比较 | 阅读《合群》后文,比较自己是否猜想正确。 |

预测是学生在对字、词、句的识别加工时,对其蕴涵意义的估计和预见。学生在阅读一篇文章、一本书时,自始至终都在试图理解、揣测作者的意思。阅读过程中,读到紧要处停下来,有意识地思考一下并对后文的内容作预测,然后将后文的实际内容与猜想的内容作比较,达到读、思紧密结合。这一则使阅读插上了联想的翅膀,提高阅读兴趣;二则可以纠正阅读过程中囫囵吞枣的弊病;三则由于急于了解下文内容与自己猜想内容是否一致,大脑处于积极的思维状态,故对语言文字的选择性理解效率将大大加快,从而提高阅读速度。

## （二）阅读中：自我提问 — 提取信息 — 推论/推理

### 1. 自我提问策略

教师提问是阅读教学的主要方法，而学生的自我提问也是促进阅读理解非常有效的方法和策略。教学实践证明，在促进理解方面，学生提出的问题比教师提出的问题更为有效，自我提问比简单地阅读文章或重复阅读，或者不考虑文章的重点就提问要好得多。自我提问策略能够促使学生积极地监控自己的阅读活动，并随时采取策略性行动。提问有不同的层面、不同的方法。针对第二学段的学生，课堂上老师如何渗透提问策略，引导学生提出一个好的问题？首先，教师日常教学中示范提出有层次、有深度的问题，并明确告诉学生提问的方法。比如基础问题：问是什么、何时、怎样、何人等事实性问题；分析性问题：如问为什么等问题；评鉴类问题：如问"你认为……"等问题。接着，在课堂上进行"自我提问三部曲"练习。

| 提问步骤 | 具体内容 | 例：同学们对《去年的树》有多少了解呢？请提出三个问题。 |
|---|---|---|
| （1）自读提问 | 学生自主阅读文章，自主提出问题。 | 学生郑涵提问：（1）鸟儿找到树了吗？（2）鸟儿为什么盯着灯火看？（3）树已经不在了，鸟儿为什么要唱歌给灯火听？ |
| （2）小组讨论 | 小组讨论：梳理问题，解决问题。 | 小组分享讨论：1.问题归类：你所提的问题是较低层次问题1，还是较高层次问题2？ 2.小组解决较低层次问题。小组问题梳理：低层次问题：（1）；高层次问题（2）（3）；小组解决问题（1）。 |
| （3）问题重设 | 思考删减问题，重设问题。 | 问题重设：（1）鸟儿盯着灯火看的时候，它在想什么？ |

在课堂上，教师根据学生提出的问题进行梳理，整理出一两个高质量的问题——建立在文本与儿童纵横坐标的交叉处，其最佳位置应该是儿童的最近阅读发展区的问题，然后引导同学们在自我提问驱动下，深入阅读理解文本。这样孩子们经过思索与体验的爬坡，收获阅读愉悦，促进自主提问、深入阅读的能力。

## 2. 提取信息策略

信息的提取、建构与概括表述的能力是小学生阅读能力的一个很重要的方面。第二学段的信息提取能力的培养应该在第一学段的看图提取法、直接提取法的基础上,进行直接提取信息、间接提取信息的进一步练习,同时进行信息提取后用自己的语言表述、概括等能力的训练。

直接提取信息即能在材料中直接得出信息。比如寻找人物的动作、表情的关键词,找出一段话的中心句等。间接提取信息指不能在材料中直接得出信息,需要读者进行分析、思考方能得出信息。比如揣摩人物的心理,感受人物的品质等。

| 提取信息步骤 | 具体内容 | 例:阅读《去年的树》,课文中鸟儿寻找树,先后找过谁?树到哪里去了? |
|---|---|---|
| 1.要求明确 | 重读问题,围绕问题阅读、思考。 | 请同学重读题目,画出要求:找过谁?树到哪儿去了? |
| 2.读懂语意 | 提取主要信息,思考整合。 | 逐段朗读中,记录信息:(树根——门先生——小女孩)(树干拉到山谷——做成火柴——用光火柴,点亮灯火。) |
| 3.整合表达 | 用恰当的语词连接表达。 | 学生表达:鸟儿先后找过树根、门先生、小女孩,发现树先被砍成木材,做成火柴,最后火柴点燃灯火,用完了。 |

## 3. 推论/推理策略

推理是阅读理解过程的核心。所谓推理策略,是指读者在具体的语言环境中,运用自己的旧的知识经验和文章提供的新的知识经验创造出新的语义信息。当读者建构文章意义模式时,会运用推理去补足文章省略的内容,即使阅读最简单的文章也需要进行推理。

结合《语文课程标准》(2011年)关于第二学段中"能联系上下文,理解词句的意思,体会课文中关键词句表达情意的作用"这一要求,我逐步进行"推断词义""推断语意"的渗透、练习。

A 推断词义。当我们做阅读理解时,会遇到一些不懂的字词,便会成为阅读的障碍,让学生懂得如何推断词意,便可以减少阅读的障碍。

| 推断词义秘诀 | 具体内容 |
| --- | --- |
| 1. 字形 | 从部件或字音推断其词意,猜出大概意思。 |
| 2. 文意脉络 | 联系前后文内容推断词义。 |

例:试推测下面各句中有横线字词的意思,把你的推断过程用简单的图表示出来,并与小组同学分享你的推断过程。

大家抱着忐忑的心情,等候张老师派发试卷。

生1:分析:(1)"忐忑"偏旁是心字底 —— 代表跟心情有关;

(2)"忐忑"有"上、下"部件 —— 大家心情不稳定;

(3)后文"张老师发试卷" —— 大家心情肯定很紧张。

推断:"忐忑"是心情不稳定,有点恐惧的心理。

生2:分析:(1)从字形看,"心一上一下" —— 心里很乱。

(2)从句子看,"等候老师发试卷" —— 心里很紧张。

推断:"忐忑"是指紧张的心情。

B 推断语意。除了对词义进行推论外,笔者还结合学生的自主提问、提取信息进行"推断语意"练习。在阅读教学中,笔者尝试"推断语意三部曲",实现语意推理过程。

| 推论步骤 | 例,阅读《去年的树》推断:"鸟儿盯着灯火看的时候,它在想什么?" |
| --- | --- |
| (1)重读,提取相关信息 | 辅助问题:鸟儿是在什么情况下盯着灯火看的?生围绕辅助问题重读全文,提取信息:鸟儿在问过(树根)、(门先生)、(小女孩)之后,终于找到灯火,并盯着灯火看了一会儿。 |
| (2)联结,以往知识经验 | 辅助问题:生活中,当你历经千辛万苦终于找到自己的朋友时,你会怎么想? |
| (3)推论,文字背后深意 | 生1推论:鸟儿盯着灯火看了一会儿,它心想:树朋友,我终于找到你了,我会实现我的诺言 —— 为你唱歌的!<br>生2推论:鸟儿一边盯着灯火,一边想:我亲爱的朋友,你牺牲了自己的生命,点亮了灯火,我永远不会忘记你…… |

由此可见，推断不是离开原文的臆断，不能把自己的臆测强加给作者，推断必须有理有据，正确地推断应具备这样几个技巧：(1)弄清作者的意图，以及写作的缘由。(2)分析材料提供的信息。(3)注意字、词的原意及引申含意。(4)依靠句子的含意推断作者的言外之意。

### (三)阅读后：概括主旨策略

有阅读经验的学生阅读文章总是从一句到另一句，从一部分到另一部分，一边阅读一边把文章的各个句子、各个部分的内容联系起来，形成文章内容连贯的整体意象。可没有阅读经验的同学不会把各部分联系起来，获取的只是支离破碎的语义片段。其实这里的"阅读经验"就是第二学段重点培养的概括主旨的能力。结合第二学段目标，我们重点进行一段话概括主旨策略练习。

| 推断主旨方法 | 具体内容 |
| --- | --- |
| 1. 删除法 | 删除不影响主要意思的部分句子，与内容不直接相关的，举例的内容，解释的内容，补充说明的句子。 |
| 2. 找主旨句 | 找出一段话中的中心句。 |
| 3. 连重点词 | 找出自然段中的一些重点词，用自己的话把它们连起来组成一句话作为段意。 |
| 4. 层次归纳法 | 分清自然段中的层次，弄清各层次的意思，然后综合层次，综合时留主删次，适当地加上关联词、连词，使语句通顺连贯。 |

### (四)阅读过程中：理解监控策略

阅读理解监控指对阅读过程理解程度的自我评价和调控，其实质是指控制和评价读者自己的理解活动。大量的实验研究证实了阅读理解监控与阅读之间的显著相关。贝克尔等人在1979、1982年所做的实验表明，在实际的阅读过程中，成熟的读者都在评价他们自己的理解。如果遇到了混乱之处，他们会用更多的时间去学习它，并且重新阅读前面的句子，为的是努力去澄清他们遇到的问题。而差的读者是缺乏这些技能和策略的。要使学生学会阅读策略,就必须教会学生监控阅读理解过程。

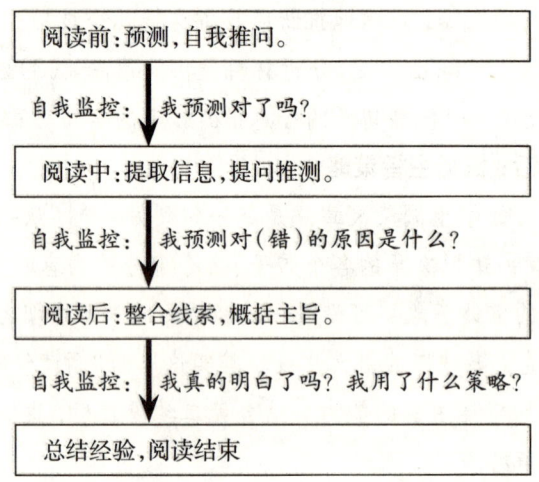

为发展学生阅读理解监控能力,教师运用榜样示范、练习、鼓励性反馈等方法使学生获得怎样进行文章推理和理解监控的程序性知识和策略性知识,提高学生的元认知能力。

阅读策略不是孤立的一门课程,它来源于并运用于文章的阅读理解过程。实验研究结果表明,阅读策略教学不能离开阅读情境单独进行,而应该通过不同阅读情境进行迂回教学。能促进文章阅读,提高思维效率的阅读策略有很多,但实验研究表明,一次精要地教授少量的策略,学生的策略学习才能取得良好的效果。所以,我们在阅读教学中,结合第二学段学生特点,注重"阅读情境教学""少量教学"、"循序渐进"等原则,夯实第二学段有效阅读策略,促进学生从"学阅读"转变到"会阅读"、"乐阅读",形成有效的阅读策略和阅读习惯,以真正促进学生阅读素养的提升。

# 抓住文本训练点，
# 提高课堂练习有效性的研究与实践

宁波市江东实验小学　林敏

**内容摘要**：课堂练习是教师设计的以学生为主体的练习，具有激情、启迪、发现、尝试、巩固等多项功能，是课堂教学的有机组成部分。在课堂教学实践中，强化、优化课堂练习是提高教学实效的重要环节，是教学改革的重要突破口。课题从"有效课堂练习"的研究入手，整理了各册的阅读目标，寻找文本训练点，设计并形成了第二、第三学段的课堂练习系列。同时在对课堂练习策略研究的基础上，提炼出了"三练"课堂的基本教学模式和若干衍生模式，并在教学实践中进行实践，激活了语文课堂，实现了人文性和工具性的双赢。在课题研究中，教师们以学生的学习需要为本，通过课堂观察和案例分析，探索着"基于练习的深度教研"的校本教研模式，驱动了教师教育科研动力机制，实现了语文校本教研的深入。

**关键词**：课堂练习　教学模式　有效性　训练点

## 一、背景意义

### （一）现实背景

小学语文新课程标准指出：语文教学要注重语言的积累、感悟和运用，注重基本技能的训练，给学生打下扎实的语文基础。因此，如何抓住文本训练点，切实提高课堂教学效率，是在"减负增效"的大背景下，优化课堂教学设计，向45分钟要效益需要解决的问题。

虽然课改已相当大地改变了传统小学语文课堂的教学面貌，但是当前课堂教学中依然存在着低效的普遍现象，综观当前的语文课堂，主要体现在教师注重讲解，或者层层追问，学生在学习中缺少感悟、体验文本语言的实践与训练过程，虽然课堂上讲得轰轰烈烈，转过身来又要进行繁重的题海战术，增加了学生的负担，同理，也在一定程度上增加了老师的负担。同时，课堂练习中也存在许多低效或无效现象：形式呆板、随意性强，缺乏针对性、系统性和实效性，即我们通常所说的"为做而做"。而且新教材在课堂练习设计方面由于缺少实践检验显得不很成熟，主要表现在缺乏对课堂教学指导和对教学内容的梳理。那么，在语文教学实践中如何更科学、更合理地设计课堂练习，从而达到"整合优化,轻负优质"呢？

多年的教学实践让我们都有这样的体会："讲之功有限，习之功无已。""语文是培养能力的课程，所以不能单纯地传授知识，一定要注意训练，不断发展听说读写的能力。"讲到"训练"，它就一定要有内容,有形式。抓住文本训练点，设计有效的课堂练习，就是通过必要的训练、有效的点拨、适时的引领，让学生由肤浅走向深刻，由片面走向全面，由呆板走向灵活的过程,使课堂教学产生应有的效能。

教师的教学应该是一个创造性的过程，也只有创造性的教学才可以体现教师个性化的专业发展。新课程实施需要教师从教材的"忠实执行者"转变为课程教学的"创新设计者"，创造性设计课堂教学的能力已成为教师专业素养的重要方面。多数教师的课堂教学设计缺乏学习主体经验和需要，或者兴之所至、随手拈来，或者购买各类资料，全盘的拿来主义，从而导致在课堂教学实践中三维教学目标难以整合，教学质量和效益得不到更好地提高。为此，本课题研究也是帮助教师提高教学专业素养和教学质量、效益的需要。

### （二）实施意义

小学语文课堂练习是发展学生的思维、培养创新能力的途径,是学生创新学习的具体实践活动。只有使学生真正融入学习空间，才能有效地激发学生的学习积极性。在教学中，教师要认真钻研教材，改进学习方法，设计结合学生实际和知识特点的课堂练习，才能有效提高学生的学习兴趣,使学生敢于探究、善于突破、乐于创新。基于"抓住文本训练点,提高语文课堂练习的有效性"的研究,为课堂教学的优化寻找一条切实有效的途径。从多方位、多角度来设计语文课堂练习,使之在课堂教学中发挥更大的作用,并且体现阅读教学的本质特征。

本课题的研究,从教学实际和学生身心特点出发,寻找"有效课堂练习"中的"文本训练点",研究"有效课堂练习"教学策略,形成"以练为主"的阅读课堂基本模式,全面提高学生的阅读能力和阅读教学的课堂效率。通过系统的研究、设计有效的课堂练习,将有效地提升教师的教学专业水平,促进教师的专业发展。

(三)国内外关于同类课题的研究综述

对于语文课堂练习,一线的广大语文教师已有诸多的研究,但大多将其作为一种手段,以巩固所传授知识为目的。我们还没看到一所学校对小学课堂练习进行整体实验研究的报道,但他们已经积累了丰富的相关经验。有关专家对小学课堂练习在理论上也进行了积极的探索:黄光硕先生在《语文教材论》中有语文练习设计的相关理论,汪潮老师对语言文字的习得有详细的阐述,这为我们开展"抓住文本训练点,提高语文有效性"课堂练习的研究提供了可资借鉴的理论基础和研究方法方面的参考。

同时,我们已经进行了"中高段语文课堂练习系列设计"、"课堂小练笔的研究和实践"等相关的研究,在培养学生自主学习方面积累了一定的经验,也为我们提供了良好的条件。

## 二、研究目标与内容

### (一)研究目标

1. 寻找"有效课堂练习"中的"文本训练点",研究"有效课堂练习"教学策略,形成"以练为主"的"三练课堂"的基本模式。

2. 形成若干系列化的小学语文课堂练习设计案例。

3. 通过有效的课堂练习,减轻学生的课业负担,提高学生的阅读能力。

4. 利用课题研究,普及新课程课堂教学设计的理论和方法,搭建各种平台展开课堂练习设计的各类学习活动,切实提升教师的教学专业水平。

**(二)研究内容**

1. 进行小学语文课堂练习设计的实践研究,收集和积累典型的教学活动案例,并在设计实践中不断验证、调整、丰富和发展。探寻语文课堂练习训练点,创新内容和形式,提出相关的策略,形成可供教师课堂教学设计参考的系列化的案例。

2. 对现有语文课堂练习的成功案例进行分析和归纳,指导教师语文课堂练习设计的实践和研究,从而改进课堂教学结构,提高课堂质量。

3. 开展"基于练习的深度教研"活动,提升校本教研效度,提升教师科研能力和专业素养。

**三、概念界定**

文本训练点:指在阅读教学过程中,依据教学目标确定的,在文本里可以进行语感培养、语言积累、语言转换表达以及进行口头言语和书面语言练习的语段、句子或者问题。它是一堂课得以展开的关键性内容,也是课堂得以顺利实施的一个抓手,以实现感悟理解,培养语感;内化转换,促进积累和表达。

有效的课堂练习:指从教学实际和学生身心特点出发,在语文教学实践中科学、合理设计的课堂练习。有助于学生将所学知识进行巩固、深化和理解,有益于学生技能、智力和创造能力的发展,有利于学生身心的健康发展。为切切实实减轻学生课业负担,扎扎实实向课内四十分钟要效率,我们提倡"语文练习随堂化",真正做到"整合优化,轻负优质"。

**四、研究过程**

**(一)"有效课堂练习"策略的研究和实施**

课堂练习是教师设计的以学生为训练主体的练习。他不同于课后作业、家庭作业,具有激情、启迪、发现、尝试、巩固、熟练等多项功能,是课堂教学的有机组成部分。在课堂教学实践中,强化、优化课堂练习是提高教学实效的重要环节,是教学改革的重要突破口。

1. 明确训练目标,注重讲练的统一

在课堂练习中,教师设计往往存在着一定的随意性,在课文分析中任意地插入词语的理解、句子的仿写等。这样为练习而设计练习,势必造成了学生思维的阻塞,犹如隔靴搔痒,事倍而功半。我们认为,课堂练习是课堂教学的一部分,它的目标必须跟教学过程保持一致,不同学段练习有所侧重,这样才能扎实有效。

同样是自学字词后的检测练习,我们比较三年级的《夸父追日》和四年级的《渔夫的故事》,可以从中窥知一二。

> ①记一记:这里有一组词,谁能来读读?你知道这些词语都表示什么吗?是啊,这一些都是表示地名的词。
> ②找一找:霎时间。你能给他找找近义词朋友吗?
> 想一想,这些词语都表示什么?
> 霎时间 转眼间 一刹那 一眨眼 一瞬间
> ③读一读:颓然。
> 把这词放到句子中,你还会读吗?
> 他还没到大泽,就像一座大山颓然倒了下来。
> 课前,同学们已经预习了课文,也已经完成了预习作业,就先让我们一起来交流一下吧。
> (1)你积累了哪些新词?理解"所罗门""黄铜胆瓶"等。
> (2)看来同学们的字词预习得很好,那课文内容是否读懂了呢?让我们来做几个判断题吧。

两个练习都体现了课型的特点——在略读课文中培养学生的学习能力,在孩子们预习的基础上通过练习进行检查、积累和运用。同时,两个练习又充分考虑了年段的目标和课时的目标。三年级的字词学习在放的前提下教师给予了一定的帮助,而四年级则让更多的让孩子们自我发现,自我积累和交流。判断题的设计不仅仅是对课文内容的了解,也为下面的复述做了一定的铺垫。在我们的研究中,我们将各个年段的阅读目标加以整理。在设计的时候,注意每一个练习的目标针对性(见下表:五年级三个单元的阅读目标),收到了较好的效果。

| 单元 | 课次课题 | 内容与要求 |
| --- | --- | --- |
| 1 | 1.《草原》 | 联系上下文,体会优美的语言,理解"蒙汉情深何忍别,天涯碧草话斜阳"。 |
| | 3.《白杨》 | 联系上下文,体会含义深刻的句子。体会表达的特点。 |
| 2 | 5.《古诗词3首》 | 感受童年生活的情趣,理解诗句表达的意思。 |
| | 6.《冬阳 童年 骆驼队》 | 背诵喜欢的段落,感受童年生活的情趣。 |
| | 8.《童年的发现》 | 学会概括文章主要内容,体会人物的内心感受。 |
| 3 | 10.《杨氏之子》 | 理解课文的意思,感受文言文表达的艺术。 |
| | 11.《晏子使楚》 | 把握课文的主要内容,感悟晏子表达的精妙。 |
| | 12.*《半截蜡烛》 | 把握课文主要内容,感受剧本表达的艺术。 |
| | 13.*《打电话》 | 感受相声表达的艺术。 |

2. 设计多种形式,激发学生的兴趣

笔者通过调查,发现小学语文教学中的课堂练习形式极其雷同:课前进行听写,讲课时进行朗读、对答,临近课末进行一个小练笔。长此以往,孩子们势必如同嚼蜡,草草应付了事。其实,只要我们静下心,会发现课堂练习的形式是极其丰富的。

既可以是动笔的——写出文章主要内容,给文章列提纲或小标题,写出自己阅读的感受等;也可有动嘴的——"复述课文"、"用这些词语讲讲课文的主要内容。既可以是个体的——画一画,写写批注;也有合作的——同桌互说……阅读课可以做课文阅读和拓展阅读的练习,还包括"群文阅读"。题型除了选择题和问答题外,还有填空题、是非题、配伍题、排序题、图示题等。根据不同的教学内容、不同的学段特点,课堂练习设置要尽量采用丰富的形式,力求新颖、有趣,以确保学生主动参与。

### 3. 安排多面内容,提升思维的含量

PIRLS将阅读能力分为四个层次：获取信息、直接推断、综合并解释篇章、评价篇章内容和表达方式。在课堂练习设计时,教师要注意内容的多样性,既要有一看即知的提取信息题,又得带上阅读背景、生活经验解答的解释、评价、推论;既要有课文内容的学习,更要有课程内容的训练。这样,才能真正提升孩子们的阅读能力。

【例】在教学人教版四年级《蟋蟀的住宅》一课时,我们设计了一张"研究报告"作为本篇课文的课堂练习。

| 研究对象： | 蟋蟀的住宅 | 小小昆虫家 | |
|---|---|---|---|
| 研究内容一： | 蟋蟀住宅的特点 | | |
| 我的发现:(请用一个词进行概括) | | | |
| 我的感受:(可以画一画,可以读一读,也可以写一写) | | | |
| 研究内容二：<br>(可以任选一题) | 蟋蟀是如何建造房子的?<br>蟋蟀使用了哪些建筑工具?<br>蟋蟀造房子的时间? | | |
| 我来说说蟋蟀是如何建造房子的?（建议用上"先……接着……然后……"） | 我来找一找挖掘的工具：<br>挖土机（  ）<br>起重机（  ）<br>压路机（  ）<br>推土机（  ） | 我知道蟋蟀造房子的时间了：<br>_____<br>_____<br>_____ | |
| 研究汇报 | 我想对蟋蟀说： | | |

对"研究报告"进行分析,我们不难发现这个课堂练习充分关注到了阅读能力的四个层面,体现了《语文课程标准》中对第二学段阅读能力的要求,设计具有一定的思维含量。

◆关注并提取出明确陈述的信息——"我知道蟋蟀造房子的时间

了……"

　　◆进行直接推论,能联系上下文,理解词语的意思。——"我来找一找挖掘的工具:挖土机(前足);起重机(钳子);压路机(后足);推土机(后腿上的锯)"——"我的发现:(请用一个词概括蟋蟀住宅的特点)"

　　◆解释并整合观点和信息能初步概括文章的主要内容——"我来说说蟋蟀是如何建造房子的?(建议用上"先……接着……然后……")"

　　◆检视并评价内容,语言和文本成分,体会文章的思想——"研究汇报:我想对蟋蟀说……"

　　语言是约定俗成的,语言是有规律的。通过练习,让学生探究、发现、掌握、运用这些规律,形成符合汉语规律而又有个性的言语,训练思维,发展思维。

　　4.寻找文本练点,形成训练的结构

　　课堂教学有其内在的逻辑关系,课堂练习同样需要进行系统的思考,我们可以从课时教学目标入手,可以抓住文中主人公的活动线索,也可以把中心句、关键词作为训练点构建整篇课文的课堂练习,形成有效的训练序列,设计出丰富多样的练习模式。

　　例:六年级上册《跑进家里的松鼠》一课就可以从"有一天,它干脆失踪了,哪儿也找不到。也许它跑到花园或者森林里去了吧?我们心里空落落的"中"空落落"一词切入。

　　(1)师:空落落是什么意思? —— 心里好像少了点什么。

　　(2)你能用空落落造一个句子吗?

　　(3)想一想,课文中我们心里少了什么? —— 松鼠

　　(4)想象说话:松鼠失踪后,我们心里空落落的。联系上下文,想一想,望着失去松鼠的房子,我们不由想起了它刚来我家时＿＿＿＿；想起了它偷吃方糖后＿＿＿＿；想到了＿＿＿＿。

　　5.现在你明白为什么胆小的松鼠会变得这么大胆了吗?(我们一家人习惯了与松鼠为伴,失去了松鼠,心里好像少了什么,少了松鼠的身影,

少了松鼠的调皮,我们已经把松鼠当作家中不可缺少的一员。是我们一家的爱让松鼠改变了它的生活习性。)

这里我们把"体验家人对松鼠的爱"、"对空落落这个词语的理解和运用"、"对课文内容的梳理",以及"学习联系上下文理解句子的能力"这几个目标有机地整合在一起,练习起到了一箭数雕的作用。

除此之外,单元训练要点、课后作业、课文中的学习伙伴都可以成为课堂练习序列的整合点。只要我们教师做一个有心人,就一定能找到那把金钥匙。我们在研究中已经形成了三、六年级的课堂练习系列。因文而异、因需而异的多元化的练习模式的探索给阅读教学带来更多的活力,也让学生和教师们真正感受到语文教学的快乐。

### (二)"三练课堂"的教学基本模式的研究

"三练课堂"是基于"有效课堂练习"上的阅读课堂:练与讲有机结合,可以是先讲后练,也可以是先练后讲,更多的是边讲边练。

【基本模式】统观整个课堂结构,我们采取的基本模式是:"课前练习:文本合一,注重整体感知"——"随堂练习:讲练合一,重视个性体验"——"课后练习:知行合一,强调综合运用"。其核心是:以练为主,一以贯之;加强联系,注重能力。

1. 课前练习:文本合一,注重整体感知。

(1)整组单元预习。人教版语文教材的一大特点就是"采取主题单元建构的方式"。这种编排形式着眼于情感态度价值观等内在联系,有利于学生进行有序组合。以人教版五上第八单元为例加以说明,人教版五上第八单元以"走近毛泽东"为专题,安排了四篇课文:《七律·长征》《开国大典》《青山处处埋忠骨》和《毛主席在花山》,这四篇课文无论在文章体裁、内容安排以及人物精神体现上都是各有侧重、互为补充的,放在一起预习,能起到事半功倍的效果。

我们尝试着运用"课前单元预习单"进行了单元预习,丰富多样的文本内容,简单而清晰的表格形式深受孩子们的喜欢,极大地调动起了他们预习的热情。通过"课前单元预习单",孩子们对四篇课文有一个整体的感知,避免单篇课文学习显得单一、平面的缺陷。我们从"积累的新词"一栏中发现,孩子们所积累的词语正是我们字词教学的重点,而"我的问题"中真实地反映出了孩子们的困惑,提供了"以学定教"的依据。显然,进行单元整组单元预习不仅能提高课堂效率,还较好地培养学生独立学习的能力。

(2)推荐相关背景材料。每篇课文都有着其特定的时代背景,单篇课文的学习往往会因为缺乏一定的信息贮备而产生阅读障碍。我们设计了"资料研究单",分为"人物研究"和"事件研究"两类,教师推荐相关的材料,以"四人小组"为"研究单位"合作完成。

**人物资料研究单**

| 研究人物 | 毛泽东 | 研究人员 | |
|---|---|---|---|
| 推荐材料 | 影视作品 | | |
| | 相关书籍 | | |
| 我们的研究 | 我的信息1 | | |
| | 我的信息2 | | |
| | 我的信息3 | | |
| | | | |

除了上述的两种形式,我们还根据年段的不同设计了规定性和单篇的预习单,灵活而恰当地使用预习单为走入课文做好了充分的铺垫。

2.随堂练习:讲练合一,重视个性体验。

课中的随堂练习形式多样,其根本核心是要注重"讲练合一",我们通过实践归纳出以下几种主要的方法。

(1)"批注"中整体感知。通过课前预习,孩子们已经有了认识基础。那么,在课堂上进行教学时,教师要充分尊重学生的个性体验,根据孩子们的反馈因势利导,让课文真正走进孩子心里。如何了解孩子们的心声呢?运用批注进行整体感知是一种极其有效的策略。

(2)"想象"中深入体悟。走进人物生活,才能感受人物的精神,帮助孩子们展开合理的想象,能很好地和文中的人物同呼吸、共命运。如《青山处处埋忠骨》中"电文稿下是被泪水打湿的枕巾"是一个含蓄而感人的细节描写,充分表现了毛泽东主席博大的胸襟。在引导学生学习了课文之后,在充分理解了"青山处处埋忠骨,何须马革裹尸还"的深刻含义之后,让学生展开想象,想一想主席在签字时的复杂心情,写一写:电文稿下是被泪水打湿的枕巾。那一个晚上,主席(　　　　)。这样的想象练习在学习中尤为重要,它在一定程度上拉近了孩子和文本之间的距离,做到"感同身受",同时又进行了语文文字的训练。要注意的是在进行这样的想象练习时,教师一定要把握好时机,做到"情动而辞发"。

(3)"拓展"中加深理解。语文教材只是一个范例,我们教语文而不是教教材,所以在课堂练习中加强拓展,是帮助孩子们理解、积累的一个重要途径。教学《长征》时,老师可以顺势拓展毛主席的其他诗词——《沁园春·雪》、《卜算子·梅花》、《清平乐·六盘山》。诗歌的魅力是无穷的,当孩子们朗朗诵读、积累时,又怎能不被毛主席那气吞万里的胸怀和雄视千古的睿智深深打动呢?练习是帮助理解的金钥匙,也可以作为增量的强化剂。

(4)"迁移"中促进写作。语文阅读课文往往具有极强的感染力,在学习中,结合文本提供的范例进行适合的"迁移",对能力的习得有很大的促进作用。在感受了《开国大典》的隆重、盛大气氛后,教师出示了"世博会"上万头攒动的场景,联系自己参加世博会的体会,一篇篇精彩的小短文便诞生了。精彩的范例加上饱满的情绪,此时的"迁移"效果是显而易见的。

3.课后练习:知行合一,强调综合运用。

在设计课后练习时,我们需要根据文本特点,将"对人物或者事件的研究"和"对知识点的运用"两者有效地结合在一起,我们主要采取了以下几种方式。

(1) 继续完善任务研究单。学习是一个细水长流的过程,课文的学习更要注重其再提升的过程。所以,我们要求学生在课后取出预习时的"资料研究单",看看通过学习,你又获得了哪些新的信息,让孩子们体会到学习提升的快乐。

**拓展资料研究单**

| 研究对象 | 研究人员 | |
|---|---|---|
| 我们的研究 | | |
| 我们的再次研究 | | |

(2) 撰写推荐书。学完了课文,相信孩子们已经对相关的人或者事产生了浓厚的兴趣。我们积极鼓励孩子们阅读相关的书籍、影片或者相关信息,通过"我的推荐单"展示交流。

**我的推荐单**

| 【作品名称】 | |
|---|---|
| 【内容梗概】 | |
| 【精彩片段】 | |
| 【推荐理由】 | |
| 【我的感受】 | |

【衍生模式】在基本模式下,我们又根据目标的不同,在"随堂练习"中采取了多种的形式。如果是经典课文,需要背诵积累,学习经典的丰厚蕴涵,我们设计以"感悟积累"为主的练习模式,采用"初读,知内容—研读,品意蕴—熟读,记语言—再读,演一演(说一说)—创造读"的模式进行练习。如《小木偶的故事》采用的就是此法。

为了学习文章读写知识点,如《夸父追日》通过夸张、想象写出神奇。我们以主要的练笔贯穿其间:我能照样子说一说、写一写。例句:山的南边有一大片枝叶茂密,鲜果累累的桃林,那是夸父的手杖变成的。树上味道鲜美的桃子,给追寻光明的人解渴,使他们精神百倍,奋勇前行。山的

(　　)有(　　),那是夸父的(　　)变成的,给追寻光明的人(　　　　)。这样采取"读写结合"为主的模式,练习的主要形式是:了解内容——朗读积累——领悟写法——尝试运用。

为了达到通过学生的自主阅读,提出问题,解决问题,把握课文内容,进而培养阅读或写作同类文章能力的目的,以"学法指导"为主,采用"方法渗透——方法领悟——方法小结——方法运用"的教学模式。如《渔夫的故事》1. 感知人物形象,画出有关语句,写批注。2. 小组讨论,列出复述小提纲。3. 学会简要复述。

当然,教无定法。在教学过程中,还需要教师根据教材的特点、学生的实际和教师本身的特长不断进行调整,才能达到更好的效果。

### (三)"有效课堂练习"主题教研活动的研究和实施

为深入进行课题的研究,我们研究和探索了"基于练习的深度教研"的校本研修专题研究活动,多次在区里开展教研展示活动,得到了专家的肯定,起到了示范引领的作用,更提高了教师的科研水平。

"基于主题的深度教研"是指在整个教学活动过程中,通过同伴合作互助的方式,对教材、学生、教师、教学方法、教学手段、教学效果等教学要素,进行多维度、多元化的量化对比、归因分析和优化描述,努力实现有效教学的一种深层次教学研究活动。其主要流程为:

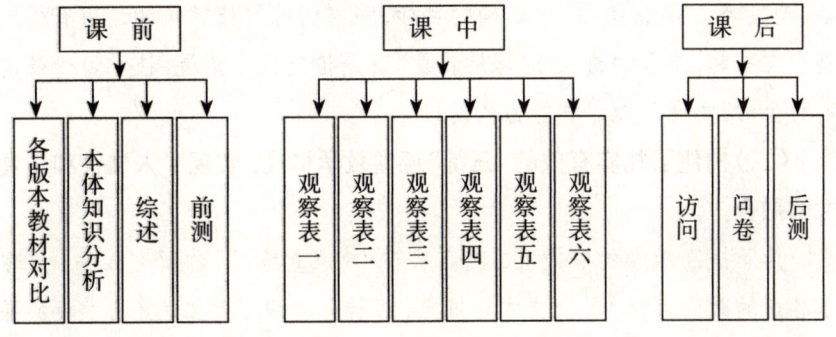

"基于练习的深度教研"的校本研修促使教师走进教材,与编者对话。深度教研中的课堂观察表,涉及多方面内容,引领教师学会从各个角度去

审视课堂，审视练习，改变了以往听课只听教师教学行为的片面现象。它是促进教师专业发展，改善学生课堂学习的一种有效方法，是传统听评课的一种超越与发展。

"基于练习的深度教研"的校本研修要求教师在实践中，借助同伴的力量，不断反思，不断总结发现，提炼优秀经验，形成研究文章。让老师亲身体验"研究——实践——思考——提升"这样一个循环往复螺旋上升的过程，逐渐实现从教书匠到研究型教师的转变。

深度教研活动倡导合作、互补的教学氛围，在活动过程中，每个教师在吸收同伴的研究成果，相互提供支持的同时，感受合作的快乐。有利于形成互相学习、互相支持、互相促进的教研氛围，锻造有实力且有后劲的团队。

**五、研究成果**

**（一）提升了学生的语言文字的感悟和运用能力，实现了知识和能力的对接**

以练习为主线构建课堂，在一定程度上杜绝了语文课堂的拖沓和烦琐。而抓住文本训练点提高课堂练习的有效性，则极大地提升了课堂的质量。孩子们通过"课前预习"、积极主动地参与到课堂教学中，做到有准备、有期待；"随堂练习"中明确的目标，多样的练习让感悟和运用有机地整合在一起，层层递进；而"课后作业"既是检测也是拓展，让学习变得清晰而生动，实现了知识和能力的对接。

**（二）构建了扎实有效的"三练"课堂教学模式，实现了人文性和工具性的融合**

为了提高教学的有效性，我们从"有效课堂练习"的研究入手，整理了各册的阅读目标，寻找文本训练点，设计并形成了第二、第三学段的课堂练习系列。同时在对课堂练习策略研究的基础上，提炼出了"三练"课堂的基本教学模式和若干衍生模式，并在教学实践中进行实践，激活了语文课堂,实现了人文性和工具性的双赢。

### (三)驱动了教师教育科研动力机制,实现了语文校本教研的深入

课题研究成了教师教育科研的动力来源。学校成立了课题研究小组,探索着"基于练习的深度教研"的校本教研模式。在实践中,教师们从研究"有效课堂练习的设计和实施"出发,以学生的学习需要为本,通过课堂观察和案例分析,分"课前、课中、课后"三个阶段进行,全员参与,对教材、学生、教师、练习方法、实施方法手段、练习效果等教学要素,进行多维度、多元化的量化对比、归因分析和优化描述,大大提高了教师的教研水平,实现了语文校本教研的进一步深入。

## 六、成果特色与创新

### (一)"重实践,重训练"的教学理念充分彰显

"以语言文字训练为中心"是阅读教学的基本要求,语文教学应着眼于阅读能力的提升,这是新课标特别强调的,也是我们小学语文的主要任务。"抓住文本训练点提高课堂练习有效性的研究与实践"正是这一教学理念的充分彰显。同时,它又以四十分钟课堂为主阵地,真正体现出实效性。

### (二)"有效课堂练习"的教学策略体系扎实创新

课题从"目标指向"、"形式设计"、"内容选择"、"体系安排"等四个方面对课堂练习的有效性进行了策略研究,同时又提供了"各册阅读目标"、"文本训练点的选择"和"各册练习案例系列"。这使"课堂练习"目标明确、方法落实、内容适恰,又有范例引路,做到扎实而创新。

### (三)"三练课堂"的教学模式填补空缺

语文课堂要重视语言文字的训练,是老师公认的,但是如何做到,到现在还没有一个具体的模式。"三练课堂"从"课前预习"到"随堂训练"再至"课后作业"架构起了基本模式,提供了相对应的"预习单"和"研究单",对"随堂训练"有针对性地设计了几种"衍生模式",使教师们便于操

作,填补了空缺。

**(四)"基于练习的深度教研"的校本教研领先同行**

以"行动研究"为主要形式,以"个案分析"为重要手段,学校语文校本教研依托课题,开展了多样的活动。教师们通过"课堂观察"、"案例分析"、"经验提炼"策略在提升自我的业务素质的同时,营造了浓浓的教研氛围,多次在区内进行示范和观摩,取得了团队的整体发展。

# "活力教育"理念观照下的"活力语文"特色教学研究

宁波市江东第二实验小学　张玲初

## 一、研究背景

**(一)依托校情学情,凸显特色校区建设**

学校自2002年办学以来,创造性地提出"活力教育"理念,通过打造"活力"德育、师资、课程、教学、科研、管理等,使学生在具有"高分数"的同时能体验社会生活,拥有童真和快乐,从而培养"活力"学生,建设"活力"学校。我校分东西两个校区,分别以数学和语文为办学特色,旨在发展学生的综合能力,培养现代社会合格的小公民。在"活力教育"理念关照下,语文教研组创建了"活力语文"特色教学研究课题。

**(二)反思存在现状,聚焦语文教学本质**

语文本色流失。语文课是学生学习理解和运用祖国语言文字的课,是学生听、说、读、写的综合实践课。在课改进程中,语文教学出现了较多的问题,使语文教学出现错位、变形、变质,导致学生语文的各方面能力得不到有效培养。

学生主体性缺失。现行的课堂内,由于缺少学生的主动参与,主体性得不到有效发挥,教学效果并不理想;课外,家长迫于对高的分数追求,学生学习语文的时间都被大量的语文阅读练习作业占领，主动性和积极性不足，导致学习存在极大的被动。

**（三）探索"活力语文"，促进师生学校发展**

我校着力建设"活力语文"特色校区，基于学校应以一种更宽广的教育视野，培养学生具有比较稳定、最基本的、适应时代发展需求的听说读写能力以及在语文方面表现出来的人格修养。提出这一教学研究，旨在让教育焕发生机和活力。即教师的"教"是"为了不教"，要教出自信，教得幸福；学生的"学"是"为了学会学习，更好地融入社会"，要学出健康，学得快乐；师生能始终保持旺盛的进取心，不断体验生活、学习、人际交往等各方面的成功喜悦。

**二、研究行动**

**（一）明确"活力语文"含义**

"活力语文"的本质特征是：凸显学生主体性，回归语文之本位。学生在学习语文中拥有较强的主观能动性，善于思考、质疑、主动想办法解决问题，并有稳定长久的可持续学习状态；教师在语文教学中，拥有旺盛的工作热情，敢于创新、实践，形成富有个性的教学风格；学校在课程开发及诸方面发展中呈现出生机和活力，并有不断发展的空间。

**（二）制定"活力语文"研究目标**

通过"活力语文"特色教学研究，力求达成以下目标：

1.通过创设浓郁的语文校园环境和开展丰富多彩的语文活动，营造浓厚的"语文学习文化场"，激发学生学习语文的热情。

2.通过开展形式多样的研修活动和研讨课堂教学策略，形成"活力四射"的教师队伍，激发教师创新改革教学的热情，不断改进教学方式，促进教师自身发展。

**（三）确定"活力语文"研究内容**

本教学研究主要研究五方面的内容：

1. "活力语文"特色校园环境创设的研究；
2. "活力语文"特色校本课程的研究；
3. "活力语文"特色阅读教学课堂的研究；
4. "活力语文"特色教研团队的研究；
5. "活力语文"特色语文活动的研究。

### (四)实践"活力语文"教学研究

1. 实施"活力语文"行动框架

在实施教学研究过程中，我们制定了"活力语文"特色教学的行动框架图，以"凸显学生主体性、回归语文的本位"为研究中心。研究行动重点围绕"1+1>2"语文环境的创设、校本课程"序列化"的开发、"四活四力"的阅读教学课堂的构建、"一二三四"教研团队的建设和"一体两翼"语文活动的开展五个项目来完成。同时每个项目制定了相应的措施来达成活力语文的本质特点。(详见行动框架图)

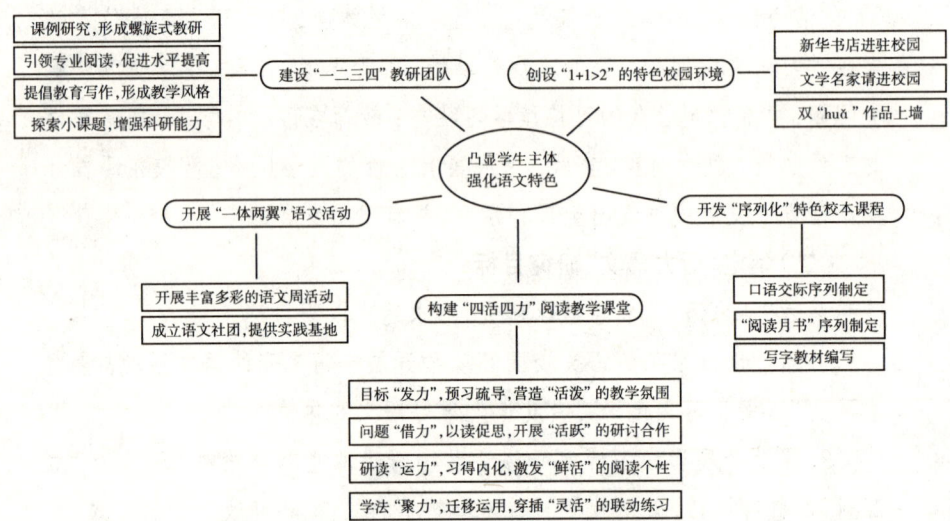

"活力语文"特殊教学研究行动框架图

如构建"四活四力"阅读教学课堂。我们在课堂教学中充分尊重学生的主体地位和主体人格。"活力"阅读教学过程宗旨指向为：教师活教，以生为本,以学情为依据,视学而导,落脚于"四活";学生活学,在积极稳定的情绪下,着眼"四力"。在教学过程中,以学定教,着力于学生先学,体现"活力"之教学,并逐步形成"四活四力"阅读教学设计的策略。

(1)目标"发力",预习疏导,营造"活泼"的教学氛围

活力阅读教学呼唤活泼和谐的教学氛围,师生关系和谐信任,课堂上积极营造适合学生发展的学习氛围,以生为本,以学定教。"活力"阅读教学,力改"粗知课文,整体感知"的步骤为梳理导学前测内容,改革不必要的揭题谈话等环节,开门见山,简明扼要地或检查,或巩固,或纠偏导学内容,对于学生理解含糊、错误或是难以理解的内容,根据文本重难点而锁定之,即锁定关键问题顺学而导。学生以情绪平稳积极的心态,较强的求知欲,良好的学习状态成为学习的主人,享受学习的快乐。

(2)问题"借力",以读促思,开展"活跃"的研讨合作

合作研讨是活力阅读教学中必不可少的教学环节,生生思维碰撞,加深阅读理解,多元吸收,让学生在互动的氛围中激活思维、发展能力、培养阅读素养。教师对研讨内容的确定,教学方法的选择,评价方式的设计,都有助于学生自主阅读、自由表达、解决问题等能力的提升。以问题借"力",学生紧扣文本的重点段落、重要句子和关键词汇,读书,思考,讨论,感悟,探讨,体会,在文本中走个来回。这个来回,使得学生与文本深层意蕴有了在情感上、思想上的共鸣,得意且得言,理解了语言文字表达的精妙。

(3)研读"运力",习得内化,激发"鲜活"的阅读个性

教师舍得花时间在文本的精妙处重锤敲打,让学生"在理解课文的基础上,提倡有角度、有创意的阅读,利用阅读期待、阅读反思和批判等环节,拓展思维空间,提高阅读质量"并从中收获方法,迁移运用,达到"教"是为了不需要"教"的目的。课堂教学中当学生的研读与文本的内在意蕴达到了"心求通而未得,口欲言而未能"的愤悱状态,适切的练习有助于思维的发散与深入,内化与顿悟;让学生静中有动,表达多元的思维,

锤炼精致的言语,阅读观点频频交锋,高潮迭起。

(4)学法"聚力",迁移运用,穿插"灵活"的联动练习

"活力"的阅读教学不局限于一堂课的精彩生成,它的落脚点在于学生对学法的掌握与运用。举一反三,活学活用,以一个片段带动一个片段,一精读课文带动略读课文,学生得法,得能,提升阅读综合素养。在阅读教学课堂中,利用10—15分钟时间,保障课堂练习的顺利落实。学生通过作业建立起知识之间的网络连接,及时构建起知识体系,最终运用所学的知识解决问题。课堂练习作业体现出层次性、针对性和实效性,让每位学生都享有适合自己的练习题。

2. 探索"活力语文"课堂教学

2012年9月,省特级教师周步新老师走进我校,开始为期一年的蹲点指导教学工作。她的到来如同给二小带来一股充满活力的春风。周老师从随堂听课开始,走进每位语文老师的课堂,为二小的语文教学听诊把脉。

一年多来,周老师引领着团队老师磨课、上课,开展专题讲座、引领老

师专业阅读,进行课例和小专题研究,在实践中,语文活力研修团队不断磨炼着,收获着。作为活力教研的龙头学科,四年级语文组向全校老师展示了"课时集体备课"这种崭新的备课模式,引起了全体老师的强烈共鸣。

在展示之前,四年级组全体老师在特级教师周步新和原市教研员徐晓鸣的指导下,全组老师群策群力,围绕"二研二读一定"的指导思想,研究了教材与课程标准、学生,注重"个人钻研";研读了二小的"一二共识",读语文的有效特征;确定了本次活动的中心发言人。备课展示活动中,每位老师带着各自"二研二读"后的思考,聚焦了《为中华之崛起而读书》一课试教中出现的问题,各抒己见,提出相应的解决办法,从而定下基本预案。

在这次活动中,老师们把以生为本,以学定教、顺学而导的理念牢牢扎根心底,变"教课文"为"教语文"、"教阅读",使课堂更有效。老师们经历了观念的蜕变,更关注新课标的理念,关注学情,关注学法指导,关注课堂的有效性。

### 三、研究成效

#### (一)团队"活力无限",教研质量不断上升

实践中,我们依托课堂观察,集体备课,采取团队实践论证,一人同课多轮等多种形式开展教学研究。从教学目标的达成度,教师教的时间和学生学的时间,学生习得情况、作业完成的情况等多个维度,设计观察量表。通过观察表来评估教师的教与学生的学,团队老师通过"评价——改进——再评价"的方式,实现从课例中分析学情,再回到课例中尝试改进的"螺旋式教研法"。这个研修模式结构图,简单地讲就是三次设计两次打磨。每一次教学设计,执教者和团队成员共同备课,共同改进,不断地循环实证,通过团队的智慧形成最好的教学设计。根据每个老师个性和班级学情不同,教师可以有富有自己个性化的设计。

**(二)教师"活力四射",教学研究不断创新**

　　研究以来,教师工作热情高涨,教学理念更趋先进,合作态度更趋积极,研究意识更趋强化,逐渐形成了一支团结奋进、勇于创新的"活力四射"的教师队伍。在"活力语文"研究的5年来,教师撰写的论文选送区级以上的有150多篇,市级以上的50多篇,全国核心刊物发表的有40多篇。仅2012这一学年,在周老师的引领下,语文教研团队硕果累累。在区论文评比中,选送的论文获奖率达到了100%。其中一等奖一名,二等奖七名,三等奖四名。各年段教研组以市级课题"小学'活力'阅读教学的课例研究"为龙头,积极申报了小课题,分别以"小学第二学段'学教式'阅读教学课例研究"、"绽放'十分钟'的精彩——小学第三学段阅读教学课堂练习设计的研究"、"中高段'学教式'单元整组阅读教学设计研究"为团队活动研究主题。团队打磨的优秀课例《鱼游到了纸上》参加宁波市教改之星评比获得一等奖,《为中华之崛起而读书》一课捧回区级优质课一等奖,校内青年教师比武中,优秀教学设计《触摸春天》《桥》《月球之谜》为老师们赢得了一等奖的好成绩。一批批青年教师脱颖而出更坚定了我们教学研究方向。

　　活力语文校本研修在我们学校开展了一年时间,我们感谢局领导、区教研员对我们学校的关注支持,感谢周步新老师对我们学校的热忱帮助,感谢每一位老师的真诚付出。我们力图通过语文"活力"校本研修的开展,进一步促进学校教研活动的规范创新,以"共同的愿景"、"合作的文化"、"共享的机制"、"对话的氛围"实现我们对课堂文化的构造,最终促进学生的发展,提高教师专业水平,提升学校办学质量。

# 奉化市岳林中心小学语文校本研修实践分享

奉化市岳林中心小学  卓旭皓

我们岳林中心小学语文大组由低语组和高语组组成,同时设有语文中心教研组。自2006年开始,语文组的研修活动正式走上主题式和课题化的发展轨道。2006年,低语组被评为奉化市示范教研组,2007年高语组也被评为奉化市示范教研组,本人也被评为奉化市首批优秀示范教研组组长。语文组根据年度研修历程撰写的研修案例多次获得奉化市级一等奖、二等奖、三等奖,根据研修主题提炼的学科论文获得省论文评比三等奖、宁波市二等奖、奉化市一等奖等。本学期开始在奉化市教研室的统一管理下,校本研修统一以小课题研究的形式开展,在本学期初对全市小学语文小课题申报材料进行评比,评选出四个优秀小课题申报项目,我校高语组是其中之一。

现在和大家一起分享岳林中心小学语文组校本研修的成长,同时一起经历和完成今天岳林小学语文组的活力校本研修活动。

## 一、滴水欲穿石,跬步至千里

作为一线教师,我们深知自己的力量并不强大,但是滴水欲穿石,石不得不穿,跬步若能积,千里不是梦。我们正是抱着这样的研修心态,从我校实际出发寻找研修热点,不断调整研修方向,改进研修方法,提高研修质量。

**主题演变**:如果说一个学期是一个步伐,那么一个主题就是一滴水。

2010年度整整两个学期高语组以"八分钟的艺术——落实课堂作业 实现减负增效"为主题,进行研修学习。在那一年时间里,我们立足课堂教学，研讨课堂作业最优化的规律、标准、一般方法等，构建系统的课堂作业最优化的基础理论；我们寻求语文教师实施课堂作业最优化的具体策略；我们使不同层次的学生体验到作业的乐趣，促进养成良好的学习习惯，提高综合运用语文的能力。

2011年度开始我们在这一主题研修的基础上，关注到学生堂内作业水平的差异，从提高阅读水平，调动学生积极性的角度入手继续研讨。于是将2011年度的研修主题定为"课堂为舞台　阅读促发展——调动学生主体　提高阅读实效"，这一主题仍以"练"字为要，扎根阅读，通过课堂展示促进学生的语文能力提高。这一研修精神实质延续了2010年度全组对语文堂内练习的研讨成果。

在经过又一整学年的打造，2012学年高语组在前期研讨的基础上，继续深入阅读教学课堂，但是以主题阅读课堂教学为载体，指向单元习作的质量提高。指向单元习作，使以"练"字为中心的研修活动目标更为聚焦。"深入主题阅读链接单元习作"这一研修主题的提出，明确了课堂练习的教学指向，明确了表达的定位，对阅读课堂的效率提出新的挑战。我们知道2011版语文新课程标准较之前版对语文学科的定位有了新的阐述，同时比之前更有可操作性。然而在研读了作文教学相关文字之后，发现作文教学依旧需要语文教师在教学中自己摸索，以更好地推进学生在说与写上的语文能力提升。现行的四、五、六年级语文教材以人文专题编辑，单元课文围绕主题而来，而单元作文也与之配套。但是，单元作文和语文课本往往在主题上相配套，而具体的写法上则并没有相对明确的指导。这就更加证明，我们的阅读教学在围绕主题进行时，不妨在实践活动中植入作文意识。这也是高段阅读教学的重要内容。这个研修主题不仅能使作文教学获得更有效的推进，同时也能使阅读教学中的练习不仅仅指向于字词的识记辨析和意义的阐述或情感的触发，也必然能更好地实现阅读教学的最终目的。

近三年的研修活动，高语组从转变阅读教学模式入手，以生为本，将提高学生语文能力为目标,将课堂时间还给学生,保证学生的各种语文实践活动。如果说这一阶段,只是从课堂外在开始慢慢转变课堂教学模式的话,那么2012学年主题研修"深入主题阅读链接单元习作"试图从引领学生"读课文"提升到引导学生关注"课文怎么写"的焦点上来。

## 二、潜心思考,大胆尝试——"深入主题阅读 链接单元习作——指向习作的'专题单元'阅读教学内容研究"研修进行时

下面我将以我校高语组本学期"深入主题阅读 链接单元习作——指向习作的'专题单元'阅读教学内容研究"这一小课题研修为点,尽可能呈现我校语文组的研修全貌。

### (一)研修目标及确定

研究目标:

1. 通过研修,提高老师们解读文本的能力。善于发现文本语言特色以及同主题教材中的写作异同。

2. 梳理四至六年级教材同一组课文中适合学生模仿和运用的课文,并加以合理的归纳和整理。

研究内容:

1. 同一组课文中单篇课文有什么文本语言特色,在表达同一主题时有何写作异同?

2. 四至六年级语文课文中适合学生进行模仿和运用的课文或者语段有哪些,可以进行何种分类?

3. 结合教学实际经验,学习已有的资料,根据我校学生实际,分别确立四至六年级各"专题单元"阅读材料中极具价值的习作知识点和习作能力。

4. 一堂指向习作的"专题单元"阅读精品课堂,具有怎样的教学形态?

该小课题的确立是在上学期研修的基础上产生的,同时集中了组内教师的智慧,通过学生问卷调查等途径,最后确定。"深入主题阅读 链接单元习作"是兼顾到现行教材单元主题式编排和习作序列不明显的现状

而确定,要求教师在追求阅读教学实效时能兼顾单元习作将目标更多地聚焦于表达能力的培养;"指向习作的'专题单元'阅读教学内容研究"则体现一线教师研修的方向。几年的研修经验告诉我们,在小课题研修中一线教师最得益也最适合进行的是用好教材方面的实践和探索。因此将课题缩小为:阅读教学内容的研究。

从以上目标确定和内容的设定不难发现,我们的小课题研究是以实际、实用、易操作为原则,以激活个体能量,以使人人参与、提升为目标。研修的最终价值不在于研究出了什么令人瞩目的教学方法,形成多么高深的教学理论,而在于促使每位教师不断吸收先进的教学理念,不断深入研究教学内容,孜孜以求不断思考,从而获得不同程度的真正的提升。当小课题研修成为促进自身发展有效途径的时候,校本研修活动将不再空洞,不再流于形式。

**(二)研修步骤及做法**

1. 活动思路

结合学校"名师工作室"活动以及语文第一协作组的力量,调动语文中心组、备课组的能量,紧扣主题顺序开展"学习思辨 —— 实践探索 —— 研讨交流 —— 总结反思"四阶段的研磨探究活动,如此内外使力,保证全体语文教师有效提高教学能力。

【第一阶段学习思辨 —— 个人经验与专家引领相结合提高思辨效率】

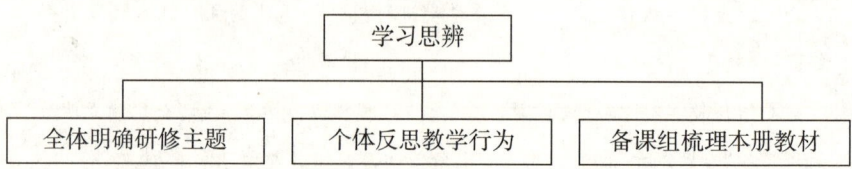

个体反思:领会研修主题精神,根据提供的学习材料,就本册语文课本进行关于"加强阅读课中指向单元习作的指导和实践"方面的教学行为反思。反思要求 —— 通读整册课本,解读同一主题的文本(即一个专题单元)在表达上采用的方法;就其中一篇课文进行片段设计,以阐释自

己的理解。

各备课组梳理：根据年段教学目标，初步确定各"专题单元"阅读教学中指向单元习作能力提高的习作知识点和习作能力；梳理完善四到六年级下册主题阅读教材中的适教材料，并能指出同一组教材中所运用的不同的表达方法。

【第二阶段——组内研讨和备课组研修相结合提高实践质量】

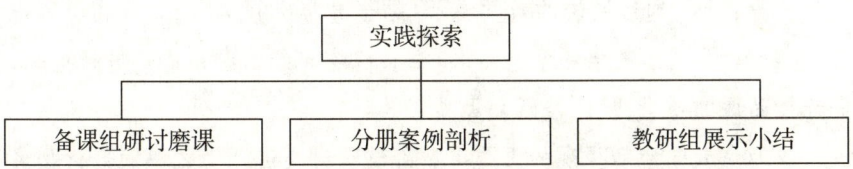

采用备课组集体备课、磨课，教研组观课和议课，对每个年级的代表课例进行剖析，明确各年级组在"专题单元"阅读教学中重点落实的习作能力训练点，呈现较为完善的读写结合课例。

| 课例 | 单元主题及习作要求 | 教学内容 |
| --- | --- | --- |
| 四年级《和我们一样享受春天》 | "战争与和平"一张旧照片"看图写想象"（废墟中的孤儿，战火中的啼哭） | 读懂文中四个画面；拓展其他战争画面；融情想象战争画面；从"看到"、"听到"、"想到"等角度活化画面，表达情感。 |
| 五年级《丰碑》 | "作家笔下的人物"一个特点鲜明的人（运用课文中一些写人的方法写一个印象深刻的人，要求反映人物某一方面的特点。） | 感悟文字体会"丰碑"形象；抓住文中围绕神态词具体展开具体描写的写法，揣摩人物形象。感受插图中的将军敬礼神态，并围绕神态，抓住人物动作，加入适当想象，将神态写具体，尝试刻画人物形象。 |
| 六年级《真理诞生于一百个问号之后》 | "科学精神"综合习作（无明确规定）根据议论文的观点，将具体事件改写成事例。 | 读懂事例，明确论点；比较事例，理清表达规律；（篇幅较短；条理清晰；发现问题——具体探究——呈现结果）辨析事例，初步感知围绕论点安排事例详略的写法。拓展事例，尝试改写。 |

【第三阶段研讨交流——校级研讨和名师工作室相结合提高研修品位】

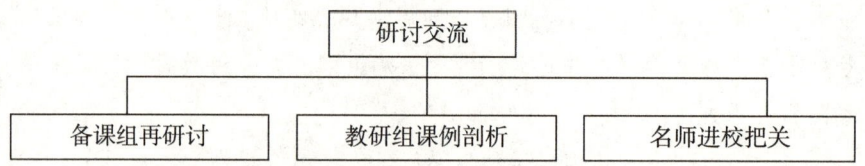

阶段目标：通过两轮的教学展示，结合日常研修实践，打造指向习作的"专题单元"阅读教学课堂精品课。通过将省市级名师请进校进行把脉，保证精品课的质量，使研修活动更具实效。

我们今天的活动呈现的正是第三阶段研讨交流活动之课例剖析及名师进校把关。

【第四阶段总结反思——主题研修与个体内化相结合提高研修实效】

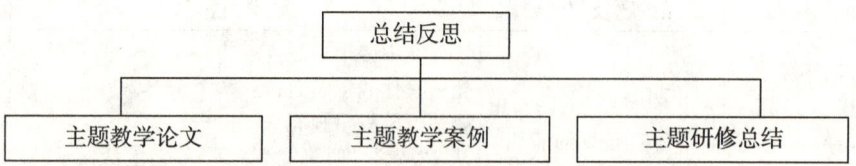

阶段预期目标：总结反思，个体层面为结合自己的教学实践撰写教学论文，提升自己的专业水平，促进教师专业化发展；教研组层面为结合本学期的主题研修，提炼本主题教学策略，甚至有参考价值的相关教学模式等。

（三）课例研讨及磨课

今天高语组呈现的《小嘎子和胖墩儿比赛摔跤》这一课例，是第三阶段研讨交流的第一个环节"备课组再讨论"的研修结果。在第二阶段实践探索环节，高语组三个备课组分别以各自的课例为研讨焦点，用实践探索的方式摸索阅读教学与习作教学的结合点。那么，第三阶段则是全体组员聚焦《小嘎子和胖墩儿比赛摔跤》一文，进行再一次的实践探索。我们的具体做法是：集体备课，确定预设——集体磨课，完善预设——中心组磨课，查漏补缺——集中展示，名师把脉。

集体备课，确定预设。在集体备课时，我们挖掘出《小嘎子和胖墩儿比赛摔跤》一文中的多处文本秘妙。如浓重的乡土气息，地方方言的运用；运用熟知事物进行打比方的写法；穿插互动式描写；动词的准确使用；有序描写短时间发生的事件；用动作描写、语言描写等刻画人物形象等。课文所在单元是"作家笔下的人物"，又在联系了单元习作为"一个特点鲜明的人"（运用课文中一些写人的方法写一个印象深刻的人，要求反映人物某一方面的特点），我们认为本文是《人物描写一组》关于动作描写刻画人物的语例，因此体会动作描写的写法以及初步运用动作描写刻画人物形象必然是本课的教学重点。考虑到小学阶段往往是以事写人，因此教学中加强了文脉的梳理，梳理包括对整文的梳理以及对摔跤过程的梳理。

集体磨课，完善预设。在经过第一轮磨课后，我们深刻感受到用动作描写刻画人物形象并不是一个小题目。在具体实践中，对用动作描写来刻画人物形象的写法缺乏具体有效的指导。在经过讨论后，我们确定本课就以单个的动作描写作为重点指导内容，保底教学目标是让学生能通过抓住神态，运用比喻和想象等把单个动作写具体，进一步掌握此种刻画人物的写作方法。本课拓展第二次摔跤，请学生抓住"咬"字进行写法实践这一环节给了我们听课教师惊喜。我们发现，由于"咬"和胖墩儿的"倒"几乎是顺联发生的动作，许多学生在成功写具体"咬"之后，能自然写到其他关联的动作。这样的发现给我们第三稿设计带来了灵感。

中心组磨课，查漏补缺。第二次研讨后的课堂，我们加重了对单个动作的描写和连续动作的描写两类动作描写的阅读感知，省却了对整文的脉络梳理，使学生尽可能有时间在阅读中感受人物形象。当然，阅读感受是为了更好地体会动作描写带来的妙处，因此课末安排学生写具体第二次摔跤中"咬住、倒地"的那一幕，把"咬"这一动作写具体为保底目标，同时鼓励学生展开想象尝试连续动作。写完之后，通过阅读练习的动作描写感受人物形象进一步强化这一写作方法。

集中展示，名师把脉。我们低语组和高语组一样都是这样扎实潜心围绕一个主题有序开展着研修活动。从大家手头的课堂观察表不难发现，今天的集中展示课例都有着明确的研修指向。作为主题式校本研修活动，我们的观察表指向较为明确。如高语的观察指向为：

1. 本课关于动作描写的教学重点确定是否合理？
2. 感受动作描写的表达效果，分几步细化推进？是否有效？
3. 尝试运用动作描写刻画人物形象分几步细化推进？是否有效？
4. 根据本课语言特色，你会选取哪方面的教学内容？落实哪方面的语言训练？你会如何细化推进？

这四个观察视角，又分别在表格中进行了分类。我们的课后评课交流就将围绕这四个问题进行。在此也恳请各位研究员认真思考，将宝贵的智慧留在岳林小学，使这一张张观察表成为提升我们研修质量的力量之一。

老师们，多年研修经验告诉我们：切中要害，以一抵万——选对一个研修主题让教师轻松加入教学改革；脚踏实地，从小做起——明确研修内容会让每一次活动有序有的充满激情；多方参与，大胆尝试——动用一切教学力量会使研修活动个性十足；践行理论，丰富经验——我们用一线教师亲身实践的优势告诉全世界我们才是教学行家。但是，越是走在阅读与表达的平衡点上，越觉得其内涵无限深奥；越是深入探讨这个话题，则越觉得其灵动如水优美如花。主题研修活动在扎实和灵动中有效展开，这才是我们的理想追求。但在具体实施过程中，我们的思考和行动可能会有所偏离或者模糊，这就需要敬爱的周老师以及各位老师给我们多留下宝贵意见和建议，以清晰有效推进下一轮的研修开展。

# 后 记

　　窗外阳光正好，青葱的香樟送来阵阵清香。完成小学语文活力型校本研修这一成果的这一刻，我的心中无限感动。

　　这是基于两年蹲点实践，与老师一起学习、研讨、探索形成的结晶，也是宁波市首届基础教育行动研究项目"小学语文活力型校本研修实践探索"的一项成果。两年多来，我们小学语文活力研修团队的成员们，自主学习，扎实行动，合作研究，交流分享，我们的活力研修群逐渐壮大，老师们不断进行着新的学习、实践、反思、研究。在与老师们相识、相知、共同学习、合作研究的过程中，我时刻感受着从事这样真实而有意义工作的幸福与快乐。老师们的需要、经验与困惑，反映着小学语文教学一线的真实状况；老师们的努力、思考、收获，展现了行动研究的价值与魅力。

　　2012年8月，在一线从事近30年小学语文教学工作之后，我调入新的区域，转入新的领域，来到江东区教研室。有幸在熟悉教师培训工作的同时，深入蹲点学校开展语文校本研修活动。10月恰逢宁波市首批基础教育行动研究项目申报，"小学语文活力型校本研修的实践探索"课题成为全市50多个项目中经专家论证首批的11个项目之一。11月，该研究由原先的一个学校推广到四个基地学校，一年后又借助区域活力校本研修培训，辐射到江东区内各小学，甚至部分中学、幼儿园也借鉴活力研修的创新模式。在这样的行动研究过程中,老师们积累了大量的一手资料,渴望将经验进一步提升,由此产生了成果提炼的设想,也有了这本书。

本书撰写具体分工——

全书整体架构、统稿及修改:周步新;

第一章、第二章:周步新;

第三章第一节、第二节:陈跃旭,第三节:陈跃旭、金芳芸,第四节:金芳芸,第五节:施翼玲,第六节:陈洁;

第四章第一节、第二节:张雪琴,第三节、第四节:顾晓艳,第五节:周萍萍;

第五章:林敏;

第六章:周步新。

其余选用的案例、课例报告、叙事研究等均在书中注明作者。

不会忘,一次次研讨课例,我们忘记了喝水,忘记了休息,甚至忘记了早已过了下班的时间,我们的投入与痴迷令人沉醉;

也记得,在经历了一个阶段的课堂教学观察实践探究之后,老师们拓宽了视野,突破了困境,找到了新的切入点,重拾信心,重建自信,一个个欣喜与快乐激荡心间;

还记得,当经过一遍遍修改的论文获奖了、在正规刊物发表了,当经过认真思考反复实践的课题立项了、获奖了,大家享受着成功的喜悦与幸福,那样的激动与自豪直抵心灵……

正如冰心所言,"成功的花儿,人们只惊羡它现时的美丽。当初它的芽儿浸透了奋斗的泪水,洒遍了牺牲的血雨"。活力研修团队的队员们,正是你们的努力,成就了自己的专业发展,也让我一再享受教育人生的美好。感谢你们!

在此,我也真诚地感谢宁波市教育局及教研室,因为有了首批基础教育行动项目这一平台，才成就了我们活力研修项目，才有了我们这些成果。感谢教研室章才根主任、郑宇醒老师以及我们项目的联系人宁波市小学语文教研员励汾水老师，你们时时关心这一项目的正常开展、扎实推进，更对研究的正确落实以及成果的有效提炼提供了强有力的指导与帮助。你们还就书稿的提纲、撰写及修正提出了极为宝贵的意见与建议，（尤其章才根主任悉心审阅书稿，甚至指点一词一句的正确运用……）严谨治学的态度、毫无保留的帮助、言传身教的人格魅力令我深深感动。

还衷心感谢沈大安、李永元、吴忠豪、王燕骅、张化万、柯孔标、滕春友、刘力、汪潮、沈海驯、金感芳、郑东辉、褚树荣……诸多教育科研届、语文教育界的前辈、专家们，还有宁波出版社的陈静老师等，你们崇高的品德、执着的追求、热情的帮助，是我学习的楷模。

也特别感谢江东区教育局杨飞华局长、章建丰、朱子凡副局长及江东区教研室宋洵、陈仁朝、金晓润、黄海昨、牟秀玲、王岚等各位领导、同事，还有各蹲点的基地学校、幼儿园，两年的蹲点、践行是这份行动研究得以实施的保障，你们的鼓励、帮助与指点，更是我能够有所收获的基石。

也感谢我的家人们，你们的支持与理解是我不断前行的有力支持与坚强后援，难得此生有缘同行，但愿来生还能相伴。

当然，限于本人的视阈、水平及能力，本书定有不少欠缺与不足，恳请各位专家、同仁批评指正。

周步新

2014年9月